グローバル時代の韓国新経済戦略

クォン・オユル
ジャ・スンヒ　編
イ・ギョンテ

奥 本 勝 彦
　　　　　　　監訳
林 田 博 光

中央大学企業研究所
翻訳叢書11

中央大学出版部

Korea's New Economic Strategy
in the Globalization Era
by
O. Yul Kwon, Sung-Hee Jwa, Kyung-Thae Lee
Copyright © 2003 by O. Yul Kwon, Sung-Hee Jwa, Kyung-Tae Lee
Japanese translation rights arranged with
Edward Elgar Publishing Ltd., Gloucestershire
through Tuttle-Mori Agency, Inc., Tokyo

日本語版への序文

　本書は，韓国経済が1997年の金融危機から回復し，グローバル化と情報の時代へ移行したことで，生じた課題に対処するための韓国の経済戦略を示している．執筆者は，重要な政策領域における既存の政策を評価し，韓国の持続可能で公平な成長を達成する新しい戦略の方向性を提案する．寄稿した大部分の執筆者は，韓国政府への政策助言者として経済戦略を策定することにかかわり，そして，このような包括的な形で読者にはめったに入手できない韓国政府の政策について広範囲にわたる経験と洞察を諸章に示している．

　1960年代の初めから1980年代の終わりまでに，韓国経済は，多くの点で日本経済を見習ってきた．そして，韓国の経済発展戦略は，日本の戦略に基づいてモデル化された．「日本の戦後経済の奇跡」は，経済，政府と企業の馴れ合い関係，ケイレツと呼ばれる密着したグループにおける製造業者，サプライヤー，流通業者，銀行の協力などにおける広範囲にわたる国の介入にあるとされる．同様に，韓国政府も，経済に広範囲にわたって介入し，そして，銀行部門とチェボルと呼ばれている企業のコングロマリット，すなわち，ケイレツに該当する韓国の企業群を統制することによって経済を上手に管理することができた．結果として，韓国の「ハンガン（漢江：Han River）の経済的奇跡」が達成された．日本と韓国の経済間におけるように，現代経済史において2ヵ国間の経済の並行的発展を見出すことは難しいであろう．

　1990年代の初めに，2ヵ国の経済間の並行関係は弱くなり始めた．日本経済の成長は，1980年代後半の過剰投資の後遺症と，株式や不動産市場からの投機過剰を絞り込む際の国内政策の失敗のために，1990年代に低下した．変化する株式や不動産価格は，1980年代の「バブル経済」の終焉を特徴づけ，そして，経済成長の停滞によって1990年代の10年を先導し，時折デフレ期が

起こった．10年以上にわたる経済停滞に対し，日本は，その強力な産業基盤，莫大な資本準備金や貿易収支の黒字のおかげで金融危機を回避した．しかし，それは，経済，特に銀行部門の真剣な構造改革を行わないで，経済の弊害を乗り越えようとすることによって経済停滞期を長期化させた．

そうこうしているうちに，韓国は，適切な制度の枠組みを設けないで，1990年代の初めから資本市場を含む経済を幅広く開放した．大部分，負債資本を抱えたチェボルの過度な拡大のために，韓国経済は，1998年に6.7パーセントという経済縮小を記録して，最悪の経済危機へ国を陥れた1997年の予想もしていなかった金融危機に落ち込んだ．ほとんどの人々を驚かせたことに，韓国経済は，翌年に成長率10.9パーセントを達成し回復し，その後健全な成長を維持している．経済危機からのこの素早い回復は，主に危機に続いて経済の抜本的で全般的な構造改革のせいである．それゆえ，日本と韓国が著しく異なった経済的結果をもたらした1990年代の経済政策における対照が際立ったことは注目するべきであろう．

韓国経済が危機からさらに回復するにつれて，韓国の政策策定者は，台頭するグローバル化と情報の時代，中国経済の重要性の増大，人口増加率の減速と高齢人口という人口統計的課題などを含んだ政策環境の出現のもとで，新しい課題に直面している．これらの新しい課題に直面して，韓国の政策策定者は，知識型経済に適合させてきた．これらの環境の下で，過去に韓国の経済発展に指針を与えるためにうまく用いられた経済政策のパラダイムは，もはや働かないであろう．したがって，韓国経済の中心的問題は，この時代に出現した課題に対応する新しい戦略をいかに立てるかということである．本書は，重要な政策領域の新しい経済戦略を取り巻く複雑な問題を論及し，戦略の方向性を提案する．

韓国経済は，もはや日本経済の先例について行かないであろう．ユニークな政策環境の下で，韓国の経済戦略は，必然的に日本の戦略とは互いに違った道を歩んできた．韓国経済は，今やグローバル市場の多くの領域で日本経済にとってごわい競争者やチャレンジャーとなった．それゆえ，日本経済とその政策策定者が，韓国の金融危機，政策対応，経済改革の時期までの経済発展と同

様に韓国の新しい経済戦略を理解し，評価することは重要である．これらの問題は，本書で詳しく述べられる．日本が経験したことのない金融危機や，経済改革を確実にすることと同様に台頭しているグローバル化に韓国の新しい戦略の方向性についての洞察を理解しようとするときに，本書が日本の読者にとって助けとなるよう期待している．

 2007年12月

クォン・オユル
（O. Yul Kwon）

はじめに：グローバル化への韓国の対応

　韓国経済は，最近さまざまな変容を経験してきた．1963年から1996年までの経済成功を収めた期間に，経済は8.8パーセントという異例なほどの年次成長率を記録した（NSO 2002）．これは，経済発展の成功した古典的な例である．この結果，韓国経済は，ちょうど一世代の間に世界でもっとも貧しい国の1つからもっとも豊かな国の1つへ上り，1996年にOECDの加盟資格を得た．このような偉業は，韓国の発展モデルに関する重大な国際的議論やその他の国々と韓国との関係を刺激した．

　しかしながら，突然，このいわゆる経済的奇跡にカーテンを下ろし，韓国経済は，1997年の金融危機に劇的に襲われた．IMFが緊急援助を行ったけれども，経済は最悪の挫折を経験した．1998年に，経済は6.7パーセントまで縮小し，通貨価値はおよそ50パーセントまでその評価を下げ，金利は30パーセント以上も急騰した．失業率は，1997年の2.6パーセントから1998年の6.8パーセントへ異常に急増した一方，インフレーション率は4.4パーセントから7.5パーセントへ跳ね上がった（NSO 2002）．

　しかし，おそらく，これほどまでに速く下落したことと同様に驚くべきことは，この経済の驚くべき復活であった．韓国経済の回復は，全身全霊を傾けて1999年に離陸し，その年に10.9パーセントの成長を記録した．それは，2000年と2001年においてそれぞれ9.3パーセントと3.0パーセントの成長へと続いた．危機からこのように回復したことは，同様な経験をしたその他の国々と比較しても異常なほど速かった．この時，金融危機を克服したモデルとして，韓国経済の経験は，再び幅広い国際的議論を刺激した．韓国経済が経験したことの重要性は，韓国が経済発展モデルと金融危機からの回復モデルとして提供した指針の問題を超えている．多くの構造改革は，IMF緊急援助の条件の一部と

してビジネス，金融，労働，公共部門で行われた．実に，グローバル化と技術革命によって引き起こされた要請に対する韓国の対応は，韓国の経済政策のパラダイムにおける大胆な転換を必要とするほど非常に広範囲にわたっていた．このことは，政府の広範囲にわたる介入から市場に基づく自由化へドラマティックな新しい方向づけを意味している．

韓国経済は，金融危機から回復し，グローバル化と情報の時代へ移行するにつれて，新しい課題に直面している．知識型経済への動因を組み込んだ現在進んでいる経済の構造改革は，政策の内部環境を徹底的に変化させた．これに付随して，特にグローバル化と情報技術革命を行う必要性に迫られて，政策の外部環境も急速に変化した．これらの状況は，経済戦略のこれまでのパラダイムではもはや活力を与えなくなってしまった．したがって，それらの状況で，韓国の指導者と政策担当者を骨の折れる職務，すなわち，韓国がグローバル化と情報の時代に成功するためにもっとも最適に位置づけられるような新しい経済戦略を立案し，実施するというようなことによって悩まされてきた．

この問題における国際的，地域的な関心を踏まえ，多くの韓国の専門家，すなわち，政策助言者と研究者は，2001年9月にカンファレンスで考えを共有するために一堂に集まった．討論のテーマは，朝鮮半島における地政的，経済的な潜在的発展，韓国の基本的経済政策の枠組み，基幹となる政策分野のための特定の戦略であった．これらの基幹となる分野には，商品とサービスの国際貿易，金融と企業部門，対内直接投資，第一次産業，労働と福祉，情報や知識型経済などが含まれる．発表者と討論者は，学界，実業界，リサーチ・センター，韓国とオーストラリアの政府などから招聘された．各々の発表は，これらの著名な学者，経営者，政策分析者や助言者，その他の参加者による広範囲にわたる討論によって行われた．

本書は，カンファレンスで発表された多くの論文をまとめている．執筆者は，カンファレンスの討論を考慮し，さらにその考えを進めて，論文を詳細にわたって修正した．本書における各章として，関連性の幅は，国際的な読者の関心に対応するように広げられている．本書に含まれている25人の執筆者の大部分は，韓国政府の政策助言者として戦略策定にかかわってきた．その結果，彼

らの政策分析と提案された戦略の妥当性と彼らが提供した洞察力の豊かさを立証することとなった．

　執筆者は，現代の韓国経済に関する広範囲にわたる問題を詳しく述べる際，そのさまざまな見解を示している．これらの研究における多くの議論の中心には，グローバル化と，情報や知識型経済を発展させようという国家的動因に対応するために経済が再形成されるように，現在進行中の経済の構造改革の政策的意味合いがある．これらの研究の各々も，韓国経済がグローバル化と情報の時代の新しい流れの中に前進する際に，将来に何が待ち受けているのかを考え，さらに各々の基幹分野において起きている課題に対応する戦略を提案する．

　読者は，各々の戦略分野に対する適切な戦略についてここで表明された見解には，大体の一貫性を見出すであろう．内外部の政策環境の性質，両環境がグローバル化と情報技術革命の強力で避けられない諸力によって動かされるにつれて，これらにいかにしてもっとも効果的に対応するかについては，執筆者の間では大体一致している．ここで提案される戦略の信条は，広範囲にわたる政府の介入から市場志向のパラダイムへ政策転換する推進力から導き出される．それは，韓国の国際競争力を確保する方法として，経済のさらに進んだ自由化と国際化を述べている．この方法は，新しい時代における経済的繁栄の前提条件である．

　本書は，主題に従って6部から構成されている．第Ⅰ部は，朝鮮半島と，韓国と北朝鮮の経済関係における将来の発展の考察から始める．

　第1章では，イム・ゾンチョルならびにノ・ジェボン（Jong-Chul Lim and Jae-bong Ro）が，新しいミレニアムにおける朝鮮半島の地政的と経済的な役割を検討する．彼らは，朝鮮半島における2つの国の統一が韓国の最終目的であるという前提で進める．彼らは，冷戦の終焉後，新たに出現した国際秩序がもっとも高い経済力をもったグローバル化と地域主義によって特徴づけられるという見解を示している．彼らは，述べているように，ロシア，中国，日本，アメリカ合衆国が覇権をめぐって競っている北東アジア地域に対する冷戦後の国際秩序のインパクトを検討する．彼らは，統一目的を達成するために，韓国が国際的や地域的発展に機敏に対応し，近隣国からの支援によって粘り強い努

力をする必要があると述べている．地政的視点から，彼らは，韓国とその地域で競っている4ヵ国を含んだフォーラムあるいは安全保障システムを提案している．経済的視点から，彼らは，韓国と北朝鮮相互の継続的な経済交流の有益性，朝鮮半島における地域のビジネス・センターの設立，地域の経済統合などを強調している．朝鮮半島の協同と協力は，韓国と北朝鮮の統一を促進させるであろう．その結果，統一される韓国と北朝鮮に対してばかりではなく，北東アジアの近隣国や国際社会にも経済的利益を生み出すであろう．

第2章では，イ・ヨンソンならびにユン・ドックリョン（Young-Sun Lee and Deok Ryong Yoon）が，韓国における経済発展に重要な関係をもっている韓国と北朝鮮の経済関係を検討し，両国の将来の発展を評価する．イならびにユンは，韓国と北朝鮮の相互関係のもっとも重要なことが，対立と敵対という文化から逃れることであり，このために，経済関係が重大な役割を果たすことを述べている．韓国と北朝鮮の相互の経済関係は，最近急速に拡大してきた．つまり，韓国は，北朝鮮の第2の巨大な貿易相手国になっており，投資と人道援助のもっとも重要な供給国の1つになった．さらに，韓国と北朝鮮の相互の経済関係が，経済的利益によってではなく，主に政治的要因によって主導されていることから，両国は，さまざまな意味で政治にとっての人質であり，不安定な状態にある．執筆者は，経済的利益と動機が経済関係の推進力であると述べている．イならびにユンによれば，韓国と北朝鮮相互の経済関係は，韓国と北朝鮮との強力な政治的，経済的利益のために，将来いっそう進むであろう．韓国は，朝鮮半島で平和と安定を確保する方法，また韓国企業が北朝鮮における安い労働力を利用するための機会として，かなり大規模な経済的相互交流を考えている．北朝鮮にとって，韓国と北朝鮮相互の経済関係を強化することは，韓国が他のいずれの国よりも北朝鮮において大きな政治的，経済的利益をもっているので，北朝鮮が貧困の落し穴から逃れるもっとも重要な方法である．

第Ⅱ部は，韓国経済の基本戦略の方向性，商品とサービスに関する国際貿易の特定の戦略を考察する．

クォン・オユル（O. Yul Kwon）は，第3章で中・長期にわたる韓国の基本政策の枠組みを提案する．クォンは，かなり強く経済を導いた1997年の金融危

機以前の政策パラダイムを再検討し，過去の政策と金融危機の原因との直接的関連性を明らかにしている．それから，彼は，危機の結果として政策パラダイムの転換を検討する．政策枠組みが政策環境に基づいていることから，クォンは，内部と外部の両者の政策環境における動向を評価する．つまり，グローバル化と情報の時代の出現，中国経済の重要性の増大，人口増加率の減少と人口構造の高齢化からの人口統計的変化，貯蓄や投資率の下落，外国資本の経済的影響の増大，デジタル・デバイドの広がりなどに注目している．クォンは，民間部門の自由を保証し，その発展の助けとなる環境を提供することによって，政府が民間部門の補完的な役割を果たすべきであることを述べている．このために，韓国経済は，市場原理を受け入れ，全般的な自由化政策を追求し，民間部門の成功を擁護し，移動可能な資源を外国から誘致するために，包括的であり頑健なインフラを提供しなければならない．クォンも，また思慮分別のある科学や技術開発政策，人口統計的変化に一致した適切な人的資源政策，公平性の重視などが新しい政策枠組みに欠くことができないことなどを述べている．

第4章で，イ・ギョンテ，チェ・ナッギュンならびにカン・ジュング(Kyung-Tae Lee, Nakgyoon Choi and Jun-Gu Kang)は，韓国にグローバル競争の市場志向経済を実現させる国際貿易の将来の戦略を検討する．彼らは，1960年以降，韓国の経済的成功が外部志向の開発戦略に起因し，国内市場を閉鎖することによってではなく，グローバル化の努力を加速することによって，韓国経済が1997年の危機からすばやく回復したことを述べている．また，国内市場の急速な自由化によって，韓国は1998年以降毎年貿易黒字を記録することができた．本執筆者は，WTOの新ラウンド，FTAs（自由貿易協定），BITs（二国間投資条約）に対して多角的な路線方針によって効果的な自由化や規制緩和を述べている．韓国経済の現在の強さは，思慮深く，かつ注意深く実施された外国貿易戦略に多く負っている．もしこの貿易戦略が発展している国際貿易環境に思慮深く再び調整されれば，外国貿易は，韓国の経済的強さを持続させるのにきわめて活力のある分野の1つとして残るであろう．

第5章でキム・ジュンドンならびにキム・ゾンイル(June-Dong Kim and Jong-Il Kim)は，サービスにおける貿易の自由化を検討して，サービス部門に

おけるさらに進んだ自由化と規制緩和，また，海外のサービス供給者に対する差別的な規制の改善などを述べる．1970年代と1980年代に韓国の徹底した工業化は，サービス部門を犠牲にして達成された．そして，1990年代の初頭以前からサービス部門を全体的に未発達のままにしておいた．サービス部門に対する規制と制限は，競争を阻害し，効率と発展を妨げてしまった．1990年代中頃以降，WTOのウルグアイ・ラウンドと1996年にOECDへ韓国が加盟したことによって，韓国が海外の供給者にサービス部門を徐々に開放するように強いられ，1997年の金融危機は自由化を加速した．しかしながら，キムならびにキムは，韓国で経営する海外のサービス提供者に対して部門の制限と事実上の差別が依然として存在していることを指摘している．執筆者は，部門内ばかりではなく，1970年から1997年にわたる期間にインプットとして自由化されたサービスを用いる製造部門においても，サービス部門の自由化から生じる生産性の向上を推定した．彼らは，サービスの貿易自由化の結果として，生産性の向上を決定的に立証することが難しいと見出したが，流通，輸送，通信というようなサービスのいくつかの下位部門が，生産性の重大な改善を示したことを見出した．

　第Ⅲ部は，ビジネスや金融部門，また来たるべき海外直接投資に対する韓国の新しい戦略を考える．

　第6章では，ジャ・スンヒ（Sung-Hee Jwa）が，韓国における企業部門に対する政府の政策を分析し，政府と企業の関係について新しいモデルを示す．経済にとってチェボル（chaebol＝コングロマリット：財閥）の重要性，また金融危機と社会的不公正の主要な原因としてチェボルについての根深い批判を考慮して，ジャは，チェボルの形成，成長，特徴を概観し，企業部門に関する政府の規制と改革努力を再検討する．ジャは，これらの規制と改革努力が弱い理論的基盤に基づいていることから，それらは，企業の行動に影響を及ぼすことには効果がないと述べている．彼は，市場経済の原理に基づいた政府と企業の関係に指針を与える首尾一貫した枠組みの作成，企業部門の直接統制から全体的経済環境とその制度の間接的な管理へ政府の政策の焦点を変更することを主張する．

　バーニー・ビショップ（Bernie Bishop）による第7章は，韓国の対内直接投

資政策を検討し，東アジアの近隣諸国が韓国の政策に倣うかどうかという疑問について述べている．ビショップの分析では，韓国の対内直接投資政策は，比較的制限のある制度から1990年代以降非常に自由で開放的姿勢へ発展した．

韓国は，ほとんどの産業における以前の複雑な認可手続を簡単な形式的手続へ変更し，制限のある産業の範囲をほんの少数に削減し，外国資本に関するほとんどすべての制限を廃止した．結果として，韓国の対内直接投資政策は，今や東アジア地域におけるその他の国々よりも自由である．ビショップは，この地域におけるいっそう自由な投資制度へ向かって前進しているにもかかわらず，さらに進んだ自由化は経済発展に関する政治的制約や関心のために時間がかかると述べている．

第8章では，ジャ・スンヒならびにハン・グァンスグ(Sung-Hee Jwa and Guangsug Hahn)が，新制度派経済学的視点を通して韓国の金融システムを検討する．彼らは，金融システムの発展，国の制度的環境との関係，企業部門に対する影響を検討し，広範にわたる政府の介入に起因する（と彼らは述べているが）韓国の金融システムにおけるさまざまなタイプの脆弱さを明らかにしている．ジャならびにハンは，韓国の独特な制度的環境のために，アングロ・サクソンのシステムでも，銀行支配の金融システムでも韓国にとって適切ではないと述べている．彼らは，その代わりに銀行が，株式投資，保険の引き受け，証券化，保険サービスを含んだ幅広い金融製品を提供する総合銀行主義を提案している．その結果，銀行は，証券と金融市場の両者において積極的な役割を果たすことができる．執筆者は，融資と証券市場における監視機能を改善するために金融機関のかなりの自主性を述べている．彼らは，またその安定性を確保するためにこの部門における健全性規制を適切に実施する必要性を強調している．

第IV部は，第一次産業に目を向ける．つまり，農業部門の活力を維持し，絶えず増大している国内需要に対応するために海外のエネルギー供給を確保するという韓国の永久の課題に焦点を当てる．

ユ・チョルホ(Chul Ho Yoo)による第9章は，グローバル化に関連した韓国農業，WTOへの中国の加盟，WTOのドーハの交渉，その他の国々との自由貿易協定の実現などによって直面した新しい課題を検討する．ユは，1990年か

ら2000年までの10年間の韓国農業部門における複雑な諸変化を検討する．彼は，農場，農産物の組み合わせ，食料品のバランス，食料品の輸入などの数量における変化がグローバル化の過程の下で加速するであろうと述べている．これらの状況の下で，韓国農業部門が強力な農業部門をもっている他の国々と競争することができるように，韓国農業部門の生き残りは，国の政策が農業部門の競争力をどれくらい効果的に高められるかにかかっている．ユは，農業部門の競争力を強化するためにこれまで行われてきた試みを批判的に検討する．さらに彼は，この部門における競争力を増すために提案している．すなわち，それは，生産費を削減し，製品の品質を改良し，農地の効率的利用を制限する規制を改革し，製品規格を強化し，主要な貿易相手国の製品標準と国内の製品標準との適合性を改善し，食料品の安全性を増強することなどを含んでいる．さらに，彼は，2つの重要な分野——市場参入と国内援助——に関して現在進んでいるWTOの交渉に対する韓国政府の提案を批判的に検討し，韓国の農業部門に対する提案の意味合いを評価している．

バン・キヨルならびにチョン・ウジン（Ki-Yual Bang and Woo-Jin Chung）による第10章は，エネルギー産業，すなわち，韓国の経済成長の頼みの綱に関する政府の政策を検討し，1997年の金融危機以降のエネルギー政策パラダイムにおける転換を検討する．韓国が絶えず増大するエネルギー需要に対応するために輸入されるエネルギー供給にのみ依存しなければならないことから，韓国政府は，海外のエネルギー供給国を確保することから国内のエネルギー供給産業までエネルギー部門に広範囲にかかわってきた．また，政府は，反インフレーション政策の必要不可欠な部分としてエネルギーの最終ユーザの価格を統制してきた．しかしながら，近年，政府の政策は，市場原理に基づいた産業における競争と効率を増進するように自由化してきた．エネルギー部門の構造改革は垂直的に統合された独占を解体し，国有のエネルギー会社は民営化されつつある．バンならびにチョンは，エネルギー産業の構造変革に加えて，韓国企業が，エネルギーの調達戦略を安定したエネルギー供給の長期契約から競争的で規制緩和された市場にふさわしい短期的でフレキシブルな供給契約へ変更すると予想している．この執筆者も，北東アジアにおける主要なエネルギー消費国

が，エネルギー調達の地域相互の協力計画を立てるという可能性を考えている．

第Ⅴ部は，経済政策における転換の結果として起こる主要な社会的問題のいくつか，すなわち，労使関係，労働基準，社会福祉に向けられる．

第11章においては，イ・ウォンドクならびにイ・ビョンフン (Won-Duck Lee and Byoung-Hoon Lee) が，1987年の政治的民主化と共に，1987年以前の独裁主義的モデルから交渉による共同という新しいモデルへ韓国の労使関係制度の転換を検討する．1987年以降，グローバル化と1997年の金融危機は，労使関係における深い変化を示唆した．執筆者は，次の4つの段階を明らかにしている．

1. 組織労働者の拡大（1987-89年）
2. 新介入主義政策の取り組み（1990-92年）
3. 労働改革に対する三者，すなわち，労働者，雇用者，政府からなる取り組み（1993-97年）
4. 経済的なリストラ（1998年-）

彼らは，韓国の労働基準の歴史的発展と法律の枠組みを見直し，従業員の基本的権利，経営上の理由による解雇，補償，労働時間というような既存の労働基準を検討する．最後に，この第11章は，今日韓国が直面している労使関係と労働基準における厄介な問題を述べる．この問題には，労働時間の削減，非正規労働者の増加，企業別組合から産業別組合への組織構造の転換，公務員の組合化と失業者などが含まれている．

第12章では，アン・チョンボムならびにチェ・クァン (Chong-Bum An and Kwang Choi) が，韓国の社会福祉制度を批判的に検討し，代替戦略を提案する．韓国は，1980年代の終わりまでの30年にわたって『まず初めに最大の成長，それから福祉』という政策重視を維持した．その結果，適切な社会福祉制度の発展ができなかった．しかしながら，1980年代の終わりのすみやかな政治的民主化は，適切な社会福祉制度に対する一般大衆の要求を強めた．そして，1997年の金融危機は，社会福祉政策におけるパラダイムの転換をいっそう加速した．

アンならびにチェは，韓国における福祉の要求には2つの特徴的なタイプが

あると述べている．つまり，(1)失業，貧困，不平等から生じる生活苦を減らすための福祉計画の短期的要求と (2)生活の質を高めようとする福祉政策の長期的要求である．アンならびにチェは，特に費用効果と対象効率の理由から，既存の福祉政策を批判している．彼らは，金大中（Kim Dae-jung）政権下の福祉政策が，2つのタイプの福祉要求を区別する新しい制度によって取って代わられるべきであると述べている．その結果，実際の福祉の要求に取り組む福祉基金と能力のより効率的な割当が可能となる．

第VI部は，情報と知識型韓国経済を発展させる戦略に関連している．1997年の金融危機の経験によって，韓国は，投入主導型の成長戦略がグローバル化と情報技術革命に直面して，もはや活力がないことを認識してきたし，知識型経済の発展へ戦略的な推進力を転換している．

第13章ではベ・クァンソン，パク・ホンならびにチャン・スクイン（Kwang Sun Pai, Ki-Hong Park and Suk-In Chang）は，知識型経済への韓国の推進を評価する．知識型経済の発展に関して彼らによって提案された政策枠組みにおいて，彼らは，政府が重大な役割——情報インフラを提供し，教育制度を向上させ，イノベーションのための報奨を改善し，制度改革を実施すること——を果たすべきであると述べている．彼らは，適切に政策を評価した際に，かなりの進展が行われてきたことを認めているけれども，これらの分野の各々に対してさらに進んだ改善が必要とされると述べている．新しい取り組みは，初期の介入主義政策から柔軟で市場に基づき，ネットワーク化された経済を育成することへ戦略の転換を必要としている．提案されたパラダイムの下で，政府の中心的役割は，競争，企業家精神，特に『技術家精神（technopreneurship）』を促進することである．

韓国は，国家をあげて情報インフラを構築したときの成功に対して国際的注目をすでに集めてきた．

第14章では，ユン・チャンボンならびにソン・サンヨン（Chang-Bun Yoon and Sang-Young Sonn）が，韓国において情報社会を発展させた主要な政策と戦略を検討する．1999年に，韓国政府は，韓国で21世紀に情報社会を発展させるブループリントとして，サイバー韓国21（Cyber Korea 21）を提案した．ユンな

らびにソンは，このブループリントが採用されて以来，情報技術のインフラを造り上げる上で，その多くが達成されたと主張している．しかしながら，彼らは，次のように述べている．すなわち，過去10年間にわたって相当な速さで移行したのであるが，韓国が新しい情報技術の発展に穏やかに適応することができるような情報インフラにおけるいっそうの進展が必要とされる．執筆者は，法律的，制度的改革が完全ではないし，韓国社会において誰でも十分に技術を利用することができないので，生産性と透明性の向上というような情報化の経済的利益が十分に実現していなかったと述べている．彼らは，サイバー・テロリズムという危険の増大によって，サイバー・スペースの安全性と信頼性を確保するために多大な努力が払われるべきであると強調している．

明らかに，経済構造と政策環境における1997年の金融危機とそれに続いて起こった大変革は，既存の経済戦略を韓国経済の持続可能な成長を維持し得ないようにした．これらの発展は，韓国経済の新しい経済戦略のためにかなり多くの研究を促した．英語で書かれた多くの文献は，特定の問題や政策分野を無理矢理分析してきた．韓国の政策策定に関係した執筆者の専門知識と経験を英語で発表する広範囲にわたる根拠の1つとして，本書では，韓国経済がいっそう進んだグローバル化と情報技術革命の新しい分野に乗り出すような，韓国の新しい経済戦略と関連した広い範囲の問題を徹底的に分析する．

クォン・オユル（O. Yul Kwon）
ジャ・スンヒ（Sung-Hee Jwa）
イ・ギョンテ（Kyung-Tae Lee）

参 考 文 献

National Statistical Office (NSO) (2002), Major Statistics of Korean Economy, Seoul: Korea National Statistical Office.

はしがき

　韓国経済は，ドラマティックに変革してきた．1960年代の半ばから1990年代半ばまでの30年間に，経済は約9パーセントという異常なほどの年間成長率を記録した．この異常なほどのゆるぎない成果は，韓国の発展モデルに関する幅広い国際的論議やその他の発展途上国に対してその適応可能性を刺激した．しかしながら，1997年末に向けて，前例のない金融危機は，かつてなかったほどの最悪の経済危機へ韓国を至らしめた．生産高は，1998年に6.7パーセントまで縮小した．その結果，韓国は，深刻な失業と社会問題に陥った．ほとんどの研究者が驚いたことに，経済は，10.9パーセントの成長率を達成し，翌年に回復した．その結果，韓国経済は，再び，危機の診断，解決策，その危機からの急速な回復，近隣諸国との係わり合いなどに関して国際的論議を刺激した．

　韓国経済が危機からさらに回復するにつれて，韓国の政策策定者は，グローバル化と情報の時代の要請に合わせる新しい課題に直面した．国内外の政策環境は，急速に変化し，韓国の政策策定者は，知識や情報型経済に適合させてきた．これらの環境の下で，30年にわたって韓国の発展に指針を与えるために用いられてきた経済政策パラダイムは，もはや働かないであろう．したがって，韓国が立ち向かう中心的問題は，この時代の新たな課題に対応するために新経済戦略を計画する骨の折れる仕事にどのように対処するかということである．

　グローバル化と情報の時代における韓国の新戦略を取り囲むこの複雑な問題を論議するために，カンファレンスが2001年9月に開催された．今日話題となっている問題について，経済学者，政策分析者，政策助言者，さらに2日間にわたるカンファレンス参加者などの間で包括的にディスカッションされた．本書は，カンファレンスで提出された論文から選択し，ディスカッションを考慮して修正し，さらに考えを前進させた．

韓国における戦後の経済発展や1997年の金融危機に関しては，おびただしい数の研究が発表されてきた．経済が金融危機から回復し，グローバル化と情報の時代へ移行するにつれて，起こりつつある新たな課題に対応する韓国の新経済戦略に関連した幅広い問題を追究した研究はほとんど見ることができない．本書は，文献でこの追究されなかった部分を満たす上で役立つと期待している．

　本書の各章は，韓国の新経済戦略を確立する際に，もっとも重要と思われる問題に批判的に目を向けている．これらの問題は，地政的経済，韓国と北朝鮮の経済関係，韓国の基本的全体政策枠組，さらに商品やサービスの国際貿易，ビジネス，金融や投資，第一次産業，労働や社会福祉などというような重要な領域に対する明確に述べられた戦略，情報や知識型経済の準備などを含んでいる．執筆者は，本書で書かれた主題について専門家として著名であり，学会や経済研究所から注意深く選ばれた．本書に寄稿した25人の執筆者のほとんどは，韓国政府に対する政策助言者として戦略策定にかかわっており，韓国の経済政策環境に新鮮で含蓄に富んだ洞察を提供している．

訳者はしがき

　韓国については，距離的にも，民族的にも近いと一般に言われながらも，なかなか本当の姿を理解することは難しいものである．すべての面にわたって，理解することはとても困難なことであることから，我々翻訳者の経済，経営，マーケティングという専門領域からそれらを少しでも理解しようと，プロジェクトのメンバーの話がまとまり，前回「韓国企業のグローバル戦略」という書物を訳出した．このことにより，少しは理解できたというものの，さらに深く理解したいということから，新たな書物の読み合わせを行ったが，いっそうのこと翻訳してしまおうということになり，訳出に取り掛かった．

　今回取り上げたのは，「グローバル時代における韓国の新経済戦略」であるが，本書は，韓国の官僚，研究者，研究所の研究員などがオーストラリアの官僚や研究者とカンファレンスを開催したときの原稿にカンファレンスでの討論を加味し，修正した上で，発表・出版されたものである．このカンファレンスでは，韓国の政策立案者や政策助言者などが中心となって，発表され，討論されたものである．したがって，本書もそのような経済政策の中枢部にいる方々による執筆となっており，そのような考え方，取り上げ方を理解する上では，大変貴重なものであるといえよう．

　1997年の韓国の金融危機が，どのように韓国の経済に影響を与えたのか．また，IMFの資金を導入することによって，韓国は，規制緩和，自由化せざるを得なくなったのであるが，そのことによって，韓国の経済や企業がどのように対応したかがその中心課題となっている．

　しかし，テーマの取り扱いについては，かなり広範囲にわたっているがために，我々にとっても，全体像をつかむ上で大変役立っているといえよう．すでに述べたように，韓国とオーストラリアの官僚，研究者，研究所の研究員など

が執筆者となっているが，中でも第7章を除いた各章が韓国の執筆者によって述べられているということは，当然韓国人の目を通しての，論点の展開になっていることは否めないであろう．

　このことから，読者の中には，違和感を感じられる方もおられることと思われるが，韓国の経済や企業が現在，韓国人によってどのように把握され，考えられているかを知る上では，大変良い機会ではないかと思われる．

　また，翻訳に当たっては，オリジナルでは，north and south Koreaなどというような場合には，北朝鮮と韓国と訳した．非常に微妙な問題を含んでいるが，これらにも細心の注意を払って訳出したつもりであるが，十分ではない点があれば，その都度修正していくつもりである．

　本書の翻訳は，中央大学企業研究所における「韓国企業のマーケティング行動研究」プロジェクトと「グローバル・ビジネス戦略」プロジェクトという2つのプロジェクトの共同による作業である．これらのプロジェクトのメンバーの協力があって初めて実現できたものと感謝する次第である．また，原稿の整理や修正，韓国語の読み方や翻訳，韓国語の表現や固有名詞などについては，光州大学講師，金　貞明(博士(商学))さん，中央大学商学研究科博士後期課程，金　貞姫さん，姜　京守さんにお世話になった．そればかりか，本書の翻訳が出来たのも，企業研究所の関係者の方々，さらに，出版部の方々の理解と協力があって初めて成しえたものであるので，この場を借りて御礼申し上げる次第である．

監訳者　奥　本　勝　彦
　　　　林　田　博　光

謝　　辞

　本書は2001年9月20日から21日にかけてオーストラリアのブリスベンにあるグリフィス大学において2年に一度開催されるオーストラリア韓国研究所の第3回大会で発表された論文を集めたものであります．参加者のコメントや議論は本書の修正に役立っており感謝申し上げます．

　大会の成功は数多くの機関からの多大な経済的支援によるものであり，心から感謝申し上げる次第です．とくに下記の機関には経済的に大変お世話になりました．

> グリフィス大学アジア太平洋評議会，クィーンズランド州開発局，韓国研究財団，オーストラリア韓国財団，グリフィス大学国際ビジネス学部，グリフィス大学国際センター，韓国国際経済政策研究所，韓国労働研究所，韓国経済研究所，韓国農村研究所，韓国情報社会開発研究所，韓国エネルギー経済研究所，ゴールドコースト市議会，ブリスベン市議会，LGエレクトロニクス・オーストラリア

　私共をはじめ25人の執筆者が各章に対して単独また共同執筆という形でかかわってまいりました．執筆者の各方には原稿の締め切りを守っていただきありがとうございました．大変忙しいなか，私共の要求に快くご協力いただきました．そのご支援とご協力がなければ，本書はまとまっていなかったと思います．

　私共はケヴィン・プラストウ氏の編集上のご助力に感謝しております．第一言語が韓国語である執筆者の原稿を入念にチェックしていただいたことにより，出版社の仕様どおりに出来上がりました．ロビンホワイト氏には文書処理

で大変お世話になりました．またエドワード・エルガー出版には，出版のご助力をいただき感謝しております．本書の編集上の内容に対する責任は編者にあります．

目　　次

日本語版への序文
はじめに：グローバル化への韓国の対応
は し が き
訳者はしがき
謝　　辞

掲載図一覧
掲載表一覧

第Ⅰ部　21世紀における韓国の地政的経済

第1章　21世紀の朝鮮半島の地政的・経済的役割 ……………… 3
イム・ゾンチョル
Jong-Chul Lim
ノ・ジェボン
Jae-bong Ro

第2章　韓国と北朝鮮の経済関係：過去，現在，未来 ………… 19
イ・ヨンソン
Young-Sun Lee
ユン・ドックリョン
Deok Ryong Yoon

第Ⅱ部　国際貿易戦略

第3章　グローバル化時代における韓国の経済政策枠組み ……… 41
クォン・オユル
O. Yul Kwon

第4章　ニュー・ミレニアムにおける韓国の対外貿易戦略 ……… 71
イ・ギョンテ
Kyung-Tae Lee
チェ・ナッギュン
Nakgyoon Choi
カン・ジュング
Jun-Gu Kang

第5章　韓国におけるサービス取引の自由化と
　　　　生産性に及ぼす影響 ･････････････････････････････････ 89
　　　　　　　　　　　　　キム・ジュンドン
　　　　　　　　　　　　　June-Dong Kim
　　　　　　　　　　　　　キム・ゾンイル
　　　　　　　　　　　　　Jong-Il Kim

第Ⅲ部　ビジネス，金融および投資戦略

第6章　韓国における政財間の新しい枠組み ････････････････････ 115
　　　　　　　　　　　　　ジャ・スンヒ
　　　　　　　　　　　　　Sung-Hee Jwa

第7章　東アジアは，対内直接投資政策を自由化する際に
　　　　韓国のお手本に倣うか ･･･････････････････････････････ 133
　　　　　　　　　　　　　バーニー・ビショップ
　　　　　　　　　　　　　Bernie Bishop

第8章　金融改革へ向けた韓国の戦略：新制度派経済学的展望 ･･･ 155
　　　　　　　　　　　　　ジャ・スンヒ
　　　　　　　　　　　　　Sung-Hee Jwa
　　　　　　　　　　　　　ハン・グァンスク
　　　　　　　　　　　　　Guangsug Hahn

第Ⅳ部　第1次産業戦略

第9章　グローバル化時代における韓国の農業戦略 ･･････････････ 181
　　　　　　　　　　　　　ユ・チョルホ
　　　　　　　　　　　　　Chul Ho Yoo

第10章　韓国におけるエネルギーおよび資源調達戦略 ･･････････ 211
　　　　　　　　　　　　　バン・キヨル
　　　　　　　　　　　　　Ki-Yual Bang
　　　　　　　　　　　　　チョン・ウジン
　　　　　　　　　　　　　Woo-Jin Chung

第Ⅴ部　労使関係と社会福祉戦略

第11章　韓国における労使関係と労働基準 ………………… 237
イ・ウォンドク
Won-Duck Lee
イ・ビョンフン
Byoung-Hoon Lee

第12章　韓国における福祉政策：その課題と戦略 ………… 263
アン・チョンボム
Chong-Bum An
チェ・クァン
Kwang Choi

第Ⅵ部　情報・知識型経済戦略

第13章　韓国経済の知識ベース化 ……………………………… 293
ベ・クァンソン
Kwang Sun Pai
パク・ホン
Ki-Hong Park
チャン・スクイン
Suk-In Chang

第14章　韓国の情報社会にとっての開発戦略 ……………… 315
ユン・チャンボン
Chang-Bun Yoon
ソン・サンヨン
Sang-Young Sonn

索　引

掲載図一覧

図2-1　貿易取引と貿易外取引 …………………………………………… 23
図2-2　商　業　貿　易 …………………………………………………… 24
図2-3　委託ベースの加工貿易 …………………………………………… 26

図4-1　地域貿易協定，1948-2001年 …………………………………… 71

図5-1　流通サービスにおける従業員一人当たりの売上高，1979-98年 ……… 104
図5-2　1989から1998年の小型および大型小売店の従業員一人当たりの売上高 … 105

図6-1　外的経済環境と企業 ……………………………………………… 124
図6-2　企業統制システム ………………………………………………… 126

図8-1　韓国金融システムのビジョン …………………………………… 167

図13-1　教育の諸指標：韓国 ……………………………………………… 301

掲載表一覧

表 2-1	韓国と北朝鮮の貿易分類	21
表 4-1	韓国経済の構造と動向	73
表 4-2	韓国経済の実績（年平均成長率）	73
表 4-3	韓国の輸出における産業構成（年平均成長率）	73
表 4-4	品目別韓国の輸入の構成（年間成長率）	75
表 4-5	輸出の経済効果	75
表 5-1	1993-2000年における韓国のFDIの自由化，2001年3月現在	91
表 5-2	韓国で海外直接投資が制限されているサービス事業，2001年3月現在	92
表 5-3	供給形態ごとのサービス取引，1991年，1995年，1998年	93
表 5-4	サービス部門におけるFDIの流入，1962-1999年	94
表 5-5	アメリカとの比較による各国の労働生産性，1990年	98
表 5-6	サービス部門における労働生産性の年平均成長率，1970-1997年	99
表 5-7	サービス部門における全要素生産性の年平均成長率，1970-1997年	100
表 5-8	製造業における全要素生産性の年平均成長率，1970-1997年	101
表 5-9	選択した製造部門のインプット係数，1995年	101
表 5-10	韓国流通サービスにおける生産性比較，1994年	102
表 5-11	流通サービスの自由化，1989-2000年	103
表 5-12	韓国におけるスーパー・マーケット設置の推移，1997-2000年	103
表 5-13	スーパー・マーケットと百貨店の価格差益の動向，1995-1998年	105
付録 表5-1	FDIが制限されているサービス部門，1990年1月現在	109
付録 表5-2	FDIが制限されているサービス部門，1997年11月現在	110
表 7-1	認 可 手 続	135
表 7-2	東アジア諸国における対内直接投資に関する部門と外国資本の制限	138
表 8-1	文化，金融システム，および企業構造	163
表 8-2	1999年抜粋国の企業金融のパターン	165
表 9-1	主要作物の生産面積の変化，1990-2000年	184
表 9-2	農業生産の主要指標の変化，1990-2000年	186
表 9-3	食品ごとの月別家計支出，1990-2000年	188
表 9-4	穀 類 収 支，1990-2000年	189
表 9-5	主要蓄産品，1990-2000年	190
表 9-6	農産物の貿易，1990-2000年	194
表10-1	韓国における主要なエネルギーおよび経済指標	213

掲載表一覧 xxix

表10-2	韓国の海外エネルギー資源への依存	214
表10-3	韓国の原油輸入国	215
表10-4	韓国の液化天然ガス供給契約（供給国別）	216
表10-5	2000年 韓国の石炭輸入先国および用途	217
表10-6	電力産業再構築計画における各段階	222
表10-7	KEPCO石炭調達方法の変化	230
表11-1	1987年以降の韓国における労使関係の展開	239
表11-2	記録された労働争議に関する主たる指標の変化	240
表11-3	年毎の労働組合に関する主要な指標の変化	240
表11-4	労働争議の主な要因	244
表11-5	社会契約の重要な内容	245
表11-6	賃金契約の変遷，1998-2000年	246
表11-7	労使によってなされた賃金交渉に関する提案	249
表11-8	労使協議会が設置されている企業	249
表11-9	韓国における労働基準法制化の歴史的展開	250
表11-10	最低賃金の傾向	255
表11-11	選択された諸国での労働者の休日および休暇の利用状況	257
表11-12	選択された諸国における週当たり有給労働時間，1999年	257
表12-1	雇用動向，1997-2001年	272
表12-2	絶対的貧困化率の動向	273
表12-3	所得分布，1990-2000年	273
表12-4	韓国の人口に占める高齢者の比率	274
表12-5	高齢化社会の国際比較	274
表12-6	連結予算と政府債務	275
表12-7	OECD諸国における社会福祉予算と税負担率，1998年	276
表12-8	一般勘定と社会福祉予算	277
表12-9	カテゴリー別福祉予算	278
表12-10	現行年金制度の概要	280
表12-11	失業保険制度の対象拡大	281
表13-1	情報インフラストラクチュアへの投資	299
表13-2	教育への公共支出のGDPに占める比率，1995年	302
表13-3	所得と技術の実績，1998年	306
表14-1	2001年末における一世帯当たりのブロードバンド・インターネット浸透率の比較	318
表14-2	恵まれない層のインターネット利用者の増加率	319

第 I 部
21世紀における韓国の地政的経済

第1章 21世紀の朝鮮半島の地政的・経済的役割

イム・ゾンチョル（Jong-Chul Lim）
ノ・ジェボン（Jae-bong Ro）

1. はじめに

　1990年のソ連の崩壊に続いて，21世紀初めに新しい国際秩序が現れた．この新しい秩序は，冷戦の不在，世界貿易機関（WTO）の開始によって現れた新しい国際経済システムの出現，ヨーロッパの統合によって加速された地域主義の深まりなどによって特徴づけられる．これらの進展は，イデオロギーの対立の破壊と市場経済のダイナミックス，特に国境を越えた経済の相互依存がますます深くなったことに起因している．

　新しい国際秩序において大国は，イデオロギーよりもむしろ覇権によって決められ，軍事力と同様に経済と外交を支配する能力に依存している．1990年代の多数の研究は，経済力の重要性が増していることを認識して，グローバルと二国間の関係と同様に地域ブロックの地政学について研究している．朝鮮半島は，3大国，すなわち，日本，中国，ロシアによって囲まれているので，必然的に地域ブロックの地政学によって影響を受けている．この3大国は，アメリカとこの地域における政治的空白を埋めることを口実にして覇権を競ってきた．北東アジアにおいて主導権をもった国の不在が続いているが，4ヵ国の関係国間のこのような傾向は継続すると予想され，朝鮮半島は機敏に対応する必要があろう．

　北朝鮮と韓国という朝鮮半島の分断は，北東アジアで果たしてきた冷戦の緊張の明らかな産物であった．しかしながら，冷戦の終焉にもかかわらず，朝鮮

半島は，イデオロギーの分断を生み出したものとはまったく異なる地政的関心が入り混ざった中で分断されたままに残っている．また，この地域の複雑な国際関係を管理する一方，最高レベルの外交は，統一を達成するために必要であろう．

　本章は，グローバル化と地域主義に同時に対応して，韓国がその経済政策と安全保障の問題を関係づけるべきであると述べる．このことを行う1つの建設的な方法は，朝鮮半島を北東アジアにおけるビジネス・センターとして確立することと，外交の戦略としてこの地域の経済統合を追求することである．

　本章は，また21世紀における朝鮮半島の地政的と経済的な役割を検討する．それは4つの節から構成される．第1節の「はじめに」に続いて，第2節は，この地域の重要な戦略的な競争国の外交政策を分析することによって，冷戦後の時代における新しい国際秩序および北東アジア地域へのその影響を検討する．この検討は，北東アジアの地域内における朝鮮半島の位置づけを考慮し，21世紀に再統一される朝鮮半島に対する政治的と経済的役割の可能性を分析する第3節における議論の背景を与える．第4節では，「おわりに」を述べる．

2．21世紀における北東アジアと新しい国際秩序

　世界が21世紀に入ったとき，新しい国際秩序は，この地域の国々に外交政策を変更させるほど北東アジアの状況に大きな影響を与えた．

　確かに，20世紀後半から21世紀初頭に緊張は高かったが，北東アジアにはいまだかつてそのような時代はなかった．これらの緊張は，朝鮮半島周辺の3大国と東アジアに戦略上の権益を維持するアメリカとの間の新しい過酷な戦いによって冷戦の終焉に続いてこの地域において極度の不確実性の結果が生じた．

　冷戦の終焉で，北東アジアの秩序は，二極化とパックス・コンソルティス（Pax Consortis）のミックスした形態をとる傾向があった．アメリカ，日本，中国，ロシアは，この地域の安定を維持することに高い優先順位をおき，協力と緊張を通じて地域の相互依存を深めた．国際環境の変化は，北朝鮮をなだめて国際

会談に引き出すことによって朝鮮半島の安全保障に積極的に影響を及ぼした．

2.1 北東アジアにおける秩序の進展

北東アジアにおける将来の秩序について，いくつかの実現可能性のあるシナリオが提唱された．ある人々は，特定の国がその地域で指導的な役割を果たす秩序を予見している．つまり，パックス・アメリカーナ（Pax Americana），パックス・シニカ（Pax Sinica），パックス・ニッポニカ（Pax Nipponica），パックス・コリアナ（Pax Koreana）である．他の人々は，1ヵ国以上が主導権に関係する秩序を予見している．共同覇権の下では，秩序は責任分担の原理に基づいて，アメリカと日本との協力によって維持される．このシナリオでは，中国は，この地域の覇権のための競争から排除されるか，あるいはアメリカと日本の主導を支持する．別の可能性は，トロイカである．つまり，アメリカ，日本，中国との協力によって秩序が維持されるというもので，その過渡期に適している．この形態は，世界の超大国になることを望んでいる中国が時間を必要とし，アメリカと日本が政治力と経済力のために，覇権争いに中国を排除することができないという点で非常に可能性が高い．別の可能性は，冷戦中の二極化と似た二極化である．ここで考えられる二極化の可能性は以下のとおりである．1つは，中国に対するアメリカと日本である．もう1つは，アメリカと日本に対する中国とロシアである．この形は，北東アジア地域の「新冷戦」の到来を意味している．パックス・コンソルティスは，多極化の秩序である．これは，アメリカとロシアが北東アジア諸国の中で相互の協力と牽制を通して維持される．そして，これのすべてがその地域で秩序を維持することに寄与する（Hwang 1999）．

2.2 関係国の外交政策

ここで，特に朝鮮半島に関係のある国々の外交政策を検討することは有益である．最初に，我々は韓国と北朝鮮の関係を検討し，次に，朝鮮半島周辺の3ヵ国の政策と，この地域における積極的な戦略に関心をもち続けているアメリカの政策について考察する．

2.2.1 韓国と北朝鮮の関係

1990年のソ連の崩壊は,韓国と北朝鮮の関係に政治的に重要な影響を与えた.注目すべきことは,韓国と北朝鮮首脳のハイ・レベルの南北会談が1990年に始まって,1991年に南北両国の基本合意を生んだ[1].その合意は,再統一へ向けたプロセスにおける「一時的な特別な関係」であると韓国と北朝鮮が認識したということである.翌年の2月に,両国は,南北非核化共同宣言に署名した.しかしながら,基本合意書や共同宣言が目に見える形で実を結ぶ以前でさえも,核兵器で武装しようとする北朝鮮の企ては,朝鮮半島に緊張を復活させた.

2000年6月15日に,韓国の金大中大統領と北朝鮮の金正一総書記は,平壌(ピョンヤン)で会談した.この会談は有名になったが,2000年の平壌首脳会談は,両国の首脳間の初めての会談として,また,公式に国際社会に金正日を紹介したフォーラムとしても革新的であった.この首脳会談は,2つの重要な点で過去の交流とは異なっていた.

第1に,以前の主要な閣僚級の会談と異なり,首脳会談における主要な関係者は韓国と北朝鮮の最高権威者であった.ここに,金大統領と金総書記は,きわめて重要な点について合意に達した.すなわち,2人の首脳は,両国統一の問題に関する意見の一致に到達し,韓国と北朝鮮の交流および協力を約束することに合意した.両首脳は,金正一総書記がソウルへ答礼訪問をすると決めた.また,北朝鮮は,統一後に韓国にアメリカ軍駐留の条件を受け入れた.このような合意は,2人の首脳の直接会談でのみ可能であった.第2に,過去の冷戦の地政的環境を考えると,2人の首脳は外部圧力から冷戦時よりも自由であったし,統一問題はソウルと平壌によって独自に解決されるべきであると主張した.このことは,両国がロシア,中国,アメリカというような利害関係国との密接な関係を維持していたので,可能であった.

背景として平壌首脳会談によって,多くの画期的な進展が起こった.これには,韓国と北朝鮮の国防相の第1回目の会談も含まれている.またこれには,韓国と北朝鮮の貿易および投資を促進する合意,非武装地帯を通る鉄道と道路を再接続すること,休戦ラインを越えた3,600人を含む家族の再会などについ

ての合意も含まれていた．ここで特に注目すべきこととして，両国の貿易は，韓国が北朝鮮の2番目に大きな貿易相手国になるほどに増大したということである．

平壌首脳会談の成功は，多くの政治的な不透明性を取り除いた．その上，民間レベルから政府レベルへ広がって，経済協力のための条件を大いに改善した．2000年6月15日の共同声明の第4項の中で述べられているように，北朝鮮はより積極的な経済姿勢をとるように期待されている．そして，この第4項の目標は，「韓国と北朝鮮の経済の均衡のとれた発展」である．その上，首脳会談で築き上げられた相互の信頼関係は，韓国と北朝鮮のさらに進んだ和解の過程であと戻りしないように安全装置として役立ってきた．2001年3月以来，公式会談は多少遅くなったが，企業活動と交流は先例がないレベルで民間部門で継続することは明らかである．

2.2.2 戦略上利害関係のある4ヵ国の北東アジア政策

アメリカを加えて，朝鮮半島周辺の3大国の政策の方向性は，北東アジアにおける秩序の形成にもっとも重要な変動要因である．

この地域には，現在2つの軸がある．つまり，1つはアメリカと日本によって形成されるものと，もう1つは中国とロシアによって形成されるものである．アメリカは，この地域で覇権を維持することによって超大国としての地位を確認しようと試みている．東アジア戦略報告書（EASR：East Asian Strategic Report）(Lee 1999a) によると，アメリカは，地域安全保障の保証人として中心的役割を果たすために北東アジアに介入し続けるつもりである．このような理由で，アメリカは，日本との同盟を強化し，潜在敵国である中国およびロシアを抑えた．この地域に対するアメリカの政策は，「責任分担」の原理に基づいている．つまり，これに基づきこの地域においてアメリカは日本と軍事費を分担し，日本の政治的・軍事的な役割を強化している．この戦略は，1997年11月に，日米防衛協力のための指針（Guide to Cooperation and Defense）——日本が非常事態に近隣国に兵器を提供することを承認する——において明白である．同時に，アメリカは，別の戦略同盟によって，潜在的な政治的・経済的な脅威（Lee

2000b）である中国を牽制し，なだめている[2]．アメリカの外交政策の中枢で影響力があるナイ（Nye）は，アメリカが中国の拡張政策と朝鮮半島で継続している緊張に対処するために東アジアの安全保障においてより重要な役割を果たさなければならないと述べた．北朝鮮とイランに対抗して日本と台湾にミサイル・システムを設立する計画に反映されているように，アメリカの覇権が強化されているように思われる．

冷戦後の期間は，日本が北東アジアにおいて重要な軍事大国として現れることに有利な状況を提供した．いわゆる日本国憲法は，国の軍事的関与を国家の自己防衛に制限したが，事実上，日本は軍事費に関して世界で2番目にランクづけられるように，現実にかなりの軍事力を築き上げている[3]．1997年11月の日米防衛協力のための指針の中で述べられているように，日本の主な安全保障の相手国がアメリカであることを考慮すれば，この地域の安全保障における日本の役割が21世紀に拡大することは確かである．

また，中国には，1980年代からの急速な経済成長の結果として世界の超大国になる野望がある．しかしながら，中国は，短期的には近代化するのに時間を必要としており，朝鮮半島の安定による中国の戦略的と経済的利益の両方を認識している．このような理由で，中国は，この地域での衝突にかかわることを避けている．冷戦時代にアメリカの強敵であったロシアは，冷戦後に新しい戦略的役割を見つけようともがいている．ロシアの現在の目的は，日本との国境問題を安定させ，北東アジア地域の秩序の多極化を促進することによって，主として近隣国による反ロシアの攻撃を防ぐことである．

中国とロシアは，アメリカと日本と比べ，同盟を強化している．ボリス・エリツィン（Boris Yeltsin）ロシア大統領が，1996年4月に中国を訪問した時，両国の首脳は，この地域で新しい覇権を得ようとしているアメリカと闘うために戦略同盟を確立する希望を表明した．1997年4月のモスクワの首脳会談で，ロシアのエリツィン大統領と中国の江沢民（Jiang Zemin）国家主席は，アメリカの慎みのない支配力を食い止めるために協力することに同意した．1997年11月の北京の首脳会談で，両国の大統領と国家主席はアメリカと日本の支配力の増大に対して思いとどまらせる必要性を繰り返した．さらに，1999年12月

の首脳会談で，中国とロシアは，アメリカのミサイル計画が両国に脅威を与える戦略であると認識した（Lee 1999a）．

　これらの主要4ヵ国の姿勢を認識し，当分の間，北東アジア地域の秩序が二極化とパックス・コンソルティスのミックスした形で維持されるであろう．アメリカは主導権を維持することができるように見える一方，この地域における日本と中国の地位は，増進されるであろう．

3．21世紀における朝鮮半島の役割

　韓国と北朝鮮は，分断されたままであるが，朝鮮半島で達成されるべきもっとも重要な目標は，両国の統一である．しかしながら，現在の兆しとしては，このことが長期的にのみ可能であると示唆している．ここで，我々は，考えられる短期的な選択肢に焦点を合わせよう．両国の統一は，重要なこの地域の関係国の支援に加えて，韓国と北朝鮮の両国の根強い努力によってのみ達成することができる．したがって，21世紀における北東アジアの中の朝鮮半島の可能な役割を考える際に，北東アジアにおける政治的，経済的関係の取り扱いがもっとも重要な関心事である．

　確かに，進展する戦略地政的秩序は，すべての外交政策の点で朝鮮半島に対して実質的に影響を与えるであろう．それは，両国の統一を促進するであろうか，妨害するであろうか．一方では，この地域における秩序の多極化によって，韓国と北朝鮮は，地域と国際情勢における影響力のある役割を展開しているように思われ，そして，そのことが統一の可能性を高める．他方では，この地域の主要4ヵ国の行動は，朝鮮半島におけるもっとも小さな変化にさえ抵抗を示している．グローバル化が進むにつれて，地域的状況および国際的状況内で朝鮮半島の経済的な重要性は，ユーラシア大陸および環太平洋を結びつける上での朝鮮半島の地政的な重要性によって，増大するであろう．韓国は，すでに中国市場をうまく利用しようとしている多国籍企業（そのほとんどは，西洋企業）の計画にプラット・フォームを提供している．

　したがって，調整過程のはずみがつくに従って，北東アジア地域においてま

すます重要な役割を果たす朝鮮半島の可能性は経済的にも戦略地政的にも増大する．

3.1 政治的な戦略地政的展望

北東アジアは，国際政治において特別な意味——以前に敵対関係にあった大国の種々の利益が絡まった地域——をもっている．この地域は，近隣2ヵ国の核保有国，つまり，中国とロシアから構成されている．また，核の潜在保有国であるように見える北朝鮮に対して別の核保有国，つまり，アメリカによって大いに影響を受けている．この地域の東方には，経済大国である日本が位置している．中国とロシアは大陸の大国であるが，日本は島国の大国である．アメリカは，日本に軍事基地をもち，韓国に軍を駐留させているとはいえ，北東アジアから地理的に遠く離れ，環太平洋の反対側に位置している．この地域の地政的相違を考慮すると，近い将来に北大西洋条約機構（NATO）と同様な多国間の安全保障体制を樹立することはきわめて難しいであろう．しかしながら，アメリカ，ロシア，中国，日本，韓国，北朝鮮を含む安全保障に関する対話のために多国間のフォーラムは，現実的な代替案であろう．

地域安全保障のためのこのようなフォーラムは，一般的な「安全保障文化」の基礎としてこの地域の国家間で広範囲にわたる経済的，政治的，文化的協力を含む包括的な安全保障の概念を包含することが必要であろう．さらに始めるにあたって，フォーラムは，この地域の継続的な平和と安定に基礎をおくために地域の関係国とアメリカとの二者協定の既存システムを調停することが必要であろう．

このフォーラムあるいは安全保障システムを実施する際に，朝鮮半島の役割は不可欠であろう．第1に，提案されたフォーラムまたは安全保障システムが実行可能であるためには，北朝鮮が含まれていなければならない．北朝鮮がこの地域の平和と安全保障に脅威を与える可能性がもっとも高いので，北朝鮮が含まれなければ，地域協力は無意味である．ここで，その近隣国の支援は重要である．したがって，対話に北朝鮮を含むことを目指して，韓国政府は，この地域の安全保障問題の本質についてこの地域のコンセンサスを得ることを重視

するべきである．この目的のために，韓国政府がさまざまな関係国の間で確立された複雑な権力構造を理解し，認識することが不可欠であろう．

韓国と北朝鮮の関係改善は，また，アメリカ，日本，他の地域と北朝鮮との関係を進展させることになる．北朝鮮を含む地域協力は，国際機関から資金を得るために，あるいは日本からの補償をうまく交渉するために，見通しを改善するであろう．もし北朝鮮政府が経済へ資金を投入することが可能などのような手段でも利用することができるならば，このことは，収益が得られる投資地域を探している世界中の企業にとって北朝鮮をより魅力的にするであろう．特に，日本と北朝鮮の関係正常化が大規模な補償を結果としてもたらすならば，このことは，北朝鮮の経済を回復するためにかなりの資金を提供するであろう．おそらく，そのような補償は現金ではないようだが，道路，鉄道，港湾などのインフラのプロジェクトに焦点を合わせた日本企業による経済開発事業になるであろう．これは，北朝鮮におけるコンソーシアム・スタイル（Consortium-Style）の投資を刺激することによって韓国と北朝鮮の経済協力のための触媒となるであろう．

第2に，提案された安全保障フォーラムで，韓国は，イニシアティブをとるために良い立場にある．フォーラムでアメリカあるいは日本のイニシアティブは，中国を不安にするであろうし，その逆もまた同様である．この問題の実現可能な解決策は，特に統一問題に関して，韓国と北朝鮮がイニシアティブをとることである．北朝鮮と韓国は，この地域において主要国のいずれにも脅威を与える意志も能力もないので，両国はフォーラムの中立的な仲裁国を務めることができる．両国がフォーラムを主導するように公式に指名されるかどうかにかかわらず，北朝鮮と韓国の両国の姿勢はその成功にとって重要であろう．

3.2 経済的展望

包括的な安全保障の概念で認識されるように，経済的安定は，国または地域の安全保障の不可欠な構成要因である．朝鮮半島の経済的安定は，北東アジアにおける地域の安全保障にとって重要である．それは，もしこの地域の国々の経済的利益が緊密に絡み合っている場合，これらの国々が自国の経済的利益を

保護するためにこの地域における安全保障を維持しようと多くの努力をすることを認識しているからである．グローバル化が進むにつれて，朝鮮半島はユーラシア大陸と環太平洋の間で商品，人々，アイデアの流れを促進するために，ユーラシア大陸と環太平洋を結びつけるその地理的位置の利点を利用することができる．したがって，この地域の安全保障は，この地域内のより大きな経済的相互依存を促進し，太平洋とユーラシア大陸の間の理想的連携あるいはアクセス・プラットフォーム（access platform）として役立つように朝鮮半島に用意する適切な経済戦略によって，保護するか増強することができるであろう．朝鮮半島がこの地域の強さと経済的安定性を取り扱う際に積極的な役割を果たすことができるように，韓国と北朝鮮の両国は実行可能な戦略に同意し，またこの戦略を実施するために協力して働く必要がある．ここで，我々は3つの可能性のある戦略を検討する．

第1に，韓国は，北朝鮮との信頼を築き，国際的な活動領域の中へ北朝鮮をなだめて入れるために北朝鮮と韓国の相互の経済交流を促進する．北朝鮮と韓国の相互交流がかなり増大した時期である1990年代末に，北朝鮮は地域安全保障に協力することにさらに同意するようになった．信頼と透明性を与えることを支援し，ビジネス環境を良くすることによって，北朝鮮と韓国の経済的相互作用の増大は，海外からの貿易と投資に多くの機会をもたらすであろう．これは，次には北朝鮮と韓国と同様に，国の政策と実際におけるすべての北東アジア諸国間の差を解消する必要性が増すであろう．近年，国際社会における経済大国の影響は，著しく弱められた．他方では，中程度の大国は，国際的な影響を集団的に強めようと努力している．それぞれの中程度の大国は，個別に重要な影響を発揮することができないが，同じ意見の国の集まりは，地域経済の取り扱いに対して多極的な取り組みを行うことに非常に効果的であろう．朝鮮半島は，この目的を目指して努力している他の中程度の大国に加わるように，十分な戦略地政的，経済的影響力をもっているようである．

第2に可能性のある戦略は，北東アジア地域に役立つ朝鮮半島にビジネス・センターを設立し維持することである．そのようなビジネス・センターでは，さまざまな経済の行為者，特に，多国籍企業が，この地域の近隣国に高いレベ

ルの付加価値サービス（貿易，金融，技術，情報）を提供するビジネスを行うであろう．地域社会にビジネス・センターの機能を提供する国々の例を考える場合，我々はそのような国における1人当たりのGDPはその近隣国よりもはるかに高い傾向があることがわかっている．シンガポールは申し分のない例である．シンガポールは，東南アジアにおける貿易とビジネス・センターとして機能しているので，2000年に1人当たりGDPが27,000ドルであったが，マレーシアとインドネシアの1人当たりGDPは，それぞれその7分の1と50分の1であった（Kim 2002）．朝鮮半島がこの地域のビジネス・センターになれば，これはさらに朝鮮半島の国際的な経済的地位を上げるであろう．韓国に子会社を設立している北東アジア諸国の企業は，この地域内と同様に朝鮮半島においても平和を維持することに多くの関心をもっているので，この地域の安全保障を増進するであろう．したがって，ビジネスを促進するために，つまり，そのようなビジネス・センターを育てるように，政策および構造改革は，金融，企業，貿易，労働の4つの主要な領域ばかりではなく，教育と租税においても韓国と北朝鮮に要請されるであろう．

第3に可能性のある戦略は，地域的経済統合の試みである．多国間相互自由貿易主義と比べて，地域主義は，EU，NAFTA，他の地域協定の開始によって証明されたように，かなりの勢いで進み，1990年代の初め以来急速に広がる傾向があった[4]．以前には地域的取り組みを避けた北東アジアの国々でさえ，メリットを認識して，この傾向に加わろうと急いでいる．地域契約を重複することによって引き起こされる危険は，この現象を促進しようとする役割を果たしてきた．ボールドウィン（Baldwin's, 1995）の地域主義のドミノ理論によれば，新しい地域ブロックの形成，あるいは，既存のブロックの拡大による負の効果を避けるための非加盟国の意図は，統合の広がりを容易にしている．多国間の貿易交渉に参加する際に，韓国は，数ヵ国と地域調整を行おうとしており，日本，アメリカ，さまざまな発展途上国と自由貿易協定を交渉している．また，韓国は，北東アジア地域の経済統合を考えており，ASEAN＋3連合をいっそう深化させ，強化する動因を拡大している．経済統合に向けたこれらの努力は，相乗効果を通して，また既存の地域ブロックから貿易転換効果を避けることに

よって韓国に大規模な経済的利益をもたらすであろう．さらに，それは，北朝鮮と韓国の政治的と経済的な利害を収斂させるであろう．このことは，結局実質的にこの地域の安全保障を改善することになろう．地域主義が，経済統合以外のさまざまな問題に広がっている最近の例を考えれば，北東アジア経済ブロックの形成への動きは，安全保障とその他の分野での地域統合を生み出させるであろう．

4．おわりに

21世紀が到来して，北東アジアの国際関係は複雑で，移行期であり，そして北東アジアにおいて進展している秩序は，朝鮮半島がこの地域に重要な地政的，経済的役割を果たす2つとない機会を与えている．

本章において，我々は，朝鮮半島の安定化が韓国と北朝鮮だけで達成できるものではないと主張するために「影響力がある4ヵ国」（ロシア，中国，日本，アメリカ）の戦略地政的位置づけを分析することによって，21世紀における新国際秩序と北東アジアの地域へのその影響を検討してきた．韓国と北朝鮮が統一へ向かって動くために，自分たちで主導権をとることができ，またとるべきである一方，周辺国の戦略的関心は朝鮮半島に常に影響を及ぼしており，特にある形態の地域統合が達成されれば，将来も影響し続けるであろう．

21世紀における朝鮮半島の地政的，経済的役割を考える際に，我々は，韓国と北朝鮮の長期目的として両国の統一のもっとも重要なことに注目してきた．我々は，この目的がその近隣国からの支援によって，韓国と北朝鮮の執拗な努力によって達成できると述べた．したがって，我々は，北東アジアの戦略地政的，経済的関係の取り扱いが，統一という最終目標へ向けた手段として短期的にもっとも適切な目的であると主張している．

戦略地政的視点から，我々は，韓国，北朝鮮，近隣の3ヵ国，アメリカを含んだフォーラムあるいは安全保障システムを提案した．経済的視点から，我々は，この地域の安全保障が，韓国と北朝鮮の経済交流，朝鮮半島における地域ビジネス・センターの設立，地域経済統合の試みといった経済的な選択肢を利

用して支援されるべきであると強調した.

　安全保障および経済的安定は，韓国と北朝鮮の両国にとって依然としてきわめて重要な関心事である．我々は，概して韓国と北朝鮮と北東アジア地域のために，北朝鮮と韓国との協力の可能性を追求することを議論した．朝鮮半島および北東アジアの地域内の協力および援助は，再統一される両国，その北東アジアの近隣国，国際社会などに対して結果としてもたらされる利益によって，両国の統一を促進する助けとなるであろう．

（訳・金　貞　明）

注

1) 青瓦台（http://www.bluehouse.go.kr/english/korea_info/inter）.
2) マハン（A. Mahan, 1997）は，海洋文明の中でもっとも危険な国々としてロシア，中国，ドイツを選んだ．第二次世界大戦（WWII：World War II）の終わりに日本の敗戦を予測したスパイクマン（N. Spykman, 1944）は，中国が世界でもっとも大きく，もっとも強力な国として現れることを見通して，日本に対して保護政策を実施することを薦めた．（Lee［2000b］から引用）
3) 北東アジア諸国の軍事力

	軍事力（1998）			軍事力（2010年の予想）	
	GDP （10億US$）	軍事費 （10億US$）	陸軍 （1,000US$）	GDP （10億US$）	軍事費 （10億US$）
アメリカ	8,416	259	1,400	10,844	333
日　　本	4,067	35	240	4,865	42
中　　国	976	37*	2,820	2,110	79
ロ シ ア	441	34	1150	626	48
韓　　国	419	10	670	775	19
北 朝 鮮	18	2	1,060	—	—

　　注：*推定値
　　出所：Hwang (1999), "The Policies of Four Neighbors towards the Korean Peninsula," in Kim et al., 1999.

4) 地域ブロックの出現は，非加盟国を暗黙のうちに差別するので，グローバル貿易システムに対して懸念を投げかけている．

参考文献

American Chamber of Commerce, Korea (2000), *Annual Review 2000*.
Anderson, K. and R. Blackhurst (1997), *Regional Integration and the Global Trading System*, New York : Harvester Wheatsheaf.

Baldwin, R. (1995), 'A domino theory of regionalism,' *NBER Working Paper* 4465.
Bluehouse (http://www.bluehouse.go.kr/english/korea_unfo/inter).
Cheong, In-Kyo(1999), *Economic Integration in Northeast Asia : Regional Economic Cooperation*, Korea Institute for International Economic Policy (in Korean).
Demko, G. J. and W. B. Wood (1994), Recording the World : *Geopolitcal Perspectives on the Twenty-first Century*, Boulder, CO, San Francisco, CA, Oxford : Westview Press.
Fifield, R. H. and G. E. Etzel (1944), *Geopolitics in Principle and Practice*, Boston : Ginn and Company.
Gong, G. W.(1999), 'The Korean Peninsula on the eve of the 21st century : "Remembering and forgetting" as strategic issues,' *Korea and World Affairs*, 23(2), 241-54.
Huntington, S. (1993), 'The clash of civilization,' *Foreign Affairs*, 72(3), 22-50.
Hwang, Eui-Suh (1999), 'The policies of four neighbors towards the Korean Peninsula,' in Kim et al. (eds), *International Relations in the 21st Century and the Korean Peninsula*, Seoul : Bum-hak-sa (in Korean).
Kim, Gi-Whan (2002), 'Strategy for the establishment of a business center,' *The World Economy*, 3, Korea Institute for International Economic Policy, pp. 4-5 (in Korean).
Kim, Hee-O, Chul-Gi Lee, Eui-Suh Hwang, O-Yoon Kwon, Byung-Wook Kim, Byung-Hyo Kim, Kwon-Ho Lee and Sung-Sik Lee(eds.) (1999), *International Relations in the 21st Century and the Korean Peninsula*, Seoul : Bum-hak-sa (in Korean).
Krause, L. B. (1997), *Korea's Economic Role in East Asia*, Asia-Pacific Research Center, Stanford University.
Lee, Chang-Jae, Sang-Soo Park and Ik-Pyo Hong (1999b), *Economic Integration in Northeast Asia : Study on Strategy*, Korea Institute for International Economic Policy (in Korean).
Lee, Chul-Gi (1999a), 'Changes in order in northeast Asia and environment of unification and security on the Korean Peninsula', in Kim et al. (eds.), *International Relations in the 21st Century and the Korean Peninsula*, Seoul : Bum-hak-sa (in Korean).
Lee, Sun-Jin (2001), 'Recent developments on the Korean Peninsula : Seoul's perspective', *IFANS Review*, 9(1), Institute of Foreign Affairs and National Security, pp. 37-46.
Lee, Sung-Kon (2000a), 'Korea's foreign policy in the 21st century', *IFANS Review*, 8(1), The Institute of Foreign Affairs and National Security, pp. 1-11.
Lee, Young-Hyung (2000b), 'The geographical interpretation of international relations in the northeast Asian region', *The Journal of Northeast Asian Stuedies*, 5, The Institute for Far Eastern Studies, pp. 252-71 (in Korean).
Lilley, J. (1997), The *'Great Game' on the Korean Peninsula*, Asia/Pacific Research Center, Stanford University.
Park, Doo-Bok(2000), 'Prospects of North Korea-China relations : Inter-Korean summit

and thereafter', *IFANS Review*, 8(2), The Institute of Foreign Affairs and National Security.

Yoo, J. H. and J. S. Lee (1995), *'The Principle of Open Regionalism : Unilateralism or Concerted Unilateralism'* presented at the 11th Annual Meeting of the Korea-America Economic Association.

第2章　韓国と北朝鮮の経済関係：過去，現在，未来

イ・ヨンソン（Young-Sun Lee）
ユン・ドックリョン（Deok Ryong Yoon）

1．はじめに

　北朝鮮と韓国の経済関係は1989年に始まった．2001年に至るまでの期間に，韓国と北朝鮮の経済関係は，強化されてきた．2001年までには，韓国は北朝鮮にとって2番目に大きな貿易相手国になり，また，投資と人道援助のもっとも重要な援助国の1つになった．

　しかし，急速な成長にもかかわらず，韓国と北朝鮮の経済関係は，さまざまな点で政治の人質になっている．政治的関係における緊張が広がり，経済関係を混乱させることになるという継続的な見通しは，この関係が基本的に安定しているはずがないことを確かにしている．この相互の経済関係は，政治的利益よりもむしろ経済的利益によって主導される場合にのみ，安定することができる．しかし，本章の後半で説明されるように，韓国と北朝鮮の総貿易高の約半分が経済以外の動機によって主導され，また，経済的に動機づけられた貿易は停滞しているか，減少している．

　韓国から北朝鮮への流れがまさしく一方的だったとしても，投資は時間とともにさらに急速に拡大してきた．しかしながら，2002年には，この投資はもう拡大していない．北朝鮮が対外投資協定において通常であるように，投資保証，紛争解決の仕組み，それに二重課税を防ぐ手段という形での制度的保証を韓国の投資家に提供することに怠慢だったので，韓国の投資家は思いとどまった．

　韓国政府は，食料，医薬品，肥料を含むさまざまな形の経済援助を北朝鮮政

府に提供した．しかしながら，韓国政府が北朝鮮への経済援助を拡大することがますます難しくなってきたので，そのような努力のための韓国の公的支援は減少している．他の要因として，北朝鮮の生産能力の減退やアメリカによって課された経済制裁などは，さらに，韓国と北朝鮮間の貿易の発展を制限している．

これらのすべての問題は，韓国と北朝鮮の経済関係の将来に関する問題を提起している．本章は，これらの関係の過去と現在の状況について概観し，今後の発展の見通しを評価することを試みる．第2節では，我々は韓国と北朝鮮の貿易と投資を分析し，そして，その主な特徴を明らかにし，現在の問題を解決するためのいくつかの実現可能な方法を提案する．第3節では，我々は韓国と北朝鮮の経済関係を推進する複雑な動因の観点からその関係の発展について予想する．第4節では，我々は，我々の議論を要約し，それから結論を導き出す．

2．韓国と北朝鮮の経済関係

2.1 小　　史

およそ40年の分断ののち，1988年7月7日に韓国の盧泰愚（Ro Tae-Woo）大統領によって発表された「民族自尊，統一，繁栄のための特別宣言」の下で互いに韓国と北朝鮮の経済関係が始まった．宣言に活力をもたせるために，韓国政府によって1988年7月21日に「韓国と北朝鮮の協力と交流の基本指針」が発表された．この宣言は1989年に制定されたが，経済関係は経済の破綻が北朝鮮を曇らせた1991年から活発になり，韓国との貿易が新しい緊迫感の様相を帯びてきた．

韓国と北朝鮮の経済関係は，主に貿易によって進められた．1991年以来の急速な成長で，韓国はわずか3〜4年後に北朝鮮にとって3番目に大きな貿易相手国になった．2000年（貿易取引，貿易外取引を含む）の貿易高は，過去最高の4億2,500万ドル（前年度の27.5パーセントの増大）に達した（表2–1）．

しかしながら，投資は政治的，実際的な制限により貿易ほど急速に増大しなかった．最初から，韓国政府は，韓国国民が北朝鮮で投資することができる投

第2章 韓国と北朝鮮の経済関係：過去，現在，未来　21

表2-1　韓国と北朝鮮の貿易分類

(単位：百万ドル)

年度	貿易取引 輸出 商業	貿易取引 輸出 CPT	貿易取引 輸入 商業	貿易取引 輸入 CPT	合計	貿易差額	貿易外取引 KEDO	貿易外取引 援助	貿易外取引 輸出 重油	貿易外取引 輸出 金鋼山	貿易外取引 輸出 協力	貿易外取引 輸出 小計	貿易外取引 輸入	貿易外取引 合計
1989	0.1	—	18.7	—	18.7	18.6	—	—	—	—	—	—	—	—
1990	1.2	—	12.3	—	13.5	11.1	—	—	—	—	—	—	—	—
1991	5.5	—	105.7	—	111.3	100.2	—	—	—	—	—	—	—	—
1992	10.4	.2	162.2	0.6	173.4	152.3	—	—	—	—	—	—	—	—
1993	4.4	4.0	175.2	3.0	186.6	169.8	—	—	—	—	—	—	—	—
1994	6.9	11.3	162.0	14.3	194.5	158.0	—	—	—	—	—	—	—	—
1995	28.7	24.7	201.7	21.2	276.3	169.4	—	0.2	10.8	—	—	11.0	—	11.0
1996	17.2	38.2	146.2	36.2	237.8	127.0	—	1.5	12.8	—	—	14.3	—	14.3
1997	23.8	36.2	147.4	42.9	250.3	133.0	17.8	8.4	29.0	—	—	55.3	2.8	58.0
1998	21.9	29.6	50.8	41.4	143.6	40.6	4.0	15.6	19.9	37.6	1.2	78.1	.1	78.3
1999	21.7	43.9	67.8	53.7	161.8	26.7	14.4	43.4	39.5	40.6	6.3	144.3	.1	144.4
2000	36.5	57.2	78.6	72.0	244.2	56.8	35.6	104.5	7.2	14.6	17.2	170.1	1.9	180.9
2001	10.5	52.3	100.9	72.6	236.3	110.6	33.7	110.6	3.5	5.8	10.4	164.0	2.7	166.7
合計	188.8	297.7	1429.3	358.0	2248.4	1300.7	105.6	284.2	122.6	98.5	35.1	482.0	7.6	486.9

出所：Unpublished data prepared by the Ministry of Unicication (2002).

資額および部門を制限した．これらの制限は，金大中（Kim Dae-jung）政権によって経済協力を促進するための新しいキャンペーンの一部として1998年4月30日に取り除かれた．さらに，北朝鮮政府は，投資プロジェクトにおける労働者の高い最低賃金水準で韓国からの投資に制限を課し，外国企業に対する法律形態について制限した[1]．北朝鮮の貧弱なインフラに加えて，特に制度的な枠組みがないことが，韓国と北朝鮮の経済協力の拡大を妨げた．その主要な障害は，投資保護，課税，紛争解決，決済システムに関する政府協定がなかったことであった．これらの問題のすべては，北朝鮮での韓国からの投資を制限し，また，投資家を実際に投資と同じ効果がある委託ベースの加工貿易に集中させた．

2000年6月に北朝鮮と韓国の指導者が経済協力を強化することに合意した歴史的な首脳会談は，韓国と北朝鮮の経済関係において新しい時代を開いた．特定プロジェクトには，朝鮮半島の最南端のプサン（Pusan）から最北端のシンイジュ（Shineuiju）まで走るキョンイ（Kyungeui）鉄道を再建すること，また，韓国の首都ソウルからわずか40キロメートルに位置する北朝鮮の都市のゲソン（Gaesung）での巨大なコンビナードの建設が入っている[2]．両国の政府は，2000年12月に第5回閣僚級会談で投資に対する制度的な枠組みを確立することに合意した[3]．また，政府レベルの人道援助はさらに著しく増加した．これらのさまざまな発展は，両国政府が韓国と北朝鮮の経済関係における積極的な参加者になったことを示唆している．

2.2 韓国と北朝鮮の貿易

韓国と北朝鮮の貿易は，貿易の動機によって区別され，貿易取引と貿易外取引から構成される．貿易取引は，商業的な目的を達成するための通常の売買に関係し，主として委託ベースの加工貿易を説明している．貿易外取引は，経済以外の要因によって動機づけられ，2つの主な構成要素をもっている．つまり，KEDO（Korean Peninsula Energy Development Organization：朝鮮半島エネルギー開発機構）というような経済協力のための貿易と援助のための貿易である[4]．

2.2.1 諸 特 徴

韓国と北朝鮮の貿易における主要な特徴は，以下のようにまとめることができる．第1に，表2-1で見るように，貿易外取引の割り合いが高いことである．韓国と北朝鮮の貿易は，最初は主に経済要因によって動機づけられたが，貿易外取引のウェイトは，着実に増大し，2001年には韓国と北朝鮮の貿易の中で急速に成長した主要部分を占めていた．

2001年に，貿易の形態，たとえば，商業貿易や委託ベースの加工貿易（CPT）は，2億3,600万ドルに達した（表2-1）．これは，総貿易高の58.6パーセントを占め，前年より1.4パーセント落ち込んだことを示している．貿易外取引は，同年に1億6,700万ドルに達し，韓国と北朝鮮の総貿易において41.4パーセントを占めていた（表2-1）．以下で議論するように，最近の韓国と北朝鮮の貿易の急速な増大は，主に貿易外取引の加速によって引き起こされた．貿易取引は速いペースで成長したけれども，1990年代の半ばから変動し，2001年までには1995年に記録されたピークの60パーセント以下であった．

貿易外取引の高い割り合いは，いくつかの問題を提起している．貿易外取引は，相互に利益をもたらすのではなく，むしろ韓国を犠牲にして北朝鮮の経済的利益を増大させるという貿易の流れになった．このような傾向が続くと，韓

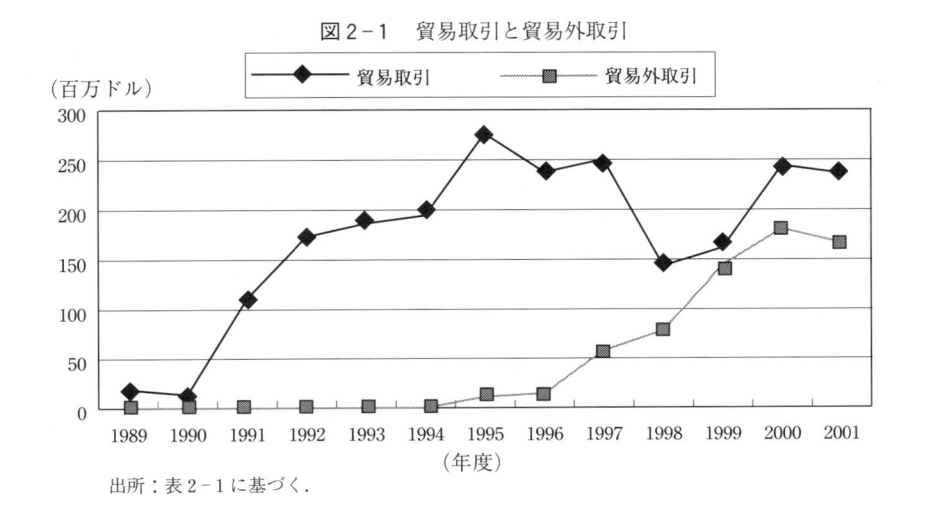

図2-1 貿易取引と貿易外取引

出所：表2-1に基づく．

国国民は，北朝鮮との経済関係を強化することに抵抗するかもしれないし，それは統合過程に対してもう1つの障害を作ることになる．それゆえ，貿易外取引はできるだけ減らすべきであり，経済的利益によって動機づけられる貿易は拡大するべきである．

もう1つの不利益とは，貿易が，特に，政治的要因を含んださまざまな圧力に影響されやすいので，貿易外取引が経済以外の要因への依存をかなり増すということである．経済目的による貿易の拡大は，長期の貿易を持続することができるが，政治目的による貿易は永続的で相互に利益のある貿易発展を継続するための結びつきを深めることはない．

韓国と北朝鮮の貿易における第2の特徴は，輸入高の顕著な減少である（図2-2）．北朝鮮から韓国への輸入は，1995年に2億2,300万ドルでピークに達したが，2001年にちょうど1億7,600万ドルに下落した（表2-1）．この減少は，北朝鮮での生産能力の縮小から生じた．北朝鮮の生産能力の衰えは，生産量の減少，また多様性の減少，そして商品の品質悪化で明らかである．現在，北朝鮮からの輸入は，わずかなタイプの製品に集中している．2001年に，これらには，主に農産物と水産物（51.0パーセント），織物（31.2パーセント），鉄鋼と金属製品（5.6パーセント）があった．

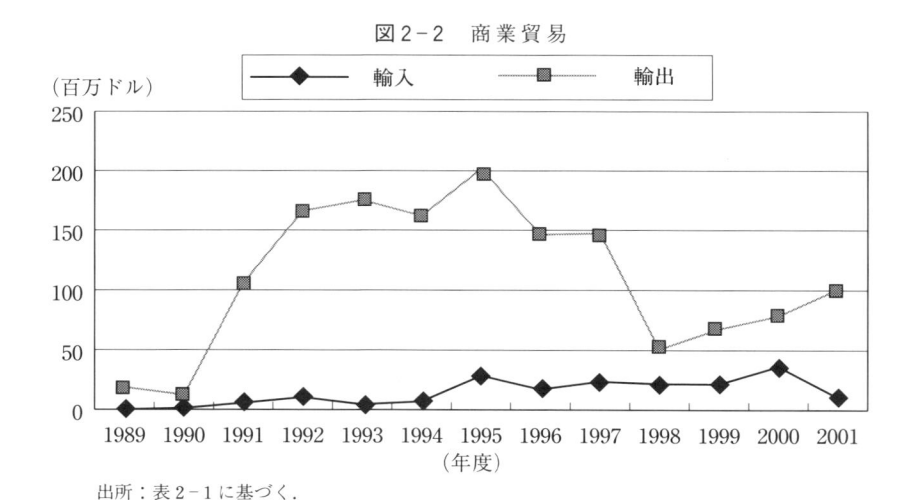

図2-2 商業貿易

出所：表2-1に基づく．

委託ベースの加工貿易が貿易取引から除かれると，わずかなタイプの製品へ集中する傾向はさらに明確になる．すなわち，2001年の北朝鮮から韓国への総輸入高の中で，農産物と水産物は85.8パーセント，鉄鋼と金属製品が9.2パーセントを占めている．北朝鮮からのほとんどすべての織物製品は，委託ベースの加工貿易を通して輸入されている．これらの特徴は，特に北朝鮮から購入することができる製品の選択を制限しているので，北朝鮮の非常に限られた生産能力がさまざまな点で韓国と北朝鮮の貿易をひどく制限することを明らかに示している．

　第3に，韓国と北朝鮮の貿易は，韓国の継続的な貿易赤字によって特徴づけられる．1989年，韓国と北朝鮮の貿易開始以来，北朝鮮は一度も赤字になったことがない．1991年から1997年までの期間に，北朝鮮はこの数年で1億ドルを上回る貿易黒字を享受した（表2-1）．その結果，韓国は北朝鮮に対する交換可能通貨の最大の提供者になった．名目上の貿易に関するデータは，韓国には2001年に5,100万ドルの黒字があったことを示しているが，貿易外取引を除くと，北朝鮮は1億1,100万ドルの貿易黒字であることを示している（表2-1）．北朝鮮は，絶対必要な輸入のための勘定を清算するのに韓国との貿易で得た交換可能通貨を利用している．また，北朝鮮はその他の国々からも製品を購入しているけれども，韓国は北朝鮮にとってもっとも重要な買い手である．韓国との貿易関係は，北朝鮮にはそのように有利な貿易黒字を獲得することができる他の貿易相手国がまったくないので，北朝鮮にとって刺激要因として働いている．しかしながら，このような状況は，貿易の利益が北朝鮮の利益になって釣り合いが取れていないことを意味している．このような状況が続ければ，経済統合はいっそう妨げられるかもしれない．

　韓国と北朝鮮の貿易における第4の特徴は，委託ベースの加工貿易（CPT）の割り合いが高いことにある．図2-3が示しているように，CPTの総額は1997年の経済危機のための1998年を除いて，連続して増大してきた．しかしながら，CPTの増大の一般的な傾向は1996年以来多少停滞している．CPTは，2001年に再び前年より3.3パーセント減少した．この傾向は，CPTが成長の限界に達し，また，北朝鮮との総貿易取引が現状の下では，さらに拡大すること

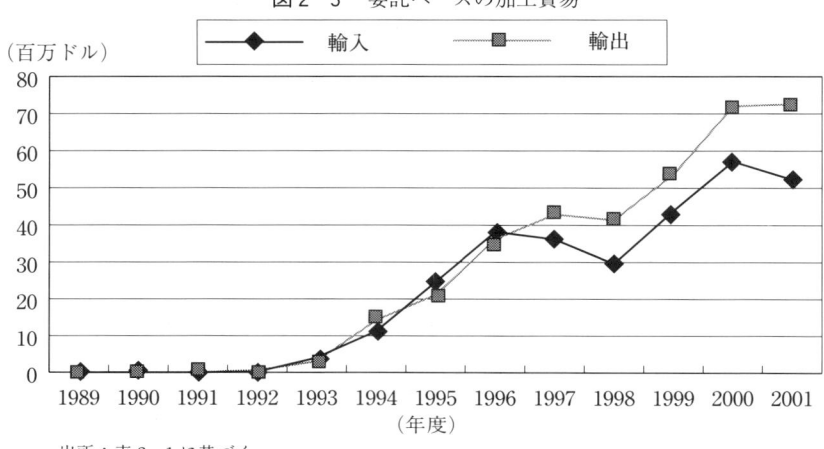

図2-3　委託ベースの加工貿易

出所：表2-1に基づく．

ができないことを意味している．低成長傾向にもかかわらず，CPTは，経済危機に対応して下落した後に，1999年に40パーセント増加し，同年に韓国と北朝鮮の総貿易取引の53パーセントを占めた．2001年には，CPTはまだ韓国と北朝鮮の総貿易取引の31.0パーセント，韓国と北朝鮮の貿易取引の52.9パーセントを構成していた（表2-1）．

2.2.2　韓国と北朝鮮の貿易停滞の理由

表2-1のデータが示すように，韓国と北朝鮮の貿易高は1991年，1992年，そして，1995年に再び驚異的な成長を経験し，1996年に初めて減少した．我々は，1995年以来，成長と減少が交互に記録されていることが分かる．多くの理由が，1990年代の中頃から停滞している貿易成長について説明することに役に立つ．まず第1に，上述したように，北朝鮮の生産能力は着実に縮小している．絶え間ない資本の減少は，利用可能な生産設備を縮小させた．生産過程にかけられている現在の資本額は，1989年のレベルの約30パーセントになると推測される．その結果，2001年に商業貿易として韓国市場に輸入された北朝鮮の製品の70パーセントは，農産物と水産物であった．第1次産品の生産および収穫は，工業生産に利用可能な他の資源およびエネルギーが不足し

ていることからいっそう難しくなる．したがって，北朝鮮の生産能力を改善するために北朝鮮以外からの投資がなければ，韓国と北朝鮮の貿易はさらに減少するであろう．

　貿易における全般的な停滞の第2の理由としては，北朝鮮の弱い購買力がある．北朝鮮政府の優先順位を考慮すれば，北朝鮮は支配政権を維持するのに必要な製品にのみ外貨を支払うことができる．北朝鮮は，自国の人々に食べ物を与えることさえできず，北朝鮮の人口を維持するために国際的な人道支援を通して相当な量の食料を提供されなければならない．弱い購買力と，支配政権のための特別な資金の優先順位をつけることは，もちろん韓国と北朝鮮の貿易を促進することに対して重大な障害となっている．

　停滞の背後にある第3の主要な理由は，協力体制がないことである．北朝鮮は，2000年6月の首脳会談以前に政府レベルでの協力に決して同意しなかった．また，首脳会談で両政府は，協力体制の分野におけるいくつかの問題を解決することに同意したけれども，協定に従った行動をまったくとらなかった．これは，二重課税や韓国向けの間接的決済システムのような意欲をくじくものが北朝鮮との貿易費用を増大させることを意味する．2001年現在では，貿易の85パーセントは今まで通り間接的に行われた．韓国は，北朝鮮の製品，特に1次産品に対して輸入管理の規則を適用している．しかしながら，これらの製品を国産品として認めて，それらに税金を課していない．貿易に対して意欲をくじくものが韓国と北朝鮮の両政府レベルで話し合われていないので，協力体制がないことは韓国と北朝鮮の貿易の成長を妨げるように働いている．

2.2.3　韓国と北朝鮮の貿易を増大させる方法

　韓国と北朝鮮の貿易を制限する根本的な問題は，北朝鮮の生産能力が限られていることである．北朝鮮自体が，生産能力を拡大しようとしなければならないが，貧困の落とし穴に陥ったので，そうすることは不可能である（Lee and Yoon 2000）．生産能力の拡大は短期間に達成できないので，短期的に韓国と北朝鮮の貿易を増大させるのには他の対策が必要である．我々は，以下のような3つの実行可能な対策を考える．

第1に，北朝鮮の購買力を向上させるために信用で購入するシステムを導入するべきである．ドイツの再統一に先立って，西ドイツは，いわゆる SWING システム[訳注1]を導入し，このシステムは「帳簿の上」で取引を行い，一定の範囲内で西ドイツへの販売に対して東ドイツの購入を認めた．この種の決済システムによって，北朝鮮は外貨がなくても韓国から商品を購入し，資金調達上の障害を緩和させることができるであろう．北朝鮮が，現在のところ韓国と北朝鮮間の貿易から年間1億ドル以上の黒字を享受しているので，北朝鮮は「帳簿上での取引」システムの導入に反対するかもしれない．韓国は，新しい決済システムを導入するために，「帳簿上での取引」システムの選択的な使用を認めるべきであり，それは，北朝鮮に信用で購入し，現金で販売させることをすすめることになるであろう．これは，韓国から北朝鮮の輸入の拡大に貢献するであろう．

第2に，直接貿易システムと直接輸送システムを導入するべきである．北朝鮮は，少なくとも公式的には間接貿易システムを主張してきた．これは，韓国と北朝鮮間の貿易のコストを引き上げた．両国間の簡単な協定で，これらのコストを取り除かれるであろう．両国の政府が同意したのでキョンイ鉄道およびゲソンへの新しい道路が建設されると，直接的な陸上輸送が可能になるであろう．直接輸送の接続は，物理的にも行政的にも，直接貿易システムに結びつくかもしれない．これは，韓国と北朝鮮の貿易のコストを引き下げ，貿易量を拡大するであろう．

第3に，韓国と北朝鮮の両国は，韓国と北朝鮮の貿易を国内貿易として十分に承認するべきである．韓国は，北朝鮮の製品に貿易管理の規則を適用するべきではなく，また，北朝鮮は韓国からの製品に対する制度上の制限をすべて放棄するべきである．協力体制だけでも，北朝鮮の生産能力を増大させ，追加のコストがなくても韓国と北朝鮮の貿易を拡大させるであろう．

2.2.4 韓国と北朝鮮の貿易の将来

ノーランドら (Noland et al. 1996) は，北朝鮮の経済が正常化されたら，どのような国が北朝鮮の主要な貿易相手国になるかを予測するのに重力モデル (gravity model) を使用した．その分析は，韓国と北朝鮮の潜在的な貿易高を北朝鮮の総貿易高の約35パーセントであると推定した．北朝鮮の貿易のGDPシェアは，2000年にちょうど11.7パーセントを占め，国際的平均よりはるか下にある．韓国は，北朝鮮の総貿易高の約20パーセントを占めている．これは，北朝鮮経済の正常化と両国間の高い協力が，韓国と北朝鮮の貿易をさらに拡大するかもしれないことを意味している．

2.3 韓国と北朝鮮の投資

2.3.1 問題と改善のための提案

太陽政策の開始で，金大中政権は1998年4月30日に北朝鮮への投資を促進するための対策を実施した[5]．これらの対策は，韓国の投資家による北朝鮮への投資を緩和するために多くの投資制限を取り除いた．投資の上限が取り除かれ，また，制限された投資分野のリストはポジティブ・リストからネガティブ・リストに変えられ，これは，リスト上に明示され禁止されなかったすべての投資活動が許可されることを意味している．協力企業のための認可審査過程は，相当に単純化された．これらの対策は，韓国から北朝鮮への投資をほぼ完全に自由化したが，この投資は著しく増加していない．大部分の企業が投資から利益を得ることができなかったため，韓国の多くの企業は北朝鮮へ投資することに見切りをつけた．39社が協力企業として認可され，18件のプロジェクトが統一省によって許可されたが，計画は積極的に実施されていない[6]．

投資の不活発さには，2つの理由がある．1つは制度的枠組みがないことであり，また，もう1つは北朝鮮が投資の対象としては韓国にとって魅力がないことである．

2000年8月のFKI (the Federation of Korean Industries：全国経済人連合会) による調査では，大部分の回答者（韓国の企業）が，北朝鮮との経済協力にもっとも重要な障害として制度的枠組みがないことを指摘した．その回答者は，特に取り組むべきもっとも緊急な障害として，投資保証と二重課税の問題を強調した．貧弱な社会的間接資本 (SOC)，政治情勢の不確実性，貧弱な情報と高い輸送コストは，この順序で，次の大きな障害として述べられた．また，この

調査に回答した企業は，さらに投資の条件を改善することについても述べていた．もっとも大きなグループは，北朝鮮への投資を増大させるための最初の仕事として，投資保証に対する制度的枠組みを作ることを提案した．投資保証制度を導入することは，投資をより安全にするだけではなく，政治的安定も増進する．彼らは，鉄道，道路，電気施設の建設を通じてSOCを改善し，より良い情報システムを導入し，政府助成金を提供することを勧めた．これらのすべての提案は，民間企業ではなく，政府の仕事に集中していた．これらの勧告は，調査回答者の視点からすれば，経済協力への限界が制度上の問題から生じ，したがって，今後の発展が政府の役割に大部分依存すること意味している．

2.3.2 北朝鮮のなすべき課題

もし北朝鮮が投資対象として他の魅力をもっていたならば，制度的枠組みに関する問題は，投資家にとって障害は少なかったであろう．しかしながら，北朝鮮には対外投資を引きつけるために広範囲にわたって実行しなければならない課題があることは明白である．以下では，我々は投資対象として北朝鮮の魅力を高めるのに必要とされるもっとも緊急な対策のうちのいくつかについて述べる．

第1に，北朝鮮は制度の改革を行うべきである．社会主義国における投資収益は，市場経済のそれの約3分の2である[7]．北朝鮮が制度の改革によって投資効率を改善しなければ，投資は国内に流れ込まないであろう．

第2に，韓国の投資家にとっての主要な魅力が，比較的安い労働力にあるので，北朝鮮は賃金に対するあるレベルの制限を保証しなければならない．北朝鮮は，韓国の投資家が快く払おうと思っている以上に，最低賃金をあまりに高く設定したこと，また，KEDOの労働ストライキは，北朝鮮における賃金の上昇について多くの不確実性の一因となっている．賃金が生産性よりも速く上昇すれば，投下資本は競争力を失い，急速に破壊され，その結果，投資家が損失を被ることになる．これらの理由のため，北朝鮮は生産性の向上に関係する賃金の限界を保証するほうが良いのである．そうでなければ，賃金に関する不確実性は，資本が北朝鮮に入ることを妨げるであろう．

第3に，北朝鮮は，特に経済発展の第1段階において資本を誘導するように最善を尽くすべきである．資本があるレベル以上に増大すれば，規模の経済からの利益を実現することができる．資本が一定水準を超えて拡大すれば，北朝鮮は，投資家にいっそう魅力的になるであろう．したがって，北朝鮮は，特に市場開放と改革政策の実施を始めるにあたって，投資条件を改善するための重大な措置をとるべきである．

3．韓国と北朝鮮の経済関係の見通し

3.1 北朝鮮が陥った貧困の落し穴

資本が縮小されたり，労働量も減少したり，または技術が落ちたりすると，経済の生産は減少する．また，インフラの不足，不適当な政策手段，非効率な制度的枠組みもまた，マイナスの経済成長を引き起こすことになる．北朝鮮の経済沈滞の主要な原因は何であろうか．経済危機は，主に社会主義国間の国際的協力ネットワークの崩壊によって引き起こされた北朝鮮の資本の低下とともに激しくなり始めた．もっとも厳しい打撃は，1990年にソ連が崩壊した時，そのソ連との経済関係の突然の崩壊から生まれた．

突然の最初の沈滞後に持続している北朝鮮のマイナスの経済成長については，資本の継続的な減少によって説明することができる．資本は，自然な減衰と技術の低下によって寿命が限られている．資本における変化が消費と減価償却を引いたGDPによって決定されるので，国内の生産を減少させるべきではないならば，生産は減価償却と消費の合計より大きくなければならない．国内生産が減価償却と消費をカバーするほど十分に大きくない場合，外国資本は，資本は，資本の不足を補うために流入させなければならない．そうでなければ，資本量は減少し，その結果，国内生産も減少するであろう．

21世紀初頭における北朝鮮の現在の厳しい飢餓状況は，北朝鮮の生産がその基本的な消費ニーズをカバーさえすることができないことを明らかにしている．これは，北朝鮮の国がこれ以上蓄えることができないことを意味し，そして，資本は毎年減価償却率分減少する．資本の逓減は，北朝鮮の連続したマイ

ナスの経済成長の主要な理由である．この経済状況は「貧困の落し穴」と呼ばれてきたものに一致するように思われる．貧困の落し穴では，国内と外国の貯蓄の供給が非常に低いので，物質的な資本の減価償却は補填されえない．

1999年と2000年の北朝鮮の経済成長は，外部，特に韓国からの資本流入によって押し上げられた．韓国のヒュンダイ・グループ（Hyundai Group）は1999年にクムカン山（金鋼山：Mt. Kumkang）観光プロジェクトに2億ドル以上を投資した[8]．ヒュンダイは，クムカン山への入山料として，北朝鮮に毎年1億5,000万ドル支払うことに同意した．さらに，中国とロシアは，北朝鮮に対する影響力を維持するために経済援助を増加させた．また，アメリカと他の国々からの人道援助も増大した．これらの進展のすべてが1999年と2000年における北朝鮮の経済成長に貢献した．しかしながら，北朝鮮には，国内の消費を満たし，かつ資本の価値損耗分を補うのに十分なほどの大きな生産能力がない．このことは，特に外部の資本流入が停止したならば，北朝鮮の最近のプラスの経済成長がいつでも停止するかもしれないことを示唆している．外からの援助は，貧困の落し穴における経済で生き残る唯一の方法である．したがって，北朝鮮が落し穴から脱出するために経済を開放することは不可欠である．

3.2　太陽政策の主な原動力としての経済協力

太陽政策は，経済的利益が朝鮮半島に平和への道を作ることができるという信念に基づいている．太陽政策の戦略的枠組みは，両国間の経済的相互作用を最大化することにある．その結果，非協力的な行動が自国の経済的利益の破壊をもたらすので，共通の利益が北朝鮮に韓国と協力させることになる．したがって，経済協力は太陽政策の中で中心的な役割を果たすであろう．

韓国の戦略は，ゲームの理論に見られるような仕返し戦略（tit-for-tat strategy）と見なすことができる．この戦略の基本原理は，協力的なプレーヤーに報酬を与えて，非協力的なプレーヤーに罰を与えることである．プレーヤーが繰り返し参加することによってゲームの原理を学習すれば，ゲームは長期的には協力的なものになるであろう．

太陽政策の主な目的は，韓国と北朝鮮の関係におけるパラダイムを変えるこ

とである．その政策は，長く支配的であった非協力的なパラダイムを協力的なパラダイムに変えることが軍事衝突の可能性を自動的になくせると仮定している．いくつかの前提条件が，この戦略を成功させるために必要とされる．

第1に，北朝鮮がこのゲームに参加しなければならない．不参加は，北朝鮮がパラダイムを変える試みを拒否するもっとも簡単な方法である．実際に，北朝鮮は，2000年6月に韓国と北朝鮮の首脳会談まで，韓国政府とのどのような公式対話にも参加することを拒否してきた．北朝鮮は，企業に民間レベルで操業することを認めたが，ただパラダイムの変更のどのような試みも避けただけだった．したがって，韓国は，北朝鮮にゲームをさせるために多くの報酬を提供しなければならなかった．クムカン山ツアー・プロジェクトはこの好例である．

しかしながら，民間レベルのビジネスが限界に達したとき，北朝鮮は，結局，韓国政府と協力しないで長期的に存続することができないという現実を認めさせられ，パラダイムの変更を受け入れた．これは2000年に韓国の金大中大統領と北朝鮮の金正一総書記の首脳会談で明らかにされた．したがって，この首脳会談が，北朝鮮にとってはパラダイムを変える努力をしようとして，韓国によって始められた新しいゲームに北朝鮮が参加し始めたことを意味している．しかし，それは新しいゲームの始まりにすぎない．

仕返し戦略がうまくいくための第2の前提条件は，賞と罰が継続的な参加を確保するために十分に大きくなければならないということである．賞は，北朝鮮が協力し続けるように動機づけるほど十分に魅力的であるべきであり，また，罰は，北朝鮮に敵対した態度をあきらめさせるほど有害であるべきである．しかしながら，韓国は北朝鮮を無理に参加させるくらいまで賞や罰を与える能力に欠けている．したがって，韓国はこの能力を拡大するべきである．北朝鮮が簡単に賞をあきらめ，楽に罰に耐えるとき，パラダイムを変えることは不可能である．貿易外取引の形での韓国のさまざまなプロジェクトは，賞や罰を与える能力を拡大するための活動として理解することができる．

賞と罰を常に明確に切り離すことができるとは限らない．韓国が協力を止めることを選ぶならば，北朝鮮を罰に対し傷つきやすい状態にさせるので，これが北朝鮮のために作りだす依存が同時に費用と見なされるけれども，経済協力

の拡大は北朝鮮に対する賞である．この両刃の特徴のために，北朝鮮にできるだけ韓国に依存させることが必要であり，その結果，北朝鮮は，罰の見通しをあまりにも費用がかかり撤退を正当化することができないと認識するであろう．計画されているさまざまなプロジェクト（韓国が北朝鮮に電力の供給，キョンイ鉄道の再建，ゲソンにおけるコンビナートの設立）がこの理由で考慮されている．ひとたび韓国からの資源に中毒になれば，北朝鮮は，韓国と北朝鮮の経済関係を破る場合にはひどく損害を被るであろう．我々がこれらの前提条件を考慮すれば，韓国はまだ仕返し戦略に従う準備ができていない．それは，準備段階にあるにすぎない．これは，韓国が経済関係の拡大によって賞や罰を与える能力を改善するために多くの時間を必要とすることを意味している．

3.3 経済的観点からの仕返し戦略の見通し

経済的利益に基づく韓国の仕返し戦略は，北朝鮮とのゲームをする能力が十分に大きい限り，成功する機会が高い．多くの理由がこの結論を示している．

第1に，10年の経済沈滞の後，北朝鮮は困難な状況にある．このことは経済的利益の限界効用を非常に高いレベルに上げ，その結果，韓国によって提供される経済的利益における北朝鮮の関心を最高にさせた．したがって，韓国は比較的に少ない支出で，北朝鮮に十分に賞を与えることができる．

第2に，韓国の北朝鮮への投資は，北朝鮮の状況を改善するために北朝鮮に投資するどの国の中でももっとも大きな可能性をもっている．他のどの国も韓国が行った同程度の経済援助を北朝鮮へ提供しないし，その他の国は北朝鮮へ経済的にほとんど関心を示していないので，北朝鮮はより多くの経済援助を韓国にますます期待するようになっている．両国が共有する文化的，民族的アイデンティティ，単一国家として共有される歴史，地理的な近さなどのため，韓国と北朝鮮の経済協力がさらに韓国へ利益をもたらすという大きな可能性がある．経済協力について，北朝鮮の利益は他のどの国のものよりも韓国のものと容易に調和することができる．これは，輸送システムや電気などのインフラの基本的な条件が維持される限り，政府の支援がなくても民間投資を成し遂げることができることを意味している．

第3に，韓国は北朝鮮の地方の商品のためにニッチ市場を北朝鮮に提供することができる．唯一の文化を共有する市場として，韓国は，北朝鮮から，たとえば，乾燥した薬草や特別な食品というようなかなり広範囲にわたる文化的に特有な製品の利益のある市場であろう．このような意味で，北朝鮮は，朝鮮の民族商品のための韓国市場に対し独占的な販売権をもつことができる．

　しかしながら，多くの要因は，韓国と北朝鮮の経済関係を不安定にするかもしれない．第1に，貿易外取引の割り合いが非常に高いので，韓国と北朝鮮の貿易は政治情勢によって影響を受ける．韓国は，飴とムチという計画のための手段として経済関係を利用することを目指し，急速に貿易外取引を拡大した．これによって，韓国と北朝鮮の政府間交渉と首脳会談さえ行われることが可能になった．しかしながら，このタイプの経済関係は，また政治状況に依存して，突然に後退する傾向がある．太陽政策に関する韓国とアメリカとの意見の相違が，2001年に韓国と北朝鮮の経済関係にマイナスの影響を与えたとき，これは明白であった．韓国の政策の変更に対する内部および外部の圧力が増大するとともに，貿易外取引は，開始以来初めて，2001年に減少した．韓国と北朝鮮の経済協力の象徴的なプロジェクトであるクムカン山のプロジェクトは，ヒュンダイが政府援助を得ることができなかったので，困難にぶつかった．

　第2の問題は，北朝鮮に政治的・経済的安定を保証することができない韓国によって，北朝鮮がパラダイムを変える動機が徐々によくなっているということである．ユンならびにパック（Yoon and Park, 2000）の推定によると，北朝鮮のマイナスの経済成長を止めるのには少なくとも50億ドルかかるであろう．北朝鮮は，1980年代に行ったように，成長するためには200億ドル以上を必要とする．これらの費用は，あまりにも大きいので，韓国が単独では行うことはできない．というのは，韓国自体が1997年の経済危機からまだ回復したばかりだからである．さらに，韓国には，韓国軍が停戦協定に従って国連の連合軍の代表として韓国に駐留しているアメリカ軍に属しているので，その地域の戦争の場合には軍を統制する力がない．したがって，政治的な安定と経済的回復の両方を保証する力が十分にないので，北朝鮮をなだめて協力させるのに十分な刺激を与える韓国の能力には限界がある．

3.4 韓国と北朝鮮の経済関係の見通し

経済的な変革の要求が両国にあるので，経済関係はさらに強化されると予想される．韓国は朝鮮半島の平和と安定を保証し，仕返し戦略を機能させるために，大きな経済的相互関係を望んでいる．韓国の企業は，民間レベルで，北朝鮮の安い労働力を使用することによって，生産費を削減させることができる．キョンイ鉄道は，韓国に中国とロシアの市場と資源に到達する新しい手段を開くことになるであろう．

北朝鮮にとっては，経済援助を提供する安定した相手国を見つけることが必要である．韓国が北朝鮮にもっとも大きな政治的・経済的な関心をもっているので，韓国と北朝鮮の経済関係を強化することは，貧困の落し穴を脱出する唯一の方法であるように思われる．韓国は，北朝鮮の完全な経済回復を保証することができないが，北朝鮮の経済状況を改善することはできるであろう．経済関係を増進することは，朝鮮半島で新しい協力的なパラダイムを確立するために韓国と北朝鮮がまとまる主要な手段である．これは，韓国と北朝鮮の経済関係強化の重要性を強調することでもある．

4．おわりに

韓国と北朝鮮は，新しい時代に入りつつある．冷戦の終焉以来，韓国と北朝鮮の関係の中でもっとも重要な課題は，対立と敵意を避け，冷戦構造を溶かし，より協力的な関係を発展させることである．韓国と北朝鮮の関係に関するパラダイムは，主に経済協力によって非協力的な関係から協力的な関係へ変化している．韓国は積極的に太陽政策を追求してきた．それは「仕返し戦略」の理論的枠組みによって説明することができる．首脳会談およびいくつかの閣僚級会議が，パラダイム変更の可能性を示した．たとえ政府間交渉が当分の間中断されたとしても，それらは，韓国と北朝鮮の両国に利益をもたらすので，再開されるであろう．

経済的動機によって喚起された韓国と北朝鮮の経済的相互作用関係は，最近

沈滞するか減少しているが，経済以外の関心によって動機づけられた経済関係は急速に拡大している．北朝鮮に対する韓国の経済援助に関して批判が増大しているので，韓国と北朝鮮の経済関係の将来に関しては懸念がある．しかしながら，韓国と北朝鮮には，現在強い経済的相互関係の発展を妨げる制度上の問題を解決するのに十分な要求と動機がある．北朝鮮は，持続できない貧困の落し穴に陥ったので，特に韓国にその門戸を開放せざるを得ない．韓国は，北朝鮮が貧困の落し穴から脱することを助けるのにもっともふさわしい投資家である．閣僚級会談における協定は，政府レベルの相互関係における改善を示す証拠である．韓国と北朝鮮がお互いに密接に協力すれば，両国の相互協力が取り組むことができる多くの潜在的な経済利益を共有するので，その経済関係はいっそう進展するであろう．

訳注1) 一定限度の金額を無利子で貸し出しすることができる清算用の融資制度．

(訳・金　貞　姫)

注

1) 北朝鮮政府は，韓国企業が外国企業として設立することを許可していない．この規制に対する1つの例外は，本章の後半で議論されるヒュンダイのクムカン山プロジェクトである．
2) 統一省のウェブサイトで首脳会談に関する情報を参照されたい．(http://www.unikorea.go.kr)．
3) 統一省のウェブサイトにて，閣僚級会談の協定を参照されたい．
4) KEDOは，アメリカ合衆国と朝鮮民主主義人民共和国 (DPRK) 間の合意枠組の実施を進めるために1995年に作られた．そのもとでは，北朝鮮は，現存の核プログラムを凍結し，最終的には解体することに同意した．その見返りに，KEDOは，安全性の国際基準に従って建設され，運営され，規制される重油と現代的原子力発電所という形で，北朝鮮に代替エネルギー源を提供する．詳しい情報に関しては，KEDOの公式ウェブサイトを参照されたい．(http://www.KEDO.org)．
5) 「太陽政策」ということばは，北朝鮮との誓約方針の説明として使われた．金大中大統領は，ちょうど開放政策と改革政策を実行するように北朝鮮を誘導するために1998年2月に就任した後に，「太陽政策」を開始した．
6) 詳細については，統一省のウェブサイトで韓国と北朝鮮の協力に関する情報を参照されたい．
7) これはGregory and Stuart (1985) によって実施された実証分析の結果であり，彼らは1960年から1981年までGDR (東ドイツ) とFRG (西ドイツ) の生産性の

増大を比較した．
8) この資本投入額は，1999年に14億8,000万ドルという北朝鮮の総輸出高の20パーセント以上であった．

参考文献

Barro, Robert and Xavier Sala-i-Martin (1995), *Economic Growth*, New York : McGraw Hill.

Choi, Jean Ah (2000), 'Changes in North Korea's trade structure and revealed comparative advantage (RCA)', Mimeograph, Graduate School of International Studies, Yonsei University, June.

Deutsches Institut Für Wirtschaftsforschung (DIW) (1998), *Finanzkrise in Asien : Realistiche Waerungspolitik erforderlich, Wochenbericht*, No. 26/98, Berlin.

Falk, Martin and Martin Raiser, Holger Brauer (1996), 'Making sense of the J-Curve : Capital utilization, output and total factor productivity in Polish industry 1990–1993', Kiel Working Paper No. 723, Kiel : Kiel Institute of World Economics.

Folders, Federico (1998), 'A note on economic growth and human capital in Eastern Europe', Kiel Working Paper No. 864, Kiel : Kiel Institute of World Economics.

Gregory, Paul and Robert Stuart (1985), *Comparative Economic Systems* (2nd edn), Boston : Houhton Mifflin Company.

Korea Trade Investment Agency (KOTRA), web site (http://kotra.or.kr/main/info/nk).

Lee, Young Sun (1994), 'Economic integration of the Korean Peninsula : A scenario approach to the cost of unification', in Kwack, Seung Yung (ed.), *The Korean Economy at a Crossroad*, Praeger : Westport, CT.

Lee, Young-Sun and Deok Ryong Yoon (2000), 'Inter-Korean economic cooperation as a way out of the poverty trap', *Journal of Comparative Economics* (Bigyo Gyungje Yeon Gu).

Ministry of Unification (1998), 'Monthly report on intra-Korean interchange and cooperation', no. 90, Seoul.

Ministry of Unification (2002), 'The general report on the exchange and cooperation between the South and the North 2001'.

Noland, Marcus, Sherman Robinson and Monica Scatasta (1996), *Modeling Economic Reform in North Korea*, Washington : Institute for International Economics.

Siebert, H. (1995), *Aussenwirtschaft (International Economic)* (5th edn), München : UTB, Gustav Fischer.

Yoon and Park (2000), *Capital Needed for North Korea's Economic Recovery and Optimal Investment Policy*, Policy Analysis 01–08, Seoul : Korea Institute for International Economic Policy.

第 II 部
国際貿易戦略

第3章　グローバル化時代における韓国の経済政策枠組み

クォン・オユル（O. Yul Kwon）

1. はじめに

　本章の目的はグローバル化および情報化時代における韓国経済の政策枠組みを提案することである．経済政策は経路独立的ではない．すなわち過去の政策路線は将来の政策策定と重要な関係がある．したがって過去30年の韓国の経済政策を簡単にレビューする．1960年代半ば以降の韓国経済の驚異的成長においてだけでなく，1997年の金融危機とその後の再編過程においても政府が非常に重要な役割を演じたという論点は，誰しも否定しないであろう．ここで以下のことを含む若干の根本問題が生じる．なぜ韓国の経済政策は30年にわたる経済的成功の中でうまく機能したのか．なぜ過去にうまく機能していた経済政策が突然破綻し，それによって金融危機に陥ったのか．韓国の政策パラダイムは金融危機の結果，どのように変化したのか．これらの問題点を検討することで，グローバル化時代における台頭する知識型経済の中で，経済的繁栄を生むための基本的政策枠組みを打ち立てることが可能となるであろう．

　韓国経済成長，韓国金融危機（Kwon 1998；Cha 2001；Jwa and Yi 2001），韓国経済回復と危機後の再編（Kim K. 2002；Krause 2002；Jung 2002；Jwa 2001；Ahn 2001），韓国の今後の政策指針（Kim K. 2002；Krause 2002；Jwa 2001；Kim J. 2002）に関する諸文献の中で多くの研究がなされている[1]．しかしながら，既存の研究では上記で挙げた特定の問題点に十分な注意が払われていないように思われる．Kwonの（2001a）研究ではそれらの問題点に対する検討が試みられているが，今後の政策枠組みについては体系的にも包括的にも扱われていない．

それら特定の問題を検討するために,本章では以下のように体系づける.第2節では経済的成功期における政策パラダイムを検討する.第3節では経済政策の破綻を1997年の金融危機の原因に関連づけて検討する.第4節では金融危機後の経済政策パラダイムにおける転換を検討する.第5節においては経済的成功期間における経済政策の作用,その1997年金融危機との関係,そしてIMF支援策が要求した政策転換を検討することで,台頭する経済政策環境にとって適切な政策枠組みを提案するための試みを行う.最終節の第6節ではまとめの見解を述べる.

2. 1997年金融危機以前の韓国経済政策パラダイム[2]

2.1 経済における国家の大規模介入

経済的成功期(1962-97年)においては韓国では国家主導の経済が維持されたという一般的なコンセンサスがある.1962年以降,国の経済活動は政府の5ヵ年連続経済計画で設定された目標の達成に連動していた.経済はこのように厳しく管理され,中央政府の大規模な介入に支配されていた.したがって1980年代後半までの継続的独裁政権の下では,工業化の方向性と歩調を支配していたのは,市場原理ではなく政府であった.1980年代後半までに,経済政策は産業特定型のものではなくなり,経済相手国によるプレッシャーの下で,市場経済制へ向けた経済自由化プログラムに従った.金泳三政権は1993年から1997年まで存続したが,OECDの加盟要件を満たすためにさらに経済の自由化と国際化を試み,韓国はその後1996年に加盟した.しかしながら,統制経済政策の強い意識は政策策定者の思考の中にとどまり,韓国社会はそれを当然のことと考えた.

政府は可能性のあるあらゆる政策手段を経済の介入過程に集結させたが,それらは奨励制度と国内市場保護に分類されるかもしれない.前者には税制,融資,外国為替割当および金利政策が含まれていた.市場保護対策には貿易政策,海外直接投資およびその他過度の規制による介入方法が含まれていた[3].奨励制度の中でもっとも強力な手段は,1960年代と1970年代の間に特定の標的産

業やプロジェクトで輸出や投資を促進するといった特定の目的のために，優遇された利率で融資を割り当てることであった[4]．

韓国政府は規制，関税および非関税障壁を通して輸入品に対して高い障壁を設けることで，戦略的製造部門——重化学工業を含む——における国内の生産者を保護した．同時に政府は国内および外国の競争者が標的産業に参入するのを防ぐために承認手続きを活用した．たとえば政府は海外の競争者から国内企業を守るために単独の海外直接投資（FDI）政策を実行し，対内 FDI に対して防御と制限を加えた．これにより韓国における FDI 金額は競争国の金額を大幅に下回る結果となった（Kwon 2001b）[5]．

韓国政府は 1980 年代後半まで大規模に労働市場に介入した．政府の労働市場政策の焦点は，最大成長政策に沿った最大限の雇用創出に向けられていた．人的資源政策の一部として，政府は組合活動を鎮圧し労働紛争に介入しながら，労働者を犠牲にして，経営者の権利を推進した．経営者側は政府の政策と介入を利用しながら，労務管理の独裁手法を適用した．労使紛争が起これば，経営者側は適切な紛争解決手段を学び実行するのではなく，しばしば政府に依存して紛争を解決した．したがって労働市場は先進国で見られるような性質のものには発展せず，ビジネス上の理由での労働者の削減に関しては非柔軟的なままであった．

目標とする政策部門に融資を割り当て，国内貯蓄を増大させる特別媒介機関として，政府は金融部門を厳格な管理の下にとどめ，これを活用した．政府は金融機関の上級管理者を選定すること，およびかなりの割合の銀行株を所有することに直接係わることによって，金融部門の安定を保った．またそれは金融機関の預金金利をも支配した．金融部門の安定性と金融機関の預金金利を維持することで，韓国は高い国内貯蓄率を維持することができた．加えて，政府は外国為替相場政策を輸出促進のための重要な手段として実行し，韓国における比較的高いインフレ率と貿易相手国との公定為替相場の変動に直面する中で，どうにかして安定した効果的な為替相場を長期に維持することができた．

2.2 なぜ政策は成功したか

韓国経済における国家による大規模介入は重大な問題を生んだ．すなわち介入は経済的発展に寄与したか．この疑問は諸文献の中でも広く議論され，韓国国家介入の包括的分析が近年，Pack and Westphal（1986），Westphal（1990），Chang（1993），the World Bank（1993），Smith（1994），Stern et al.（1995），Cha et al.（1997），Kwon（1997）によって着手された．しかしながら，これら分析はいずれも1997年の金融危機以前に着手されたものであり，この経済戦略が徐々に生み出した問題を十分に包括していなかった．そのような問題は政府，企業および銀行の不明瞭な運営と政策策定者の楽観的で怠慢な態度のベールに隠れていたのである．これに照らして韓国の国家介入を再評価することが必要であると思われる．

新古典派市場の失敗を是正すること以上の国家介入は，韓国戦後の経済発展の初期段階では難なく正当化された．市場規模はかなり小さく，原始的であり，効率的に機能するための必要な構造がなく，情報および効率的市場操作に必要とされる制度は発達していなかった．韓国の経済成長は外国の知識と技術を必要としていたが，それにしては国際市場は不完全であり，拡大するバーゲニング・パワーの不平等性に特徴づけられていた．技術的外部性および規模の経済と同様に，発育不全の特質により韓国経済における国家介入は正当化された[6]．

国家介入の有効性は徐々に衰えたが，1980年代半ばまで国際および国内環境と制度的基盤はすべて国家介入の成功に貢献した．継続的独裁軍事政権はそれまで政治的権力を保持したが，彼らの政治的権力を合法化する方法として急速な経済発展という国家利益にかなったビジョンと目標を維持した．国家主義は韓国では常に強力であり，これによりすべての市民が国家の経済成長を最優先するという力強いインセンティブが生まれた．この意味で，韓国では役人の自己利益のための略奪行為は重要な関心事ではなかった．

国際的環境もまた国家介入による韓国経済戦略を手助けするものとなった．韓国は戦略的な地理的位置づけにあるため，冷戦では西側同盟国にとって重要な役割を演じた．また韓国経済は規模的にも比較的小さく，1980年代半ばま

では低開発国であった．したがって国家介入と国内産業保護を共にした韓国の輸出主導型経済発展戦略は，先進国からの激しい反論を招くことはなかった．これにより韓国の生産物が先進国に行き渡り，そして韓国の輸出主導型工業化戦略が成功に至ったのである．

経済発展の初期段階から韓国は経済発展に必要な制度を確立し，それらを効果的に運営していた．強力な経済企画院が1962年に設立されたが，重要な経済政策策定機能を割り当てられ，広範な権限を持つ予算当局として機能した．計画立案と予算配分を統合することで，異なった管理部門間で起こりうる利害衝突が減少した．政府は非常に競争の激しい公務員試験を通じて能力のある経済行政官を募った．ほぼすべての政府の管理部門は学者配属による独自の研究機関を設立し，彼らの多くは海外で博士号を取得していた．

優秀な行政官が配属された官僚機構により，独裁政権下の政治介入を受けることがない高度の自治が保証された．強力で高名で高い評判の経済政策関係管理部門組織に守られ，また社会からの尊敬で保護されていたため，中核となる行政官は国家の目標を追求して政策を明確に表し，実行することができた．彼らは立法府と他の政治的圧力源からの本質的独立を維持しつつ，独裁政権の指導者に直接回答することとなっていた．公共部門と民間部門間の密接な相互作用を維持することを目的として，政府はさまざまな管理部門の下に，そして特別な政策課題のために多くの検討委員会を設置した．これら委員会は役人，関連産業の代表者，そして学術界の専門家が政策問題を討議し，見解や情報を交換するためのフォーラムであった．

要するに，1960年代から1970年代までの韓国経済発展における初期段階では国家介入は正当化されたのである．政策目標に関する明確な社会的コンセンサス，高度な組織力，そして強調的外部環境があったため，それは1980年代後半までうまく機能した[7]．

3．金融危機の主な原因としての国家介入

3.1 なぜ国家介入は成功しなかったか

国家介入の効果は環境と制度によって変化する．韓国の国家介入は1960年代から1970年代までの間は効果的であったが，異なった国際および国内環境の下で異なった結果を生んだのである．冷戦終結後の1990年代前半に，世界経済は一般的に個々の国々の産業政策を受け入れなくなった．特に韓国は先進西側諸国からはもはや友好的な方法で扱われることはなかった．増大する経済的統合と競争によるグローバル化の力により，韓国国内市場と産業を保護するための国家介入の活用はますます困難で実行不能となった．

国内では新たな内部環境の下では，旧独裁政権下の高い組織力は維持できなかった．1980年代後半以降，韓国は急速な政治的民主化を経験してきている．放置されたままにされている第7期経済5ヵ年計画（1993-97年）によって証明されるように，政府もまた社会全体に認められた強固な政策方針を失ってしまった．政治的変革により，政府・企業間の接点が変化し，その関係におけるバランスが大きく企業側へ揺らぐに至った．台頭するグローバル化により世界経済がますます競争的，相互依存的，複雑になるにつれ，政府は適切な経済戦略の追求に必要とされる情報を収集し理解する上で，事業部門に対するその優位性を失った．政府・企業間関係におけるこれら変革により，民間部門に対する政府支配は非効率になってしまった．1980年代後半の政治的民主化の出現により，政府は独裁期間に大規模に介入していた労働市場を自由化した．これにより労働紛争の再燃に至り，もはや労働市場における国家介入は政治的に不可能となっていた．このような政策環境の進展の下では，経済における国家介入は成功しなくなったのである．

3.2 金融危機の原因としての国家介入

国家介入は徐々にその有効性を失っただけでなく，韓国における1997年の金融危機の種をもまいた．韓国金融危機の原因は，諸文献（たとえば，Cha 2001；

Jwa and Yi 2001 ; Kwon 1998 を参照）の中で広く検討されているが，以下のものを含んでいる．すなわち

1．借入資本を利用するチェボルの過度の拡大と多角化
2．モラル・ハザードで苦しむ非効率な金融部門
3．企業運営における透明性の欠如
4．低い生産性と国際競争力の喪失
5．厳格な労働市場の慣行．韓国金融危機のこれらの原因が直接国家介入に係わっていた．

韓国は輸出促進と産業政策の初期段階から独自のユニークな政府・企業間関係を展開させた．その経済発展戦略を追求することを目的として，保護，種々の優遇措置，制度上の特権を与えることによって，政府は限られたチェボルを援助した．これら特権には内部相互補助債務保証，内部相互補助所有，国内および海外の企業の敵対的M＆Aによるチェボル乗っ取りの防止，大株主に有利となるゆがんだコーポレート・ガバナンス制度が含まれていた．この措置により政府とチェボル間の癒着が助長されると共に，チェボルは「あまりに重要で大規模なために潰せない」という共通の認識が生まれ，これは必要であれば政府の救済措置が保証されていることを意味した[8]．これらの特権，そして潜在的な国内および国際的競業者からだけでなく少数株主からの政府保護をも利用しながら，チェボルは過度に拡大し，多角化した．そうする中で，それらは投資目的のために借入資本に依存した．なぜならそれは優遇された金利での容易に利用可能な融資であると同時にローリスクであると認識されていたからである．借入の依存は1997年にチェボルトップ30によって占められた519％という高い負債・資本比率に反映された（Joh 2001）．当然ながら政府との癒着とゆがんだコーポレート・ガバナンス制度により，チェボル運営上の透明性が欠如するに至ったということになる．

　チェボルの不健全な構造と財政不振により，それらは金融危機に対して脆弱となった．1997年に多くの大規模なチェボルが，運営上の非効率性に加え，

借入資本による過度な拡大と多角化のために，支払不能となった．政府は多くのチェボルが倒産するのを容認することによって，もはや大企業を救済しないと警笛を鳴らし，これはそれらの信用を崩壊させる前触れであった．結局これらの倒産企業はそれらの不良債務を国内の金融機関に転嫁し，これにより既に弱体化した金融システムがさらに損害を受けることとなった．これが金融危機の始まりであった．

　金融機関の非効率性，透明性および責任の欠如は1997年の金融危機の主たる原因であったが，それは政府の介入にも起因すると考えられた．産業政策の独自の目的で融資割当を管理するために，韓国政府は所有者として，そして正当な監査機関として金融機関を管理，保護した．1960年代から1980年代半ばまでにかけて，政府は多くの銀行の大株主で，銀行経営に大規模に介入した．政府は国内および海外の競争から金融部門を保護するため，当該部門に保護措置を講じた．チェボルは商業銀行の過半数の株主になることを禁止された．これにより銀行の所有権は広く分散されることが保証され，少数株主は企業経営という観点ではほとんど無力であった．したがって韓国の銀行は「所有者なき実体」としてみなされていた．それゆえに銀行は政治的指導者を除いては誰にも責任を負わず，このようにしてそれらの運営は透明性と責任を欠くに至ったのである[9]．政府の保護により「銀行は絶対に破綻しない」という広く知られた強固な認識はモラル・ハザードを生んだ．その結果，銀行部門は非効率的で，リスク評価に不慣れで，過少出資となった．

　1993年に政府はその金融市場の自由化と国際化をスタートさせ，1996年のOECDへの加盟のための加盟要件を満たすために自由化措置の速度を速めた．その結果，銀行の国際金融市場へのアクセスが可能となった．しかしながら銀行の管理構造は金融部門の自由化に順応せず，銀行の危険負担行動に対する適切な規制は実施されていなかった．銀行に対する健全性規制の欠如により，それらはオフショア金融市場[訳注1]にアクセスすることが認められればすぐにそこから自由かつ過度に借り入れることが可能となった．ますます増え続ける短期外債に直面して，韓国銀行が保有する外貨準備は急速に少なくなった．一方，外国為替市場における国家介入は韓国過大評価通貨を維持した．韓国財政状況

はそれゆえ投機的金融攻撃の準備が確実に整っていたのであり，それにより金融恐慌が広がった．

　韓国労働市場の非柔軟性もまた1997年の金融危機の原因であった．1980年代後半までの政府の介入と抑圧により，労使調停における労務管理スキルは発達しなかった．急速な継続的経済成長と永年雇用慣行から徐々に生ずる継続的に伸び続ける労働需要のため，適切な労働力縮小メカニズムは発達しなかった．1980年代末の労働市場自由化により，激しい攻撃的な組合活動が発生するようになった．これにより労働コストは急激に上昇し，1995年までに韓国は日本を除くアジア諸国の中でもっとも高くつく労働力を持つ国となった（Kwon 1998）．これによって韓国企業にとっての国際競争力の損失が誘発され，1996年初頭からの景気後退と金融危機の重大な根源である経常勘定赤字の原因となった．

　国際競争からの国内市場保護に関して，矛盾をはらんだ事態が韓国で発生した．最初にも述べたように，産業政策の一部として国内市場と国内産業を保護するために，韓国政府は消費財の輸入，対内FDI，M＆Aによる企業乗っ取りに対して種々の制限的措置を課した．これにより標的産業と銀行は1980年代まで急成長した．しかしながらこの保護により，限られたチェボルにおいて過度な経済力の集中が生まれ，国内で独占的企業活動が行われるに至った．このことは順次，チェボルと銀行が国際的に競争力を持つために必要とされるスキルを備える機会を失うことを意味した．保護主義政策によって生産性の低成長をも招き，結局は金融危機の鍵となる原因である国の競争力喪失に至ったのである．

　韓国金融危機の他の重要な原因は政府が事前に適切な行動をとらなかったことである．金融危機の原因の根底にある重大要素は，先にも検討したように，経済制度と構造が国内および国際的環境の動向変化に適応できなかったことにあるようである．制度上および構造上の障害が政府，チェボル，銀行間の癒着により長期にわたって現れてきていた．これら制度上および構造上の問題が詳細に分析されていたが，しかしながら政府はそれらを是正するための適切な行動を一切とらなかった．代わりに，政府は政策プロセスの構造上および制度上

の機能障害を指摘し，過度の介入政策と企業および銀行に対する種々の規制を維持した[10]．

　1997年11月の金融危機勃発により，韓国政策装置に関するいくらかの結論を導くことが可能である．第1に，韓国政府は国家介入によって国家経済が金融危機に対してきわめて脆弱となる状況が生まれていることを悟っていなかった．第2に，政府は多くの発生の兆候と他の有益な証拠があるにもかかわらず，金融危機を食い止めるための適切な対策を適時に導入しなかった．これは明らかに経済政策の古いパラダイムが消滅することの兆しとなった．1997年11月の実際の金融危機とその後の経済的損失により政府と他の経済関係当事者はモラル・ハザード，政治的えこひいき，そして結果として生じる制度上および構造上の機能障害に関する多くの問題を悟った．この危機によりすべての韓国国民もまた政策パラダイムを劇的に転換する必要があると悟ったのである．この認識は，国家が古い介入主義的パラダイムを放棄し，経済政策の新しい自由市場パラダイムを約することを条件とするIMFの支援策によりいっそう強まった．

4．経済政策パラダイムにおける転換

　韓国政府の要請により，対外債務不履行から韓国を救援するために，IMFは韓国がその厳格な政策処方箋を固守することを条件として580億ドルの財政支援を行うことに合意した．IMF政策パッケージは3つの要素から構成されていた．

1．マクロ経済政策
2．金融部門改革
3．その他の構造改革対策

　マクロ経済政策の目的は総需要を抑止し，国家介入なしに柔軟性のある為替相場を維持し，外貨準備を増強することであった．これらの目的は金利が危機レベル以下にまで下がった，為替相場が国家介入なくして柔軟性のある為替相

場制の下で安定した,外貨準備が合意されたレベル以上にまで蓄積された,という点で達成された.

IMF政策パッケージに従い,金融部門の改革は政府からの銀行部門の独立性を増大すること,すべての金融機関の監視を高め,強化すること,支払不能となっている金融機関を整理し,改革すること,そして生存可能な金融機関の資本を修正することが予定されていた.これに金融部門の自由化が追加され,それにより海外からの競争と銀行のM＆Aが可能となった.

韓国政府はIMF救済措置の条件に忠実であることに非常に成功してきた.政府は金融部門に対する以前の政策アプローチを特徴づける管理,介入,保護,崩壊した指揮から劇的に転換した.新たな金融法案が1997年12月に通過したが,これにより政府からの韓国銀行(中央銀行)の独立性が確実に高まった.新たな法案により新たな金融監督委員会の下,金融部門(銀行,保険,信託会社を含む)に対するすべての監視機能もまた強化,高められ,これにより金融部門の細心の監視が向上した.

銀行部門はかなり改革が行われた.改革の中,631もの存続不可能な金融機関が廃業し,一方残りの金融機関は157兆ウォンの公的資金による援助によって資本が修正された.この公的資金は生存可能な金融機関から不良債権(NPLs)を買い取るために使用され,それらがBIS比率による「健全行」としてのステータスを獲得する上で非常に役立った(MOFE 2002：7).結果として,銀行部門におけるNPLsの価額は1999年末の61兆ウォンから2002年末までに14兆2,000億ウォンへと減少した(MOFE 2002：7).

海外競争から銀行部門を保護する過去の慣行とは対照的に,金融部門を海外資本に開放し,海外投資家による銀行のM＆Aを認めることで,新たな金融枠組みは当該部門の中により激しい競争を導入することとなった.銀行の外国人所有が1998年3月に若干の名目上の規制によって認められて以来,外国人による国内銀行の株式資本参加は著しく増加してきた.結果として,2行の銀行については1番の大株主は外国人で,3行の銀行については外国人が経営に参加している(SERI 1999a).1999年9月には窮地に陥った銀行(韓国第一銀行)をアメリカのニューブリッジ・キャピタル社に売却するための決定がなされ,

韓国金融部門における一大転機となった.

　大手金融機関に対するいくらかの支配が外国人の手に渡るにつれ，政府は国の金融機関の経営に直接関与することがより困難になることを知ることとなり，これは政府による財政管理という古い慣行の終焉を示している．特にある銀行（韓国第一銀行）を経験豊かな外国人経営者の下に置くことにより，堅実な借り手の信用調査に基づくのではなく，借り手の規模，政治的関係に基づき融資するという伝統的慣行が当該部門によって放棄されることが促進されるであろう．韓国第一銀行は客観的基準に基づき融資を行うように転換し，高い収益性をみせているので，他の金融業もその手本に従わざるを得なくなるであろう．

　過去において，韓国銀行は貨幣政策の目標としてマネー・サプライを維持していた．しかしながら金融危機以来，一夜貸しコール・レートが中央銀行の貨幣政策の主たる目標となった．政府は1991年に金利自由化を始め，1997年7月までにその取り組みはすべての貸出金利と借入利率に関して完了した（SERI 1999b：15）．これにより金利は金融市場における資金の割り当てと需給の均衡というその市場機能を取り戻すことが可能となった．金融市場で回復した金利の役割により，貨幣政策の主たる手段は，先進諸国のように，マネー・サプライの管理から金利の調整へとシフトした．

　韓国政府もまたIMF支援策に従う過程で，チェボルに対する政策において著しい転換を行った．この政策転換は政府によって施行されたチェボル改革において反映された．上述したように，この改革ではチェボル運営における財務体質，コーポレート・ガバナンス，透明性，および責任を向上させるため，またチェボルが自らの専門分野に集中できるようにするため，それらに対して与えられた制度化された特権を排除することが予定されていた．

　チェボル再編の中，30の大手コングロマリットの内，16が売却され，合併し，解散し，その中には資産規模ではチェボル2番手であるデーウが含まれていた（MOFE 2002：5）．これにより，チェボルは「大きくて潰すことができない」という認識は信頼できないものとなった．以前のようなチェボルの特権がなくても，金融機関は堅実なビジネス活動の証拠さえあれば，それらに融資を行うであろう．新たな自由化市場では株式市場に上場された韓国企業の外国人

による100％所有と外国人による国内企業の敵対的買収が認められている．

　変革する国際および国内環境の中でチェボル再編が進むにつれ，ビジネスにおける政府介入は減少する運命にある．それらの財政的健全性を向上させる方法として，韓国企業は外国資本を誘致し始めた．たとえば1999年3月末までに4社の大手チェボルだけで108億ドルの外国資本を誘致していた（SERI 2001：105）．1999年1月末までに，外国共同所有が国内筆頭株主の株式を上回った上場企業の数は42にまで増加した（*Newsreview* 1999：26）．海外投資家により影響を受ける企業が一旦政府による介入の試みに対して非協力的になると，政府はその事業部門における介入を断念するしかなくなるであろう．その上政府は海外競争とM＆Aによる乗っ取りからもはや企業保護を行わない．さらに政府は経済の特定部門に信用を与えない．ビジネスの衰退と共に融資割当力の喪失により，政府・チェボル間にモラル・ハザードと癒着関係を生んだ政府と企業を結びつける手段の壊滅につながるであろう．事業部門における国家介入の古い規範は市場原理に基づく経済政策へとシフトし続けるであろうと結論づけても差し支えなく，既にその方向性でのかなりの前進が見られる．

　最初にも検討したように，以前の韓国政策パラダイムの重要な側面は輸入品，資本移動，FDIに対する制限と介入により国内市場と産業を保護することであった．IMF改革パッケージが貿易と資本勘定の自由化を求めてくるにつれて，この保護的アプローチもまた危機以来変化してきた．この分野においてもまた，かなりの前進が見られた．政府は1998年末までに貿易自由化要求に応えた（MOFE 1998；27）．韓国による外国資本へのアクセスを増加させるため，政府は資本勘定自由化のIMFによる要求に十分に応えた．韓国による海外投資および借り入れ，後に続くFDI，金融機関の設立を含む資本移動に対するあらゆる管理は既に廃止された．外国為替取引は1999年4月1日に完全に自由化された．外国人による株主所有の上限は撤廃され，外国人は現在制限なく不動産を購入し，地方債と短期的金融市場商品に投資することができる．これら具体的な動きもまた，政策パラダイムの中で始まった著しい変化の表れである．

　最後に，政策パラダイムにおける他の重要な変化は労働市場において明らかである．政府による抑圧と介入の下，韓国労働市場は労働力の調整において柔

軟性を欠いており，これが金融危機の原因となった．労働改革に関するIMF政策パッケージの要求に応えるため，労働組合，政府，企業の代表が参加する三者委員会が1998年2月に設立され，労働法規の改正が容易となった．改正法規では，過度な金融難に基づく引継ぎやM＆Aといった緊急的経営難局の際には韓国史上初めてとなるレイオフを認めることにより，労働市場の柔軟性が設けられた．この改正により，必要な企業部門の再編が促進され，企業はより競争的に機能することが可能となった．

5．グローバル化時代における韓国経済政策枠組み

5.1 政策目標と発生する環境

上記で検討したように，1997年の金融危機の結果として，韓国経済政策パラダイムは大規模な国家介入による政府主導の経済から市場経済へ移行した．この移行は金融機関，チェボル，労働市場に関する進行中の制度および構造改革において反映されてきた．このように韓国経済は移行期にある．たとえ経済が1999年以来危機からかなり回復してきているとしても，改革が達成され，経済が十分に回復するまでおそらくもう数年は移行期が続くであろう[11]．

この時点で，移行期間中とその後の基本的経済政策枠組みについて，重大な疑問が浮上する．より具体的にいうと，政府はここからどのようなタイプの政策を再開すべきなのか．上記で検討した韓国経済政策の過去の経験を考慮して，本節ではこの特定の問題の検討を試みる．

政策枠組みは社会が達成しようと試みる主たる目的と台頭する国内および国際的政策環境の上に成り立つであろう．国家の主たる経済的目標について社会的コンセンサスを確認するのは困難であるが，本章の目的のために，市場原理に基づく持続可能で公平な経済発展が韓国の主たる経済的目標であると仮定する．1960年代と1970年代の間，韓国は極大成長というもっとも重要な目標を追求し，1997年の金融危機後すぐに，危機から早く経済回復を達成するという強い要求によって韓国社会全体は集結された．経済的不公正の強気も相まって，1997年の危機の苦い経験とその後の経済的不振のため，持続可能性と公

平性の両方の重要性が経済発展の過程において強調されるべきである．韓国社会もまた金融危機が始まって以来，市場経済を当然のこととしてみなしているようである[12]．

　台頭する経済政策環境について，もっとも顕著な傾向の1つは冷戦以降世界的経済秩序が急速にグローバル市場経済に再編されてきているということである．高まるグローバル化に基づき，財やサービスだけでなく，資本，技術，情報，および労働といった生産要素もまた国境を越えて簡単に移動する．結果として，世界経済はさらに相互関係を持つようになり，統合されるようになり，そしてより競争的になっている．グローバル化傾向は輸送，電信，情報技術における進歩とWTOや自由貿易協定（FTA）といった国際機関の発達と共に継続的および効果的に強まるであろう．

　他の顕著な傾向は世界経済の基盤が知識と情報へ向かっているということである．知識型の経済では，新たな技術とイノベーションに基づく高付加価値産業が経済成長の基盤となり，人間の創造力は価値創造の源としてますます重要になるであろう．新たな情報技術の継続的創造と技術革新は経済活動における変化を速め，競争を強め，それによって経済的不確実性が増大する．1997年の7.7％から2001年の15.6％に増加したGDPに対する情報技術産業による増大する貢献によって明らかなように，韓国経済は確実に知識型の経済に向かって進化している（MOFE 2002：14）．1997年以来，情報産業の成長は経済成長全体の3分の1以上貢献している（Hong 2002）．

　中国経済の高まる重要性はその他の非常に影響力のある要因である．中国は過去20年で急速な経済成長を大きく達成してきた．これまで中国経済は安い労働力とFDIを利用して低価値創造分野における工業化を通じて大きく成長してきた．しかしながら，中国は高価値創造の経済へ移行するであろうと思われる．もし中国経済が近年の経済成長を続けるのであれば，2015年までに購買力という点で米国経済と規模を等しくするであろう（Kim J. H. 2002）．世界における中国経済の相対的規模に関係なく，中国は日本をしのぐアジアにおける主たる経済的プレーヤーとなり，それゆえに韓国にとって恐るべき競争相手になるであろうとまさに思われる．加熱する中国経済により，北東アジアは北米，

EUと同様に，重要な経済圏となるであろう．

　国内では，韓国人工統計的発展において明らかな傾向が見られる．人口増加率は緩やかになってきており，すぐに高齢化するであろう．人口は1970年代の間，年間1.75％で増加したが，1980年代と1990年代の間ではそれぞれ増加率は年間1.24％，それから0.99％にまで減少した．2000年から2002年までの3年間で，韓国人口は年間0.73％で増加した（National Statistical Office 2002）．65歳以上の市民の割合は1980年代の始めでは3.8％であり，1990年代始めでは5.1％に増加した．その割合は2002年には7.6％に達した（National Statistical Office 2002）．2026年までには65歳以上の人口シェアは20％に達すると見られている（*Chosun Ilbo* 2002a）．このことは労働力の増加率が減少し，高齢者サポートに対する社会的負担が増加するであろうことを示している．

　人々の可処分所得がグローバル化に従ってさらに増加するにつれて，生活の質と余暇に対する彼らの好みも増大するであろう．この発展は2つの重要なヒントを示している．第1に，韓国は年間の就労時間数を削減し，先進国で見られるように，週休2日制が例外としてではなく，当たり前の慣行となるであろう．第2に，国の貯蓄率が減少するであろう．1980年代と1990年代の間，国全体の貯蓄率は35％を超えていたが，2001年には30％以下に落ち込んだ（National Statistical Office 2002）．

　国の投資率もまた減少するであろう．高度経済成長期の間，主な投資請負人であったチェボルはビジネス・リスクを軽減する制度上の特権が与えられていた．政府はチェボルに国内および国際競争からの保護を与え，優遇された金利で融資していた．これら政策により国の高い投資率を維持することが可能であった．しかしながら上記で検討したように，チェボルによる投資を促す環境が1997年の金融危機以来，次第に減少してきた．さらに経済的不確実性がグローバル化および情報化時代の中で増加してきた．これら発展はやがて国の投資率の減少に至り，これは定着した傾向である．1980年代と1990年代の間では国の投資率は35％を超えていたが，2001年以降は30％以下に減少している（National Statistical Office 2002）．

　外国資本の韓国経済に対する影響は増大するであろう．韓国における国内総

生産に対するFDI資金の割合が1995年の2.1％から1999年の7.9％に増加したことに反映されているように，1997年の金融危機の結果としてFDI制度を自由化して以来，韓国におけるFDIは著しく増加している（UNCTAD 2001）．FDIは韓国事業部門におけるあらゆる分野に浸透した．外国人所有の株の持分が10％以上の韓国企業の数は1997年の4,419社から2001年の11,515社に増加した（KOTRA 2002：19）．ポートフォリオ投資もまたかなり増加してきた．ネットのポートフォリオ流入は，1992年から1999年では年間10〜50億ドルと異なるが，2000年にはほぼ120億USドルに急上昇した（Crotty and Lee 2002）．結果として，外国人所有の韓国時価総額の割合は1992年の2.7％から1997年の12.3％へ，そして2002年1月には36.2％に急上昇した（Crotty and Lee 2002）．外国資本，商事会社，アイディアの台頭により，韓国の推進力はあらゆる社会の層による国際規範と慣行の採用に向かうと共に，より開放的で自由な経済への転換に向かうよう駆り立てられるであろう．

　情報および知識型経済では，いわゆるデジタル・デバイドは韓国および世界の他の地域で生じる現象となるであろう．デジタル・デバイドは，放置しておくと所得不平等を悪化させ，社会の両極化を招くであろう．これにより貧困層と社会的主流層の間の衝突が高まることになるであろう．

　国の伝統と文化もまた重要な役割を演じるであろう．各国は自身の深く根ざした伝統と文化を持っている．韓国もこの点に関しては例外ではないが，その文化は西洋文化とはまったく異なる．国の文化は容易には滅びないということがよく知られている．このように，一方における経済のグローバル化と情報化の急速な進行と，そして他方におけるグローバル化の結果として生じる新たなシステムや制度に対する韓国の社会と文化の遅れた適応との間で衝突が発生するであろうとおおいに思われる．

5.2　持続可能で安定的な発展のための政策枠組み

　上記で検討したような台頭する国内および国際政策環境の下で，グローバル化および情報化時代における韓国経済にとってもっとも適切な基本的政策枠組みはまったく明らかに知れ渡っている．本章では，韓国の1990年代半ばにか

けての国家経済政策に対する統制政策手法が，上記でも示したように，政策環境の変化によりいかにしてもはや効果的に機能しなくなったかを考えてきた．1997年の危機後の構造改革の過程で，韓国経済の政策パラダイムは既に政府主導から市場志向経済へと移行した．

韓国と同じような経済状況，すなわち統制経済政策が除去され市場原理が採用された状況において政府はどうすべきかについて，これまで諸文献の中で多くの議論がなされてきた．ワシントン・コンセンサス[訳注2]によると，政府は自由化，民営化，マクロ経済的安定化の政策処方を多かれ少なかれ実施してきたので，活動する余地はほとんどない (Williamson 1990)．しかしながら，the World Bank (1993) および Stiglitz (1997, 1998 および 1999) はワシントン・コンセンサスの政策処方を超えた政府の補完的役割について論じている．Krause (2002) が指摘するように，韓国社会は儒教の風習と近年までの大規模な政府介入に強く影響を受けており，もっぱら市場メカニズムに依存する段階ではない．韓国社会は未だ政府に責任負担と問題解決を期待している．さらに政府は経済的平等を増進する上で重要な役割を演じるべきであるが，でしゃばりすぎてもグローバル化に相反することになる．この点につき，公共部門のための補完的役割は適切であるように思われる．補完的役割の本質は民間部門の経済的自由を保証し，強力・競争的で効率的な民間部門の発展を促す環境を創造することであるべきである．

政府の補完的役割はグローバル化により制約されることに注意すべきである．台頭する経済のグローバルな統合の下，韓国は他国と同様に外国技術，資本，その他の流動資源の形でグローバル化による恩恵を授かりたいと望んでいる．同時に韓国は国内経済を規制し，国家主権を維持したいと望んでいる．Summers (1999) は3つの目標は矛盾していると指摘する．もし韓国が国家主権を維持し，さらに国際的経済統合を認めることを望むのであれば，完全な自由市場をグローバル・レベルで受け入れなければならず，それにはEU加盟国が行ったように，国内経済に対する規制の権限を放棄しなければならない．もし韓国が経済統合と自身の経済的規制を受け入れるのであれば，結局は主権を失うことになるであろう．最後に，韓国はその主権と経済に対する規制の権限

を維持することによって国際的経済統合による十分な利益を享受できなくなるであろう．このような状況において，韓国は国内政策を国際的水準——WTOとOECDの水準を含む——に合わせる以外に方法がない．これらの制約に適応する基本的政策枠組みの下で，韓国政府は持続可能で公平な発展という目的を達成するために，どのような特定の政策を立てるべきであろうか．

まず第1に，政策枠組みの支えとなる原則は台頭するグローバル化と情報化時代に適合した市場原理とグローバル・スタンダードを受け入れることであるべきである．経済成長の源は本質的に労働，資本，全生産要素生産性の向上である．グローバル化時代において，利用可能な資源と技術はもはや国境の中のものに限られていない．それゆえに，経済成長を成し遂げるために，重要な問題は相対的流動資源をいかに誘致し，保有するかである．これは相対的非流動資源および要素の改善が求められる肥沃な環境を流動資源に与えることによって行われるであろう．国家の相対的非流動資源にはその社会的インフラ，政治・社会・経済的制度，社会的規範と文化が含まれる．したがって韓国は全面的自由化政策の必要がある．これには経済と制度だけではなく，韓国社会を開放することが含まれる．

第2に，基本的政策枠組みの下では，グローバル・スタンダードのレベルに達するための政策内容はもとより，開放性，透明性，責任能力が政策策定過程で要求される．韓国の最近の経緯からも分かるように，政策内容および政策作成過程における開放性と透明性の欠如により，役人と特別の利害集団とで配分することが可能な関係と利益が増加する．内密性のレベルが下げられ，その結果役人による不正が是正され，彼らの仕事の成果が確実に評価されるようになれば，責任能力は向上するであろう．これらすべてによって政治的えこひいきがなくなり，公共部門の効率性が高まるであろう．

第3に，韓国は金融危機の発症から多くを学んだので，民間部門はその透明性，責任能力，競争を高めることで，台頭するグローバル環境の下で繁栄する．これには韓国の会計制度，コーポレート・ガバナンス，競争および破産法が国際標準と歩調を合わせることが必要である．そのためには政府は必要とされる包括的で透明性のある規制的基盤（法的および制度的フレームワークを組み入れた

もの)を構築する必要がある．この基盤は市場原理とグローバル・スタンダードに調和する必要があり，またすべてのプレーヤーに公正で平等に充てられなければならない．これらの変化は政府と民間部門の関係を再組織するために機能するであろう．チェボルと銀行の透明で民主的な監視が結びつくと，政治的えこひいきの極小化も可能となるであろう．

第4に，政府は進行中の金融，企業，労働，公共部門の再編を，それらがグローバル・スタンダードに調和できるように，達成すべきである．Ahn (2001) およびJung (2002) が指摘するように，金融および企業部門の再編はまだ達成されていない．2000年半ばから，経済はきわめて弱く，金大中政権はその政策目標を，構造改革を通して韓国経済の基盤を強化することではなく，成長に移行させた．金融部門に関しては，政府は危機後の救済過程で国有化された銀行を民営化すべきであり，それによって官僚的介入が削減されるであろう．ほとんどの韓国の銀行は国際標準によるとあまりに小規模であるため，銀行部門における効率性の主たる手段である規模の経済を利用することはできない．したがって政府はさらに小規模銀行の合併を進めるべきである．

多くのチェボルの財政構造は未だ不健全である．たとえそれらの負債・資本比率が200％の必要レベル以下に減少してしまったとしても，これは負債を減少させることによってではなく，新たな株式発行，資産売却，資産再評価によって成されたのである．コーポレート・ガバナンスは大きく改善しておらず，大規模なチェボルに対する創業者一族による支配はほとんど減少していない．政府は改革路線に反して不健全なヒョンダイ・グループの支援を試みた．法律でチェボルは銀行の支配を禁止されているにもかかわらず，保険会社と証券会社を所有することは未だに可能である．最後に，労働市場がより柔軟的にならなければ，そして労働組合闘志と違法な組合活動が減少しなければ，銀行とチェボルの構造改革は成し遂げられない．

金大中政権による再編期間の間，負債にあえぐ金融機関に対する公的基金での救済，企業再編における裁量の行使，特定の企業を援助するか解体するかの決定により，市場での政府干渉および介入は実際に増加した．要するに，政府は不良債権を公的基金で買うことで多くの金融機関を国有化した．これら構造

改革は民間部門で実施され，市場原理ではなく行政権に依存していた．今となっては構造改革の転換期も過ぎ，今後の再編は市場実勢に従うべきである．

　第5に，政府は海外から相対的流動資源と特にFDIを誘致するために，社会的インフラ，労使関係，政治・社会・経済制度を整備することにより，国内ビジネスおよび投資環境を改善すべきである．FDIは外国技術の誘致と減少する国内投資の補強のために必要である．FDIは近年かなり増加し，韓国でのGDPに対するFDI資金の割合は1995年の2.1％から1999年の7.9％に増加した（UNCTAD 2001）．しかしながら，韓国におけるFDIの規模は，他国のものと比較すると未だに小さい．1999年にはGDPに対するFDI資金の割合は，全世界，先進国全体，シンガポール，中国については，それぞれ17.3％，20.0％，85.8％，27.6％であった（UNCTAD 2001）．海外直接投資を誘致するために参入上の規制だけでなく運営上の規制も撤廃されるべきであり，一般大衆が外国の慣習と文化に対してより理解を示せるようになるためにはパブリック・キャンペーンが必要かもしれない．

　第6に，政府は減速する人口増加と高齢化人口を考えた戦略を立てるべきである．強制的早期定年と早期解雇の慣行は人的資源の浪費に至り，政策がこれら人口統計的傾向にもっとも効果的に対処するために必要とするものに反する．2002年には40-60歳の年齢層には85万人の失業者がいた（*Chosun Ilbo* 2002b）．早期定年と解雇を食い止めるために，戦略は実行されねばならず，早期定年労働者が新たな職をみつけることができるように，再訓練制度が開発されねばならない．知識・情報型産業に潜在的女性労働者人口を組み入れるような制度的調整もまた必要である．海外からの人的資源は国内労働者が好まない仕事と科学技術分野の仕事にとって必要である．このため，韓国の出入国管理法における除外的で排外主義的規定は，必要とされる外国人労働者の流入を容易にするために廃止する必要がある．

　第7に，韓国は科学技術の多くの分野では先進諸国にかなり遅れをとっている．技術向上のため，韓国を含む発展途上国は過去，海外から買い受けた，借り受けた，また時として無断借用した技術に依存した．これら選択肢は韓国のような新興工業国にとってはもはや無用である．むしろ，科学技術のギャップ

を埋めるために韓国がとることができる有用な選択肢は，FDIの誘致，外国の科学者・エンジニアの雇用，研究開発と教育による国内での科学技術力の開発である．

韓国の教育制度は先進国のそれに及ばないということがよく知られている．したがって，科学技術の発展に必要とされる人的資源の成長を促すために，韓国教育制度改革が必要である．これには教育制度の自由化と国際的競争への開放が含まれる．

第8に，韓国社会と文化を開放しなければならない．韓国社会は人口の倫理的背景という点では同種であり，モノ・カルチャリズムとナショナリズムが国の長い歴史にわたって普及している．マルチ・カルチャリズムがグローバル社会における普遍的文化形態であるという点で，韓国の伝統と文化はグローバル化に十分適合していない．地球村の一員として，韓国国民は国際的文化規範に対して開放的になり，理解を示さねばならず，そしてそれに従って彼らの社会と文化を発展させねばならない．そのためにはまたマルチ・カルチャリズムを韓国で定着させるための社会運動が必要となる．

最後に，社会的発展計画が新たな政策枠組みの絶対的な一部分となるべきである．これは韓国政府が過去30年の経済的成功で最小限の注意を払ってきた政策分野である．韓国は1960年代初期より「まずは発展，それから平等」というイデオロギーに基づき，経済発展戦略を遂行してきた．このように社会的発展計画は経済成長と並行して発展してこなかった．特に失業保険といった最低限生活保障の社会福祉は発達せず，それはこれら計画に対して政府がほとんど重点を置かなかったということだけが原因ではなく，困難期には家族の一員を支えるという文化的遺産もまた原因であった．長期的な経済的成功期における労働者に対する安定した高い需要と最低レベルの失業率により，また終身雇用制度もあって，セーフティ・ネット制度の必要性は低くなった．社会的発展計画に置かれた重点の低さは社会的発展計画に割り当てられた政府予算の配分の少なさにも反映されており，それは先進国のものをはるかに下回っていた．韓国では1991年の10.2％を除き，その配分は1997年までの30年間を通して一貫して10％以下であり，2002年になって13.1％に増加した（National Statistical

Office 2002).

　平等問題に係わる状況は，特に1997年の金融危機以降，著しく変化した．危機以来，所得配分はかなり悪化した．家庭貧困率は1997年の3.0％から1999年最初の3四半期の6.4％に上昇した．ジニ係数[訳注3]は1997年の0.28％から2000年の0.32％にまで上昇し，同時期に最低五分位所得に対する世帯の最高五分位所得の割合は4.49から5.32に上昇した（An and Choi 2003）．社会組織は家族のセーフティ・ネットの文化がかなり減退してきたと認められる程度までに変化している．さらに，レイオフ制度が根付くにつれて，長く大事にされてきた終身雇用制は消えようとしている．デジタル・デバイドもまた情報化時代にあってはより広がってきており，これにより裕福層と貧困層との間の所得格差が拡大する．したがって，増加しつつある自立できない人々に援助を与えることが，政府の更なる義務である．

　進歩的な社会的発展計画による公平な発展は公平性の目的のためだけでなく効率性の根拠にも基づき正当化されるであろう．社会的セーフティ・ネットは金融危機のようなマクロ経済の打撃に不利に影響を受けた人々を保護するだけでなく，景気変動に対していわゆるビルトイン・スタビライザーとしての役割も演じる．再配分は正の外部性を持つ人的資源の蓄積を改善するため，成長を増進させるかもしれないと論じられており，公平性のための更なる再配分と高成長との間のこの正の関係は経験的にロバストであることが判明した（Drazen 2000：460）．より平等な社会には高成長率と関係のあるかなり低い出産率があるということもまた論じられ，経験的にロバストとなっている（Drazen 2000：521）．

　危機後，社会的支出がかなり増加したが，社会的保護のレベルは未だ驚くほどに不適切である．1998年におけるGDPに対する社会福祉支出の割合は，日本，アメリカ，イギリスではそれぞれ14.66％，14.59％，27.29％であったのに対し，韓国では5.94％であった（An and Choi 2003）．危機以降，政府は失業保険の範囲を拡大し，適格性に要求される在職期間を短縮し，失業手当の期間を延長した．しかしながら，10％の失業者が手当てを受けただけであり，しかもこのような手当ては以前の賃金の50％にしかならず，手当ての最長期間は3ヶ月から8ヶ月である．さらに定年者の4分の1がある種の年金を受け取

るだけである (Crotty and Lee 2001). An and Choi (2003) は韓国の全体的な社会福祉制度が断片的で不適切であると論じ，また国の年金制度は数理的に不健全であり，所得のない人々をカバーしていないとも指摘している．最後に，学校教育は社会的発展計画の一部分として改革され，改善されねばならない．GDPの割合としての教育のための財政支出は1997年以降3年連続で減少しており (NSO 2002)，依然として先進国のそれをはるかに下回っている．従って現在の社会福祉計画をかなりの程度改革し，改善することが急務として存在する．政治的にみて，進行中の改革，特に労働市場における改革に対する政治的支援を保証するためには，適切な社会的保護が必要である[13]．

6．おわりに

　本章では過去30年の経済的成功期だけでなく，現在のグローバル化・情報化時代において韓国経済を形成するためには，経済政策が圧倒的に重要であると認識できた．本章の目的は中長期的将来に向けた適切な経済政策枠組みを提案し，そうする上で韓国の過去の政策措置が参考のために検討された．1960年代半ばから1997年の危機に至る韓国の経済政策パラダイムには，産業政策と5ヵ年連続経済経計画の実施における大規模な国家介入が含まれていた．最大成長，強い組織力，強調的な外的環境という国家ビジョンに対して明確な社会的コンセンサスがあったため，国家介入は1980年代後半までうまく機能した．しかしながら，1980年代後半から内部的および外部的環境における逆転により，国家介入の効率性を損なうようになり，それが1997年後半に韓国経済に突然打撃を与えた金融危機の根底にある主たる原因であった．

　チェボルの政府による管理と保護は透明性と責任能力の欠如に至り，借入資本による過度の拡大を助長した．金融市場に対する国家介入により，金融機関は非効率，過少資本となり，モラル・ハザードに苦しめられる結果となった．政府による国際競争からの国内産業保護は逆にその効率性と競争力を失う結果となった．労働市場における政府介入は労務管理の非効率と労働市場の非柔軟性を生んだ．最後に，迫り来る危機の証拠であった発生の兆候が存在していた

にもかかわらず，政府は金融危機を食い止める適切な対策を適時に導入できなかった．1997年の危機により統制的経済政策の古い規範が終焉を迎えた．

金融危機により古い政策パラダイムの限界を韓国国民が痛感して以来，国の経済政策は国家介入から市場経済の発展へと移行してきた．この政策転換は現在進行中の金融，事業，労働および公共部門の制度および構造改革において反映されてきている．移行期間中およびその後においてどのような政策枠組みがもっとも適切であるかは韓国政策策定者にとって重要な問題である．適切な政策枠組みは国の経済目標と政策環境に基づかなければならないので，持続可能で公平な経済成長が韓国の経済政策の鍵となる目標であると考えられた．さらに内部的および外部的環境における推移発展が評価され，これらの状況の下でもっとも適切な政策対策が考えられた．

政策環境における鍵となる傾向にはグローバル化と情報化時代の出現，中国経済の増大する重要性，衰える人口増加と高齢化人口による人口統計的変化，下落する貯蓄および投資率，経済に対する外国資本による増大する影響力，デジタル・デバイドの拡大，そして固有文化と地球村における台頭する国際化文化との間の増大する衝突が含まれる．このような状況の下，経済発展の核心は，相対的非流動国内資源を改善することで海外から流動資源を誘致すること，および研究開発，FDI，韓国教育制度の改善を通して国内技術を発展させることにある．

韓国の国内および国際政策環境の分析により，政府は基本的政策枠組みの中で民間部門に対する補完的役割を演じるべきだという提案に至った．政府は民間部門の自由を保証し，発展をさらに促す環境を提供しなければならず，そして同時に民間部門の運営において透明性，責任能力，競争を確保しなければならない．韓国経済はそれゆえに市場原理を受け入れ，全面的自由化政策に着手し，民間部門の強さの保護と海外からの流動資源の誘致のために包括的で強固なインフラを提供しなければならない．韓国はまた人口統計的変化と科学技術の発展に反応する適切な人的資源政策を採用する必要がある．平等性は初期の成功期に比べるとより優先されるようになってきており，政策枠組みの重要な一部分として包含されなければならない．

過去30年にわたる韓国経済政策パラダイムの今日の事例研究から，一国の政策パラダイムは国内および国際的環境の変化と国家の優先性および目標に応えつつ，時間と共に進化し続けることは明らかである．長期にわたる経済発展を維持するためには，国家の政策策定者は政策環境における変化の確認に精励し，国家の政策パラダイムをこれらの変化と予期される将来の発展に適合させる必要がある．そうでなければ，1990年代後半における韓国の経験が明確に証明するように，国は景気後退を経験することになるかもしれない．本章では，目覚しい成長パフォーマンスへ回帰するという国家的願望があるものの，今回はより持続可能で公平な方策で，韓国経済が依然として新たなグローバル化と情報化の流れの中でいっそう発展するような基本的政策枠組みを提案した．

訳注1）　非居住者からの資金調達および非居住者に対する資金運用を，金融上，税制上等の面で制約の少ない自由な取引として行わせるための市場．
訳注2）　ワシントンに本部を持つIMF・世界銀行などとアメリカ政府で共有されていたコンセンサスで，1990年代の発展途上国に対する経済政策に関する正統的な考え方．
訳注3）　社会における所得分配の不平等さを測る指標．係数の範囲は0から1で，0の時には完全な「平等」の状態を，1の時には完全な「不平等」の状態を示す．

　　　　　　　　　　　　　　　　　　　　　　　　　　　（訳・山本慎悟）

注

1) 1996年までの韓国経済発展に関する包括的文献調査については，Kwon（1997）を参照されたい．
2) 本節と次の2節は部分的にKwon（2001a）に基づくものである．
3) これら2種類の手段に基づく国家介入は政府予算に反映されていなかったという点で，間接的対策であった．その結果，対GNP支出比率で測定したところ，政府の規模は比較的小さかった．
4) 標的産業のための優遇された金利と効果的な援助金交付率での信用割り当ての形でどれほどのインセンティブが喚起されたかの試算については，Stern et al.（1995），World Bank（1993），Ahn and Kim（1997）を参照されたい．
5) 有効保護率の観点からの国内市場保護度合の推定値については，Ahn and Kim（1997）を参照されたい．国内市場と産業の保護の結果，韓国は長く東アジアでももっとも面倒な市場であるとみなされてきた（Kwon 2001b）．
6) Stiglitz（1997）は国家介入は19世紀後半のアメリカ経済成長に大きく貢献したと論じている．

7) Stiglitz（1997, 1999）は政府介入は韓国および東アジア諸国における急速な経済成長に大きな影響を与えたと強く論じている．同様に，Heo（2001）は政府介入—新古典派的政策ではない—は1960年からの30年間にわたって韓国経済発展の主たる手段であったという論拠の調査を提示した．しかしながら，Heo（2001）は政府介入による成功の理由に十分な注意を払っていないように思われる．彼は政策の失敗，すなわち本執筆者が考えるところの1997年の金融危機の原因のひとつについて言及していない．
8) 1972年以来，政府は実際に多くの大企業を財政的困難から救済し，大規模倒産は1997年の金融危機まではほとんど存在しなかった（Joh 2001）．
9) 韓国銀行部門は典型的な本人—代理人問題を発生させた．代理人（銀行）は所有者なしで存在するので，代理人は規制者および政治家（政府）と協力せざるを得なかった．
10) *Far Eastern Economic Review* による代表的世論調査によると，韓国はアジア諸国の中でビジネスに対して一番大きな政治的影響力がある（*Far Eastern Economic Review* 1998：36）．またカナダに拠点を置くEconomic Freedom Networkの指標によると，経済的自由という点では韓国は，先進国はいうまでもなく，アジアのライバル国よりもはるか下にランクされた．韓国は1998年には調査対象となった110カ国中44位にランクされた．1990年には39位にランクされていた（*Korea Herald*, 12 November 1998）．
11) 多くの金融危機に苦しむ国に基づく実証研究から，Khan and Knight（1985）およびConway（1994）は構造改革を達成するには数年かかると論じている．Stiglitz（1999）は，たとえメキシコ危機が1995年半ばに宣言されていたとしても，メキシコ経済は1999年までには1994年の金融危機から完全に回復していなかったと提起している．
12) 一国の経済政策の目標を達成するためには，政策目標に向けて経済主体を集結させ，刺激することが明確なビジョンに求められると論じられる（Kim 2002）．概して社会に受け入れられる国家ビジョンの認識は経済成長にとって重要な最初の第一歩であるが，韓国の国家ビジョンの認識は本研究の範囲外である．代わりに，国家の経済発展について韓国の根本的社会感情に合致するであろうと思われる目標でもって本章を進める．
13) 不平等性が最初に増加し，そして国が発展するにつれて減少するというU字型の形での所得と不平等性のレベル間における関係のクズネッツ仮説を受け入れるとすれば，今こそ韓国は平等性を高める時期である．

参考文献

Ahn, Choong Yong (2001), 'Financial and corporate sector restructuring in South Korea: accomplishments and unfinished agenda', *Japanese Economic Review*, 52(4), 452–70.

Ahn, Choog Yong and Joo-Hoo Kim (1997), 'The outward-looking trade policy and the industrial development of South Korea', in Cha, Dong-Se, Kwang Suk Kim and D. H. Perkins (eds.), *The Korean Economy 1945–1995: Performance and Vision for*

the 21 Century, Seoul : Korea Development Institute.
An, Chong-Bum and K. Choi (2003), 'Welfare Policy in Korea: issues and strategy', Chapter 12 of this book.
Cha, Dong-Se (2001), 'The Korean economy into the New millennium: reform and revival', in O. Yul Kwon and W. Shepherd (eds.), *Korea's Economic Prospects : from Financial Crisis to Prosperity*, Cheltenham : Edward Elgar.
Cha, Dong-Se, Kwang Suk Kim and D. H. Perkins (eds.) (1997), *The Korean Economy 1945-1995 : Performance and Vision for the 21 Century*, Seoul : Korea Development Institute.
Chang, Ha-Joon (1993), 'The Political economy of industrial policy in Korea', *Cambridge Journal of Economics*, 17(2), 121-57.
Chosun Ilbo (2002a), 'Life in Korea in 2002', 26 December.
Chosun Ilbo (2002b), 'Hidden unemployment', 17 December.
Conway, Patrick (1994), 'IMF lending programs: Participation and impact', *Journal of Development Economics*, 45, 365-91.
Crotty, J. and K.-K. Lee (2001), 'Economic performance in Post-Crsis Korea : a critical perspective on neoliberal restructuring', *Seoul Journal of Economics*, 14(2), 183-242.
Crotty, J. and K.-K. Lee (2002), 'A political-economic analysis of the failure of neo-liberal restructuring in post-crisis Korea', *Cambridge Journal of Economics*, 26, 667-78.
Drazen, Allan (2000), *Political Economy in Macroeconomics*, Princeton, NJ : Princeton University Press.
Far Eastern Economic Review (1998), 'Asian executives poll', 18 June, 36.
Heo, Yoon (2001), 'Development strategy in Korea re-examined : an interventionist persective', *Social Science Journal*, 38, 217-31.
Hong, Dong-Pyo (2002), 'IT policies in Korea to establish a KBE : Outcomes and future directions', in Korea Institute for Informational Ecomomic Policy (ed.), *Korea's Road to a Sound and Advanced Economy*, Seoul : Korea Institute for International Economic Policy.
Joh, Sung Wook (2001), 'The Korean corporate sector : Crisis and reform', in O. Yul Kwon and W. Shepherd (eds.), *Korea's Economic Prospects: from Financial Crisis to Prosperity*, Cheltenham : Edward Elgar.
Jung, Ku-hyun (2002), 'The Korean model : can the old and new economies coexist?', in *The Challenges of Reconciliation in Korea*, Joint US-Korea Academic Studies, Vol. 12.
Jwa, Sung Hee and Inshill Yi (2001), 'Korean financial crisis : evaluation and lessons', in O. Yul Kwon and W. Shepherd (eds.), *Korea's Economic Prospects : from Financial Crisis to Prosperity*, Cheltenham: Edward Elgar.
Jwa, Sung-Hee(2001), *A New Paradigm for Korea's Economic Development*, Hampshire : Palgrave.

Khan, M., and Knight, M. D. (1985), 'Fund-Supported adjustment programs and economic growth', *IMF Occasional Paper* No. 41. Washington : IMF, November.

Kim, Joo Hoon (2002), 'New vision and strategy required for another takeoff, *Korea Focus*, 10 (4), 130-43.

Kim, Kihwan (2002), 'Korea's new development paradigm : the business and cultural center of Asia,' in *The Challenges of Reconciliation in Korea*, Joint US-Korea Academic Studies (2002), 12, 1-19.

Korea Herald (1998), 12 November.

KOTRA (Korean Trade-Investment Promotion Agency) (2002), 'Korea's foreign investment explosion', *Korea Trade and Investment*, 20(1), 18-23.

Krause, Lawrence B. (2002), 'The Korean economy in the post September 11 environment', in *The Challenges of Reconciliation in Korea*, Joint US-Korea Academic Studies (2002), vol. 12, pp. 21-39.

Kwon, O. Yul (1997), 'Korean economic developments and prospects', *Asian-Pacific Economic Literature*, 11(2), 15-39.

Kwon, O. Yul (1998), 'The Korean financial crisis : diagnosis, remedies and prospects', *Journal of the Asia Pacific Economy*, 3(3), 331-57.

Kwon, O. Yul (2001a), 'Paradigm shift in Korean economic policy in the wake of the 1997 financial crisis and future policy directions', in Chowdhury A. and I. Islam (eds.), *Beyond the Asian Crisis*, Cheltenham : Edward Elgar.

Kwon, O. Yul (2001b), 'Korea's international business environment before and after the financial crisis', in O. Yul Kwon and W. Shepherd (eds), *Korea's Economic Prospects : from Financial Crisis to Prosperity*, Cheltenham : Edward Elgar.

MOFE (Ministry of Finance and Economy) (1998), *Economic Bulletin*, 20(12), December.

MOFE (Ministry of Finance and Economy) (2002), *Korea : A New Model Economy beyond the Crisis*, Seoul : MOFE.

National Statistical Office (2002), *Major Statistics of Korean Economy*. National Statistics Office, Seoul, Korea.

Newsreview (1999), 'Corporate raiders looming', 13 February, pp. 26-7.

Pack, Howard and Larry E. Westphal (1986), 'Industrial strategy and technological change', *Journal of Development Economics*, 2 June, 87-128.

SERI (Samsung Economic Research Institute) (SERI) (1999a), 'The advancement of foreign capital into the domestic financial industry and its effect', *Korean Economic Trends*, SERI, 18 September, 13-21.

SERI (1999b), 'The direction of future financial policy', *Korean Economic Trends*, SERI, 22 May, 13-21.

SERI (2001), *Three Years after the IMF Bailout*, Seoul : Samsung Economic Research Institute.

Smith, Heather (1994), 'Korea's industry policy during the 1980s', *Pacific Economics Papers*, (229), March.

Stern, Joseph D., J. H. Kim, D. H. Perkins and J. H. You (1995), *Industrialization and*

the state : the Korean Heavy and Chemical Industry Drive, Cambridge : Harvard University Press.
Stiglitz, Joseph (1997), 'The state and development: some new thinking', Mimeograph, website (http://www.worldbank.org).
Stiglitz, Joseph (1998), 'More instruments and broader goals: moving toward the post-Washington consensus', Mimeograph, website (http://www.worldbank.org).
Stiglitz, Joseph (1999), 'Back to basics : policies and strategies for enhanced growth and equity in post-crisis East Asia', Mimeograph, website (http://www.worldbank.org).
Summers, Lawrence H. (1999), 'Distinguished lecture on Economics in government : reflection on managing global integration', *Journal of Economic perspectives*, 13 (2), 3-17.
UNCTAD (2001), *World Investment Report*, New York: UNCTAD.
Westphal, Larry E. (1990), 'Industrial policy in the export-Propelled economy: lessons from South Korea's experience', *Journal of Economic perspectives*, 4 (summer) 44-54.
Williamson, John (1990), 'What Washington means by policy reform, in John Williamson (ed.), *Latin American Adjustment : How Much Has Happened?* Washington, DC : Institute for International Economics.
World Bank (1993), *The East Asian Miracle*, World Bank, Washington, DC.

第4章　ニュー・ミレニアムにおける韓国の対外貿易戦略

イ・ギョンテ（Kyung-Tae Lee）
チェ・ナッギュン（Nakgyoon Choi）
カン・ジュング（Jun-Gu Kang）

1. はじめに

　約50年前に資本主義を導入して以来，韓国は驚異的な経済成長を成し遂げた．特に政府が積極的な経済開発計画を実行した1960年代以降，韓国は平均して1年当たり9パーセントの実質的成長率を達成してきた．その結果，最近の1995年には韓国のGDPが1人当たり1万ドルにまで達した．朝鮮戦争の後，世界の中でも最貧国の1つであった韓国は，今まさに先進国の地位を得ようとしている．また，韓国経済は突然の構造変革を経験した．韓国の開発戦略は初期段階では非熟練労働に依存していたが，政府は，積極的な経済政策の支援を通して経済が熟練労働，科学技術，競争力を基礎とした高度な先進工業国に変革させるために，これまでの戦略を転換した．

　韓国における経済成長および構造変革をもたらした多くの要因の中でもっとも顕著なものは，対外志向の輸出政策と，韓国国民が政府による体系的な政策を実行しようとする継続的な精神と姿勢，そして外的衝撃への迅速かつ適切な対策であった．とりわけ，韓国は脆弱な経済基盤と天然資源の不足という状態で朝鮮戦争を切り抜けたため，輸入代替による輸出促進政策や幼稚産業の保護政策は経済成長と構造変革において重大な役割を果した．また，迅速かつ適切な政府の政策によって韓国は1990年代後半の金融危機を克服することができた．

　20世紀の最後の30年間にわたって，世界経済は数多くの不況や好況を経験

した．これらとともに，世界経済の周期的な動き，自由主義，保護貿易主義が国際貿易環境の中で台頭した．こうした外部環境の変化は，韓国政府が自国発展のために対外志向の経済モデルを採用することを必然的に促した．韓国政府は，国民経済を変化する外部状況に適応させるのに成功し，経済の自由化政策を推進したため，世界経済と調和しながら国民経済発展の達成が可能であったと主張されてきた．グローバル化とIT革命が世界経済に大きな影響を与えることが予想されるため，韓国政府はグローバル化やIT革命と調和した開発戦略を遂行する必要がある．

本章では，我々は21世紀の新しい挑戦や機会を検討する前に，まず韓国経済の発展と貿易構造の変容について検討する．それから，グローバルな競争力のある市場志向の経済を達成するための将来のアジェンダを再検討することとする．

2．発展過程における貿易のパフォーマンス

韓国経済は，1997年後半からのアジア金融危機の間，一時的にマイナス成長を経験したが，過去30年にわたり韓国は2000年のGDPと1人当たりのGDPがそれぞれ1970年の数字の57倍と39倍であるというように急速な経済発展を達成したのである（表4-1）．特に貿易量の場合，同期間に増加したものであるが，輸出と輸入はこの期間にそれぞれ200倍と80倍以上に上昇した．また，GDPに対する貿易のシェアは，この期間に34.8パーセントから72.7パーセントまで跳ね上がった．

表4-2は，GDP，輸出，輸入の年平均成長率に関するデータである．1960年代と1970年代の間に年30パーセント以上成長した輸出高は，1990年代後半に1桁の成長を記録するほど急激に低下した．輸入高は1970年代において30パーセント近くの割合で拡大し，1980年代に急落した後，1990年から1996年まで継続的に増加した．そして金融危機に対応してIMFの救済措置プログラムの前後に急激に低下した．

表4-3のデータが示すように，韓国の輸出構造は，軽工業製品から脱し重化

表4-1 韓国経済の構造と動向

	1970	1980	1990	1995	1996	1997	1998	1999	2000
GDP（10億ドル）	8.0	62.2	252.5	489.4	520.0	476.6	317.7	405.8	457.4
1人当たりの収入($)	249	1598	5886	10823	11380	10307	6723	8551	9628
貿易	2.8	39.8	134.9	260.2	280.1	280.1	225.6	263.4	332.8
依存率（%）	34.8	65.8	53.2	57.1	53.9	58.9	71.0	64.9	72.7
輸出	0.8	17.5	65.0	125.1	129.7	136.2	132.3	143.7	172.3
依存率（%）	10.3	28.9	25.6	27.5	24.9	28.6	41.6	35.4	37.7
輸入	2.0	22.3	69.8	135.1	150.3	144.6	93.3	119.8	160.5
依存率（%）	24.5	36.8	27.5	29.7	28.9	30.3	29.4	29.5	35.1

注：各年の依存率はGDPによる貿易，輸出，輸入の合計値を割ることにより測定される．
出所：The Bank of Korea, *Economic Statistics Yearbook*, homepage (http://www.bok.or.kr).

表4-2 韓国経済の実績（年平均成長率）

（単位：%）

	1961-70	1971-80	1981-90	1995	1996	1997	1998	1999	2000
GDP（実質）	8.4	7.7	9.6	8.9	6.8	5.0	-6.7	10.9	8.8
輸出（名目）	32.8	35.6	14.0	16.8	30.3	3.7	5.0	-2.8	8.6
輸入（名目）	19.2	27.4	12.1	22.1	32.0	11.3	-3.8	-35.5	28.4

出所：The Bank of Korea, *Economic Statistics Yearbook*, various issues.

表4-3 韓国の輸出における産業構成（年平均成長率）

（単位：%）

	1970	1980	1990	1995	1996	1997	1998	1999	2000
食品と原材料	17.6	9.1	6.2	4.9	7.0	7.3	7.9	4.4	2.8
軽工業製品	69.6	49.4	38.7	22.5	21.3	20.4	18.9	18.1	16.4
重化学工業製品	12.8	41.5	55.2	72.6	71.7	72.3	73.2	77.4	80.8

出所：The Bank of Korea, *Economic Statistics Yearbook*, various issues.

学製品をより重視することへと移行し，時間とともに著しく変化した．1970年には，低賃金労働を基盤とした軽工業による輸出がほぼ70パーセントを占めていたのに対して，資本および熟練労働集約的な重化学工業からの輸出は，わずか12パーセントを占める程度にとどまった．しかしながら，1970年代では重化学工業を支援する政府政策の変化に応じて，重化学工業の輸出比率は，1980年代に急速に増加した．そして1990年までには輸出総額の半分以上に達

した．2000年までに重化学工業製品の輸出は総輸出の80.8パーセントまで増加したのに対して，軽工業製品は16.4パーセントしか増加していなかった．これは，労働集約型の軽工業から資本および熟練労働集約型の重化学工業への経時的な比較優位の変化を表す．また，軽・重工業生産の発展と同時に，食品と原材料の輸出も，総輸出におけるその部門のシェアは1970年の17.6パーセントから2000年にはわずか2.8パーセントまで低下した．

　比較優位における付随変化と関連して輸出構造の変容を考慮することは有益である．古典派経済学によれば，比較優位は相対的な資源の豊富さによって決定される．したがって，急速な経済発展のこの期間において政府の経済および貿易政策は，韓国が比較優位を有したり，または発展させられる生産要素賦存量と輸出品目の変化を引き起こした[1]．

　我々は，その期間中の教育に対する強い関心が熟練労働者の豊富な供給を生み出したととらえている．輸出志向の産業化政策および政府政策を実行する官民の決定は，国民経済の基盤を確立するのみではなく，資本の供給も増加させた．資本と熟練労働者が豊富になるにしたがって，韓国は資本および熟練労働の集約型である重化学工業の輸出において強い比較優位を獲得した（Song 1996）．

　韓国の輸入品目の構成は，韓国経済のもう1つの重要な側面を反映する．前述したように，韓国は豊富な天然資源に恵まれず，必要とした天然資源を外国に大いに依存しなければならない．これは，輸入品目の構成においてまったく明らかである．表4-4に見られるように，石油と天然資源のシェアは高度成長期の間に輸入総額の約50パーセントで安定している．重工業と化学製品の輸出シェアが成長するにしたがって，資本財の輸入シェアもまたわずかであるが増加した．韓国は重化学工業の開発に成功したが，外国資本財や中間生産物の依存性は克服していない．一方で食品，消費財の輸入シェアは1990年代の間，約10パーセントで安定している．

　表4-5に見られるように，輸出は，金融危機から1990年代末までの回復する過程で韓国経済の多方面において特に重要であった．1996年から2000年までの間に韓国国際貿易協会（2001）による推定は有用な指標を提供している．

表4-4 品目別韓国の輸入の構成（年間成長率）

(単位：%)

	1970	1980	1990	1995	1996	1997	1998	1999	2000
食品と消費財	17.3	12.1	9.6	10.2	11.1	10.7	9.9	9.8	9.3
資本財	29.7	23.0	36.4	39.8	39.4	36.7	36.4	39.4	40.0
原材料（石油を含む）	50.6	65.0	53.9	50.0	49.5	52.6	53.8	50.8	50.7

出所：Korea International Trade Association, *Foreign Trade Statistics*, various issues.

表4-5 輸出の経済効果

(単位：10億ドル，%)

	1996	1997	1998	1999	2000
輸出総額	129.7	136.2	132.3	143.7	172.6
経済成長					
総経済成長率（A）（%）	6.8	5.0	−6.7	10.7	9.2
輸出による経済成長率（B）（%）	1.8	1.8	3.9	5.2	5.4
総経済成長率への輸出の貢献（B/A）（%）	25.0	36.0	n.a.	48.6	58.7
所得誘導効果					
輸出における外国為替の収益率	69.1	61.2	58.3	59.8	56.3
GDPへの輸出の貢献（%）	17.2	17.5	24.3	21.1	21.0
雇用誘導効果					
雇用創出効果	18	17	18	16	13
（百万ドル当たりの人数）					
労働者雇用への輸出の貢献（%）	11.2	11.2	11.9	11.2	10.8
生産誘導効果					
生産誘導効果（時間）	1.83	1.85	1.85	1.84	1.83
総生産量への輸出の貢献	20.1	23.1	32.0	25.4	26.6
輸入誘導効果					
輸入誘導効果（時間）	30.9	38.8	41.7	40.2	43.7
総輸入への輸出の貢献	26.7	36.5	59.2	48.2	47.0

出所：Korea International Trade Association（2001）．

2000年の経済成長率9.2パーセントの成長率のうち5.4パーセントは輸出に起因し，総成長率の58.7パーセントを占めている．資本財や中間財，そして石油の輸入がその期間中増加したため，輸出の外国為替の収益率は1996年の69.1パーセントから2000年の56.3パーセントにまで減少した．この期間中，輸出による雇用創出は下落したため，雇用創出は輸出百万ドル当たり1996年の18人から低下し，2000年には13人だけにとどまった．すなわち，それは韓国の輸出構造がより資本・技術志向型になったことを示している．また，輸出によ

る輸入誘導効果は，重化学工業の輸出シェアが増加することによって1996年の30.9パーセントから2000年の43.7パーセントへと著しく増加した．特に，電子，電気製品は輸入された資本や原材料に大きく依存するからである．

3．21世紀の韓国の貿易における新たな挑戦と機会

1970年代初頭からの高度な経済発展の30年間で韓国の貿易の実績は，貿易が韓国の将来の経済力，特にグローバル化経済において依然として重要であるということを示している．実に，韓国経済の将来の実績は，韓国の貿易部門がいかに効率よくグローバル化が提示する多くの挑戦に適応できるかに大きく依存しているだろう．

3.1 WTOの新ラウンド交渉

ドーハで行われた第4回WTOの閣僚会議では，144ヵ国を代表とする貿易担当閣僚は2005年1月1日までに完了予定のドーハ開発アジェンダ（DDA）と呼ばれる世界貿易の新ラウンド交渉に着手する宣言に同意した．新ラウンド交渉を通してWTOは，不公正な貿易慣行および地域主義の拡大と見られていたものの増加によって弱体化した立場を回復することが期待されている．いくつかの点においてドーハ宣言は自由貿易システムがグローバル経済の唯一の経路であるということを再確認しつつ，アメリカでテロリスト攻撃があった2001年9月11日以来，政治および経済の不確実性を緩和する一助となった．

韓国にとってのDDAは，比較的競争力のない産業を含む国民経済のすべてのセクターを自由化するということを韓国政府に委任するという点では機会と同時に大きな挑戦を提示する．韓国経済の成長が対外志向の開発戦略に依存してきたことはよく認められているところであり，韓国の経済力にはグローバル市場が必要不可欠であることを意味している．こうした文脈において，新ラウンドの結論として生じると予想されるいっそうオープンな外国の市場は歓迎される．しかしながら，特に農業分野は非常に苦しいリストラクチャリング・プロセスを経験するであろう．したがって，これは新ラウンドが農業における3

つの長期的な交渉目的に対処するからである．すなわち，それは市場参入における実質的な改善，全廃の最終目標を備えたあらゆる形態の輸出補助金の削減，そして貿易歪曲的な国内支援の相当な縮小などである．これらのすべては，国内市場を保持するために政府の強い保護に依存した韓国の農業分野に国内競争を激化させることになるであろう．

3.2 自由貿易協定（FTAs）と二国間投資協定（BITs）の拡大

2002年には，200以上の地域貿易協定がGATT/WTOに通知された[2]．地域貿易協定の数は1995年のWTO発足後から急速に増加した（図4-1）．特にアジア太平洋地域においてその傾向が強かった．そして，かつて地域貿易協定に一度も参加したことがない日本と中国が，シンガポール（2002年1月）とアセアン（ASEAN）との協定を推進するため，路線を変更したことは注目に値する．また，アメリカ，EU，他の地域は積極的に新しいパートナーを探し求めている．アメリカは2000年12月に既にチリとFTAに署名しており，ブッシュ政権が南アメリカを優先する政策を採用するにしたがって，FTAA（米州自由貿易地域）を設立するプロセスを加速させている．さらに，マーストリヒト条約（Maastricht Treaty）によってその経済を統合しているEUは，成功裡にEMU（経済通貨同盟）に着手し，そして東および南ヨーロッパまで拡大することによ

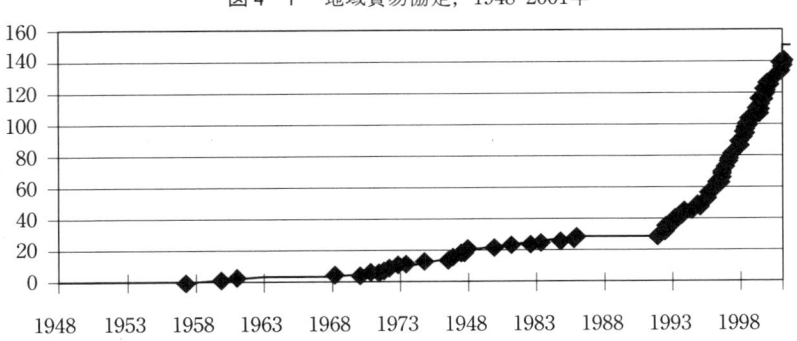

図4-1 地域貿易協定，1948-2001年

出所：The WTO Secretariat（http://www.wto.org/english/tratop_e/region_e/regfac_e.htm）．

り統合プロセスを加速させている．

　FTA を含む地域貿易協定はさまざまな目的達成を目指す．これらは経済効率，巨大なマーケット，脱地域保護政策を含む．最近の進展はアメリカや EU などの主要経済大国の間で FTA の数を増加することで生じるドミノ効果を反映している．その点では，WTO と地域貿易協定の多角的貿易体制は矛盾するものではなく，両立するものとして見なすことができる．さらに，DDA の設立が達成された場合，グローバル市場の自由化は避けられないことと，FTA の加速化に寄与することを意味する．たとえ DDA の設立に遅れがあったとしても，FTA は，まだ保証政策として有効に広がるであろう．したがって，少なくとも 21 世紀の最初の 10 年の間には FTA の数が増加すると予想される．BIT は外国投資を保護し，促進することを目的とした二国間条約である．BIT は，非営利リスクから投資者を保護する．また，受入国がいっそう低いリスク・リターンを通じて外国投資に対してより魅力的になることにより，投資環境を向上させることを可能にする．BIT の数は，1990 年代に急速に増加し，1996 年の終わりまでに 162 ヵ国を含む，1,332 の協定に至った（Kim K.-H. 1998：14）．この増加の多くは，東ヨーロッパや中央ヨーロッパ諸国の冷戦後の過渡期経済に対する反応であった．これらの経済は資本の豊かな国からの FDI を切実に必要とした一方，資本の豊かな国の投資家は彼らの投資の保護を求めた．こうした進展とともに，高所得発展途上国から低所得発展途上国への投資は増加している．また，BIT は，後者の国々で安定したビジネス環境を投資家に提供することでこの流れを促進させた．BIT に署名した後の 3 年と署名する前の 3 年間の平均投資シェアを比較すると，1990 年以来，アメリカと BIT に署名していた 16 ヵ国のうち 12 ヵ国は投資拡大を見せた．たとえば，アメリカからの投資が BIT 協定に応じて増加するにしたがって，世界の海外直接投資（FDI）の合計のうちアルゼンチンのシェアは，0.75 パーセントから 1.62 パーセントまで増加し，チェコ共和国は 0 パーセントから 0.22 パーセントまで，そしてロシアは 0 パーセントから 0.3 パーセントまで増加した（Kim K.-H. 1998）．

3.3 ユーロの導入と中国のWTO加盟

2002年1月1日，イギリス，スウェーデン，デンマークを除くEUの12ヵ国は圏内共通通貨としてユーロを導入した．個人の取引においてユーロの流通は，国際通貨としてその役割が増大すると期待されている．ユーロ地域は，取引コストの引き下げや競争の増大，外貨準備の必要性を撤廃することなどによって，経済的利益を得ることが期待されている．また，低金利，安定物価，そして通貨の障壁を取り除くということは，新たな雇用を生み出すだけでなく，経済成長をも高めると期待されている．IMFは，これらの国々で追加の0.3パーセントの年間経済成長と2パーセントの失業率の減少を予測している．

ユーロの流通は，ユーロ域外の国々に影響を及ぼす．金融市場と引き下げした金利の統合は，ユーロ地域で直接投資を増加させる．そして，ユーロ加盟国と非加盟国との取引は長期的に増加するであろう．IMFは，減少した通貨危険とコスト，そして増加した投資と貿易の結果，ユーロ導入後初期の10年にわたって12のユーロ諸国間の貿易に670億ドルの増加を見積もる．

ユーロ圏以外では，中国は世界的な不況にもかかわらず，素早い経済成長と貿易量の拡大を経験している．2001年のWTOへの中国の加盟は，中国のための第二の自由化と見なされており，また，中国政府の根本的変化に触媒作用を及ぼす重要な役割を果すと期待されている．2002年に，中国は韓国の主要貿易相手国の中で3番目にランクする．1992年以後，両国の間で二国間貿易量は年平均21.9パーセント増加した．そして，2000年までに312億4,000万ドルに達し，その年の韓国の貿易全体の10.7パーセントを占めるようになった[3]．

中国のWTO加盟に伴い，韓国の中国への輸出は13億ドル，一方輸入は3億ドル増加すると期待されている[4]．中国の非関税障壁の緩和，増加した外資の流入，そして全体的な速い経済成長は，中国が韓国の輸出の需要を増大させている主な要因である．しかし，若干の否定的な見通しは，他の国々からの競争の激化が中国において韓国企業に対して収益性を低下させるということである．そしてまた，グローバル市場において韓国に対する中国からの直接の競争についての懸念が存在する．中国の経済規模と生産能力の増大，競争力の増加，

そして経済資源の集中は，中国のWTOへの加盟の後にも続くと見られている．したがって，将来中国の経済的な成功は，韓国に脅威と機会の両方を提供する．第1に，中国における多国籍企業は積極的に輸出を拡大するであろう．その結果，中国における韓国企業の市場シェアを減少させるだろう．第2に，中国との韓国の貿易黒字が成長し続けるならば，韓国は中国から輸入する農業や草花栽培に関連する製品のような，低コストの製品に対して中国との貿易紛争に直面する可能性がある．第3に，中国の安価な人件費と生産設備の向上は，次第に外国の投資家に魅力的なものになるだろう．その結果，より多くのFDIを促そうとする韓国の経済政策にダメージを与えることになるだろう．

4．グローバルな競争力のある市場志向の経済を実現するための韓国の将来アジェンダ

多くの重要な地域での動きは，韓国が国際競争力，市場志向型の経済として発展する一方で，グローバル化という厳しい挑戦にうまく対応できるように，韓国を位置づけるのに役立つであろう．以下では，我々は韓国の将来の経済的福祉のために特に重要である4つの戦略について検討する．

4.1　WTO新ラウンドへの対処

計算可能一般均衡モデル（Computable General Equilibrium Model）を用いてKIEPの研究者は，WTO交渉の新ラウンドが韓国経済にどのように影響を及ぼすかについて評価した（Choi et al. 2001a）．その結果，1パーセントの生産性向上の場合には，実質GDPと福祉がそれぞれ3.43パーセントと4.31パーセント増加することを示した．福祉改善のレベルに合致する経済的利益は，およそ170億ドルに及ぶ．この分析は，新ラウンドが韓国経済のために大きな効果を発揮することができたということを示す．交渉が3年以内で終わるかもしれないので，韓国政府はできるだけ早期に慎重に考慮した一連の交渉戦略のみならず，国内産業のために経済復興計画も確立しなければならない．

特に，韓国はウルグアイ・ラウンドがまさに終わりに近づいていたときに，

農業の自由化に関して国民的合意を形成することができなかった1993年の経験を踏まえてWTOの農業交渉にうまく対応できるように準備すべきである．ドーハ交渉の下で交渉委任は，農業において実質的に補助金と支援を削減させることになっている．これに関連して関税と補助金の削減は，必然的そしてやむを得ずに一部の韓国人，特に韓国の農家にとって苦しい状況である．

　サービス分野でのドーア交渉は，韓国に多くの影響を与えるものとは期待されない．なぜなら，韓国が金融危機以来，この部門において既に自ら始めた広範囲にわたる自由化措置を実行したからである．しかし，貿易相手国は，彼らの特定の関心のある分野に残存している制限事項の除去あるいは更なる自由化を要求すると見込まれている．外国の50パーセント以上の所有権は，主要なテレコミュニケーション産業において許可するべきである一方，映画とテレビ産業においてはテレビ・プログラムにスクリーン割当（クォータ）システムと割当システムを緩和する必要がある．また，法律サービスと高等教育の分野では，自由化のために計画する必要がある．

　WTO新ラウンドは，高い関税とピーク関税を含む工業生産財に関する関税と非関税障壁を削減あるいは除去するために交渉委任を獲得した．韓国は，交渉が品目別またはセクター別で行われるという可能性に対して慎重に準備するとともに，関税引き下げの公式に基づく生産財に関する交渉を確保する努力をしなければならない．このために，韓国の政府は，WTO加盟国の現在の関税率と国際競争力の品目ベースの分析に基づいて詳細な品目ベースの要求・申込みの交渉計画を準備しなければならない．また，韓国の交渉者はセクター別交渉に対応できるように準備しなければならない．

　投資，競争，貿易円滑化と政府調達における透明性を含むアンチダンピング，貿易と環境保全，そしてシンガポール問題に関して，韓国の交渉者は，交渉の目標にいくつかの重要なポイントを選択する必要があり，そして，この目標を達するために，類似した状況の他の国々と「フレンズ」グループを形成しなければならない．

4.2 FTAとBITへの新しい対応

韓国は，GATTとWTOによって支持されている多角的貿易システムを強調する政策スタンスを維持している．しかし，地域主義が世界貿易システムの新しい軸として出現しているため，韓国はFTAを積極的に推進する必要がある．FTAは，貿易障壁を回避するのみならず，貿易と産業構造を再構築することに触媒作用を及ぼす．FTAは，国内の経済構造と規制を再構築することで景気後退を克服するための先制攻撃の政策として使用されることができる．貿易政策におけるFTAの重要性は，2000年にその勢いがついた．韓国の政府は，最近日本と中国との経済協力のみならず，チリ，日本，タイ，ニュージーランド，そしてアメリカとFTAを考慮している．中国とのFTA交渉は進行中であり，そして4つの会議は1999年9月から行われている．両国の政府は，生産物に対する関税の譲許問題について交渉している．すなわち，韓国政府は農産物を例外扱いするよう主張している一方，チリ政府はどのような生産物であれ譲許しないと主張している．韓国政府が協定による経済的な恩恵を獲得するだけでなく，自国の貿易政策に関する国際的な評判を強化するためにも合意に至ることは重要である．KIEP（Cheong 2000：54）によって行われた研究は，隣接した中南米諸国への市場拡張の機会を考慮せずに，完全な自由化を仮定して，韓国とチリのFTAのポジティブな経済効果が輸出品における6億6,000万ドル，輸入品における2億6,000万ドル，そして福祉レベルにおいては9億6,000万ドル増加すると予測している．また，韓国と日本の政府が韓日FTAの実行可能性に関するプロジェクトを開始することに合意するとともに，KIEPと日本のIDE（アジア経済研究所）は2000年に東京でプロジェクトを提示した．韓国と日本のFTAは，韓国とチリのFTAと比べると，中長期のプロジェクトと見なされる．韓国と日本のFTAを通して，韓国は主要な資本財産業で日本から外国投資を引きつけることによって少なくとも貿易赤字の一部を軽減することが期待されている．

FTAがグローバル化する経済環境の中で有効に使用されることができるのと同様に，BITもそのようにできるであろう．BIT協定の重要な問題が外国人に

対する無差別と外国投資家の資産の保全を含むとともに，協定が外国投資の安全を強化する．2000年12月までに韓国は，73ヵ国とBITに合意した．そのうち，52ヵ国は活動状態にあり，一方21ヵ国が暫定的状態にある．28のBITはヨーロッパの国々と，そして13はアメリカ地域の国々とであった[5]．1997年の金融危機の後，韓国はアメリカや日本とのBITに積極的に取り組んだ．韓国と日本の間のBIT交渉は，1998年11月に着手され，2001年12月22日に完了した．この交渉を通して韓国と日本は，相互に両国の投資家に対する平等な待遇と現在の協定の維持について同意した．しかしながら，スクリーン割り当て，新聞および放送，国家安全保障，漁業，輸送，電気およびガス，米および牧畜のようなカテゴリーは，自由化から除外される分野に載っていた．1998年6月には，韓国がアメリカとBITの原則に同意した．そして，2002年現在のところ，交渉は進行中である．スクリーン割り当て問題を含むこのBITの重要な問題は，外国の投資家に課されたパフォーマンスの要求と関連している．年間146日以上にわたって韓国の映画を上映するよう映画館に命ずる今の韓国の規制は，依然として今後解決される問題として残っている．

これらの2つのBIT協定は，投資計画の量や数において韓国で1番と2番目に大きい外国投資家のアメリカと日本による投資を促進するであろう．また，韓国のアメリカや日本とのBIT協定は，アメリカと日本以外の投資家に投資目的地として韓国の評価を上げる可能性が高く，韓国経済に対するグローバル投資家の信頼を高めるであろう．

4.3 貿易と産業構造の改善[6]

韓国の政府はマクロ経済のアプローチとともに，貿易と産業構造の慎重な調整と企業活動のための環境改善を通じて韓国の国際的経済競争力をいっそう強めるために動かなければならない．しかし，そのような時宜を得た方法で安全対策を実行するのは困難である．なぜなら，成長と斜陽産業の激しい浮き沈みが予測不可能であるからであり，それに，韓国の貿易と産業構造が不安定になっているからである．生産，雇用，輸出，輸入を含む経済の主要変数における最近の動向を再検討すると，韓国の産業においてそれぞれのシェアが1997年

から2001年までの期間中にもっとも急速に変化したことは明らかである．したがって，資本，労働，技術のような経済資源の滑らかな移動への障害を除去することを目標とする．そうすることで，産業間の調和のとれた資源移動を支援する経済の調整政策は早急に実行されるべきである．そのような経済調整政策は以下のような方向で実行されるべきである．

第1に，ITとBI（生命工学）を含む知識型産業は，大規模な装置産業への過剰依存から脱するために支援されるべきである．このために，中小企業はベンチャー投資会社を通じ支援を行うことによって活性化されなければならない．さらに，デザイン，ファッション，エンジニアリング，観光を含む製造関連のサービス産業は新しく肯定的な観点から取り組むべきである．

第2に，軽工業のような斜陽産業は，製品の付加価値を増やすことによって再構築されなければならない．有効な方法は，中小企業にもっとも適切な共有ブランドや技術の開発を支援することを包含している．

第3に，環境にやさしい産業はエネルギーを消費するような産業構造のマイナス影響を最小限にするために育成されるべきである．このためには，認証と標準化のシステムが構築されるべきである．また，エネルギー消費を減少させるための政策措置もより強力に管理されなければならない．

第4に，中間財と資本財の産業は，加工と組み立て構造を克服するためによりいっそう促進されなければならない．進んでいる所からの技術移転は困難を伴うので，そのような戦略を対外投資政策にリンクする必要がある．

4.4 より効果的な規制緩和

近年，国境の障壁というよりは国内の規制が韓国の国内市場に参入しようとする外国人にとって主要な障害として現れた．非効率的な規制は，国内ビジネスの競争力を低下させるだけでなく，韓国市場に対する外国人の参入を阻止することにもなる．外国企業に対する差別を取り除くことは，効果的な競争につながる．それによって，低コストを伴う高いレベルの製品とサービスが生まれる．このように，更なる市場規制撤廃は，実際に韓国の消費者はいうまでもなく，韓国の国内企業にとっても役立つものである．1997年の金融危機以来，

韓国の政府は企業の操業負担を減少させるために広範に及ぶ規制撤廃を実行した．最近，集中的かつ情熱的な努力があっても，多くの国際的機関は透明性，接近性，そして国際的基準とコードとの合致の点でのかなりの改善の必要性を指摘する．そして，大部分の外国企業のリーダーは韓国のビジネス環境に対して依然としてネガティブな認識を持っていることを示している．外国企業の参入を奨励することを目的とし，この認識を改善するために，実質的にビジネス慣行，政府の規制と文化的要因のような国内の障壁を実質的に除去するか，軽減する必要がある．

今までの韓国の国内規制は，市場参入以前に先験的な制限に集中していた一方，障壁の範囲内に企業の不注意な管理があり，その結果，重大なモラル・ハザードを引き起こす．この問題に対応するために，消費者を保護するためのモニタリングの強化とともに，参入障壁の規制撤廃は必要不可欠である．透明かつ予測可能な規制環境は，政府の干渉と不透明な官僚主義を減少させることで確立するべきである[7]．

5．おわりに

韓国は，対外志向の開発戦略と，これらの戦略を促進する国際的環境の支援によって1960年以来40年にわたって印象的な産業化を成し遂げた．1997年の金融危機は韓国経済に困難をもたらしたが，その困難は国内市場を閉鎖することによってではなく，グローバル化の努力を加速化することによって克服された．

前述のように，最近の貿易指標は韓国のグローバル化の努力が韓国経済のために非常にうまく機能したことを明らかにする．国内市場の飛躍的なグローバル化で韓国は，1998年以来4年連続に大きな貿易黒字を記録した．

今後の課題という点からみると，より効果的な自由化と規制緩和を通じてグローバルな経済統合にさらに貢献することが韓国にとっての関心事である．我々が本章で議論してきたように，韓国の経済は，韓国の市場と制度が避けられない自由化においてWTO，FTA，BITすべての優先的価値を認識しながら，

この3つへのマルチトラックのアプローチを通じてグローバル化の課題に答えるために良い位置づけをしている．確かに，韓国はグローバル化する世界経済の要求に調整する過程で内部混乱を経験した唯一の国ではない．近年，韓国経済の現在の強さは，対外貿易戦略を非常に賢明かつ慎重に実行したことにある．もしこの貿易戦略が進化している国際貿易環境に賢明に，そしてこの進化に合わせられるように理想的に調整されうるものであれば，対外貿易は韓国の経済力を持続させることにもっとも重大な領域の1つであろう．

(訳・姜　京　守)

注

1) ヘクシャー・オーリンモデル（Heckscher-Ohlin model）では，ある国は豊富な資源を集中的に使用する製品を輸出するであろう．このロジックを用いれば，資本集約的な製品と技術集約的な製品の純輸出は豊富な資本と熟練工が韓国に存在することを意味する．このような理由で，政府は韓国が輸出転換で比較優位を獲得した部門を認識しつつ国民経済政策を立てた．
2) 出所は，WTOのウェブ・サイト（http://www.wto.org/english/tratop_e/region_e.htm）．
3) 出所は，韓国国際貿易協会のウェブ・サイト（http://www.kita.or.kr）．
4) Cheong（2001:101）のCGE分析は，中国との韓国の貿易収支が短期的には改善するだろうが，長期的には悪化するかもしれないということを示唆する．
5) 出所は，韓国外交通産省ウェブ・サイト（http://www. mofat.go.kr）．
6) Choi（1997），Choi（1998）を参照のこと．
7) この視点は，Kim, June-Dong, Kang, In-Soo（2000 : 90-91）によって前向きに提案された．

参 考 文 献

Baldwin, Robert (2000), 'Trade and growth : Still disagreement about the relationship', *Economics Department Working Papers*, No. 264, Paris : OECD.

Bank of Korea (1998), *Financial Crisis in Korea - Why it happened and how it can be overcome*, July, Seoul.

Bank of Korea, *Economic Statistics Yearbook*, homepage (http://www.bok.or.ke).

Bank of Korea, *Economic Statistics Yearbook*, various issues, Seoul.

Cheong, Inkyo (2000), *Korea-Chile FTA : Background, Economic Effects and Policy Implication*, Seoul : Korea Institute for International Economic Policy(in Korean).

Cheong, Inkyo (2001), *Economic Effects of China's WTO Accession and Policy Implication for Korea*, Seoul : Korea Institute for International Economic Policy (in Korean).

Choi, Nakgyoon (1997), 'Korea's industrial policy for balancing the current account', *KIET Economic Review*, 2(6), Seoul : Korea Institute for Industrial Economics and Trade.

Choi, Nakgyoon (1998), 'Korea's trade policy and the negotiated IMF program', *KIET Economic Review*, 3(2), Seoul : Korea Institute for Industrial Economics and Trade.

Choi, Nakgyoon (2002), 'Globalization in Korea : Assessment and future agenda', Seoul : Korea Development Institute, International Conference.

Choi, Nakgyoon et al. (2001a), *Main Issues in the WTO New Round Negotiations : The Korean Perspective*, Seoul : Korea Institute for International Economic Policy (in Korean).

Choi, Nakgyoon et al. (2001b), *Evaluation of Korea's Economic Effects of Openness*, Seoul : Korea Institute for International Economic Policy (unpublished report) (in Korean).

Kim, June-Dong and In-Soo Kang (2000), *Economic Effects of Korea's Liberalization of Trade in Services*, Seoul : Korea Institute for International Economic Policy (in Korean).

Kim, Kwan-Ho (1998), 'Bilateral investment treaties of the United States : Implications and prospects of the BIT between Korea and the US', *KIEP Working Paper* 98-03, Seoul : Korea Institute for International Economic Policy (in Korean).

Kim, Tea-Jun (2000), 'Modifying the regulatory reform structure in Korea', Seoul : Korea's Official Pool of International Economic Policy (in Korean).

Korea International Trade Association (2001), 'The economic effects of trade', Korea International Trade Associational Web Site (http://www.kita.or.kr).

Korea International Trade Association (http://www.kita.or.kr).

Korea International Trade Association, *Foreign Trade Statistics*, various issues, Seoul.

Ministry of Commerce, Industry and Energy (2000 and 2001), *Consolidated Public Notice for Foreign Investment*, Seoul (in Korean).

Ministry of Finance and Economy (1997), *IMF Stand-By Credit Arrangement*, Seoul.

Ministry of Finance and Economy (1998), *IMF Program Update*, Seoul.

Ministry of Foreign Affairs and Trade (http://www.mofat.go.kr).

Park, Ki-Hong (1997), *Korea's Trade Policy in Transition : From Government-led to Private Sector Initiating*, Seoul : Korea Institue for Industrial Economics and Trade (in Korean).

Park, Seung-Rok (2000), *The Role of Foreign Sources in Korean Economic Growth*, Seoul: Korea Economic Research Institute (in Korea).

Sohn, Chan-Hyun, Jun-Sok Yang, and Yyo-Sung Yim (1998), 'Korea's trade and industrial policies : 1948-1998', *KIEP Working Paper* 98-05, Seoul : Korea Institute for International Economic Policy.

Song, Ligang (1996), *Changing Global Comparative Advantage : Evidence from Asia and the Pacific*, Melbourne: Addison-Wesley Longman.

World Trade Organization (http://www.wto.org).

第5章　韓国におけるサービス取引の自由化と生産性に及ぼす影響[1]

キム・ジュンドン（June-Dong Kim）
キム・ゾンイル（Jong-Il Kim）

1. はじめに

　1970年代からの韓国の経済発展は，製造部門を優先し，サービス部門を犠牲に徹底した産業化に基づくものである．しかしながら，1990年代初期からサービス部門の重要性が認識され，政府は，取引相手国やGATTやWTOなどの国際取引に関する組織からの強いプレッシャーのもとで，この部門の自由化を迫られた．サービスの多くがウルグアイ・ラウンドの交渉と1996年の韓国のOECD加盟の結果，自由化された．韓国はまた，WTOでのその後の交渉にも，もれなく参加したが，その交渉には，金融サービスと基本的テレコミュニケーションに関する交渉も含まれていた．韓国は，WTOへの譲歩に従い，結果的に関連部門を自由化した．

　1997年の韓国金融危機は，韓国経済に対するサービス部門の重要性をより深く理解させ，危機に打撃を受けた経済を以前の成長の道へと回復させるための1つの方法として，全面的な改革が緊急に必要であると認識させることになった（McKinsey, 1998）．その結果，サービス部門における市場アクセスに対する多くの横断的で部門特定の制限が政府のWTOとの約束以上に取り除かれた．たとえば，外国人の土地取得の制限や，国防に関連する若干の会社を除いてほとんどの国内企業における外資所有に対する上限が取り除かれた．流通，電気通信業，建設，金融サービス部門が，金融危機以後，国内市場がもっとも大き

く自由化された部門であった．

　本章では，1970年代から1997年にかけての韓国でのサービス取引の自由化のプロセスと，そのプロセスのサービスおよび製造部門における生産性への効果について検討する．韓国経済を理解することと，概念上の知識を深めることにこれらの問題が重大であるにもかかわらず，この問題の包括的な研究がなされてこなかったことが文献からわかる．本章は，次のように展開されている．第2節では，韓国でのサービス取引の自由化の進展を再検討し，第3節で，最近の傾向について考える．第4節では，サービスおよび製造部門での生産性の変化について考えてみる．ここでは，自由化されたサービス部門が，自由化されなかった部門より相対的に高い生産性を示し，また，製造部門での生産性の向上に貢献したかどうかを究明する．第5節においては，1990年代に自由化された流通サービスの自由化という経験と，卸業や小売業への影響について検討する．最後の節では，本章での議論から結論を出す．

2．サービス取引の自由化の進展

　対外直接投資（FDI）が1980年代初期から自由化された製造部門とは異なり，サービス部門の自由化の多くは，1990年代半ばからようやく行われることになった．表5-1では，2000年までに，韓国政府が開放し始めたサービス部門の154の事業区分（KSICの5桁レベル）を完全に，あるいは部分的に自由化したことが示されている．

　このプロセスにはいくつかの誘引があった．第1に，これらのサービス部門の多くは，ウルグアイ・ラウンド交渉と1996年の韓国のOECD加盟の結果自由化されたものである．第2に，1997年の経済危機は，政府をいっそうの自由化へと駆り立てた．第3に，1998年以来，韓国政府はより多くの海外からの投資を引き寄せ，効率を高める方法として，OECDとWTOとの約束以上にサービス部門の自由化を加速した．

　対外直接投資が制限されていたサービス部門の1990年1月（付録 表5-1）と1997年11月（付録 表5-2）の比較は，1990年以来自由化されている流通サー

表5-1 1993-2000年における韓国のFDIの自由化，2001年3月現在

(単位：事業区分aの数)

区分	合計	自由化された事業b								制限のある事業	
		1993	1994	1995	1996	1997	1998	1999	2000		
製造工業	585	2	1	—	6	1	2	2	—	0	
サービス	495	9	23	42	39	16	20			2	(22)
その他c	68	5	6	2	4	10	—	—	1	2	(2)
合計	1148	16	30	44	49	27	22	5	3	4	(24)

注：a 事業区分は，韓国産業分類（KSIC）5桁水準による．国内法によって対外直接投資が禁止されている政府サービスと非利益組織は除かれている．
　　b 完全または部分的自由化を含む．
　　c 農業，漁業，鉱業を意味する．
　　（　）は，部分的に制限されている事業部門の数を示す．
出所：Ministry of Finance and Economy, 'Five-Year Foreign Investment Liberalization Plan', various years ; and Ministry of Commerce, Industry and Energy, 'Consolidated Public Notice for Foreign Investment', March 2001.

ビス，事業サービス，娯楽サービス，そしてその他の個人サービスを示している．輸送サービス，金融サービス，電気通信・サービスは，この時期に部分的に自由化された．

　もっと急激な自由化が1997年の金融危機以降実施されている．不動産と金融サービスでの事業部門が開放され，現在の外国資本比率の上限が1998年以後，電気通信業とケーブル放送の部門で引き上げられた．肉の卸売と通信社活動が2000年に部分的に開放された．これらの自由化の結果，2001年3月の時点で，ある程度まで自由化されていなかったのはサービス部門のわずか24事業であった（表5-2）．特に，金融危機以後目覚しい自由化が，金融サービスにおいて行われた．株式，債権，外国為替市場の自由化に加えて，1998年以後，外国人が銀行や証券会社の支店を設立することが認められている．

　いくつかの業種がまだFDIに対し，法的にあるいは実施面で閉ざされていることに注目する必要がある．表5-2には，FDIが完全にまたは部分的に制限されている業種を載せてある．しかし，FDIが効果的に部分的または完全に制限されているが，このリストには載っていないその他のサービスにもまた注目しておきたい．たとえば，小学校，中学校および高等教育におけるFDIは，教育の最終責任は政府にあるという理由で禁止されている．実際に，外国のサービ

表5-2 韓国で海外直接投資が制限されているサービス事業，2001年3月現在

完全制限	部 分 制 限
ラジオ放送	肉類卸売業
テレビ放送	出版業（新聞，定期刊行物）
	原子力燃料製造プロセス
	発電と送電
	内港旅客運送業（旅客，貨物）
	航空運送業（定期，非定期）
	電気通信業（専用線，有線，モバイル，携帯，再販業者，その他）
	国内銀行業（特殊銀行業）
	投資信託会社
	プログラムの供給業者
	ケーブル放送，衛星放送
	ニュース提供業
	放射性廃棄物処理

出所：Ministry of Commerce, Industry and Energy, 'Consolidated Public Notice for Foreign Investment', March 2001.

ス・プロバイダーが市場にアクセスできなくしているライセンスや資格を要求する他のサービスもある．例を挙げれば，韓国で仕事をしようとする外国の弁護士や医者は国内のライセンスを持っていなければならず，しかもこれは韓国語での国家試験に合格することによってのみ取得できるものである．事実上，外国のライセンスは，こうした専門のサービスを提供することは認められていない．しかし，多くの国の政府は，こうした専門的なサービスのための外国のライセンスを認めていないということに注目することが必要である．

3．サービス取引の最近の傾向

サービス部門は韓国経済において，その重要性が増している傾向がみられる．1980年から1998年の間にGDPに占めるサービス部門の割合は43.9パーセントから52.7パーセントにまで上昇し，雇用はこの間，39.5パーセントから59.8パーセントに伸びた．しかし，国内経済におけるサービス部門のシェアは，1996年に，アメリカ，シンガーポール，そして日本のGDPに占めるサービス部門のシェアが，それぞれ，74.1パーセント，70.9パーセント，そして64.4

表5-3 供給形態ごとのサービス取引,1991年,1995年,1998年
(単位:百万ドル)

	1991 輸出	1991 輸入	1995 輸出	1995 輸入	1998 輸出	1998 輸入
越境取引[a]	7,158	8,953	17,677	19,465	18,647	21,053
輸　　送	3,873	4,897	9,272	9,645	10.204	8,983
コミュニケーション	353	204	561	642	656	1,133
国外消費[b]	2,856	3,214	5,150	6,341	5,933	2,898
商業拠点	n.a.	n.a.	n.a.	n.a.	n.a.	n.a.
自然人[c]の移動	604	54	774	132	446	4.2
合　　計	10,618	12,221	23,601	25,938	25,026	23,993
	(1.2)	(1.3)	(1.8)	(2.0)	(1.8)	(1.7)

注: a BOP 商業サービスから旅行を引いたもの.
　　b BOP 旅行.
　　c BOP 従業員の給料.
　　( ) は世界のサービス取引に占める割合を示す.
　　「n.a.」は資料がないことを示す.
出所:International Monetary Fund, Balance of Payments Statistics Yearbook, 1999.

パーセントであることと比べるとまだ低いものである[2].

　表5-3は,1990年代の供給形態ごとの韓国のサービス取引を示すものである.観光を除く収支(BOP)において,商業サービスによって計った,越境取引の金額は,1991年の160億ドルから,1998年の396億ドルまで増加した.1998年には,商業拠点を除く[3],韓国のサービス取引の合計は,商品取引のほぼ20パーセントにのぼった.商業拠点を除いた世界のサービス取引の合計に占める韓国の割合もまた,1991年の1.2パーセントから1998年の1.8パーセントにまで上昇した.

　表5-4のデータは,1980年代からの商業拠点によるサービス取引の大幅な増加を示している.サービスにおけるFDIの流入は,1982年から1990年にかけての8年間の16億ドルから,1998年から1999年の2年間での63億ドルまで増加した.この流入は,さらに,2000年だけで44億ドルにのぼった.ホテルは1980年代を通して最大の受け取り手であった.しかし,1990年代において,FDIは,サービス部門,特に流通サービス(卸売,小売),輸送サービス,および金融サービスの分野で著しく増えた.流通サービスにおけるFDIは

表5-4 サービス部門におけるFDIの流入，1962-1999年

(単位：百万ドル)

内訳	1962-81	1982-90	1991-95	1996-97	1998-99	2000
サービスにおけるFDIの合計	412.2	1,600.2	2,078.7	2,213.1	6,330.9	4,404.4
電気・ガス	0	0	26.1	0	378.7	212.6
建設	10.4	40.1	21.4	79.8	9.6	9.5
卸売・小売	0	40.1	103.4	586.6	956.7	448.2
貿易	0.4	20.1	394.7	306.5	336.1	238.6
レストラン	0	55.5	60.2	7.1	9.4	20.8
ホテル	206.0	4.2	362.3	211.4	64.5	4.7
輸送	28.7	956.9	9.9	150.2	9.4	18.4
金融	109.7	9.6	710.3	480.8	2,292.9	1,379.8
保険	3.0	384.9	158.0	23.2	407.9	591.9
不動産	0	77.3	1.8	0.1	33.0	269.8
その他	53.9	0	230.5	367.4	1,832.5	1,210.3
韓国へのFDIの合計	1,477.8	51.4	5,057.2	5,394.2	15,489.7	10,182.3

注：実質の投資．
出所：Ministry of Commerce, Industry, and Energy, 'Trends in Foreign Direct Investment', various years.

1982年から1990年にかけての2,010万ドルから，1998年から1999年の2年間での9億5千670万ドルまで増加し，さらに2000年には，単年で4億4千800万ドルにまで増加した．輸送サービスにおけるFDIもまた，1998年から1999年にかけての940万ドルまでの劇的な落ち込みがあるものの，10倍以上，すなわち，1982年から1990年までの960万ドルから，1996年から1997年までの1億5千20万ドルにまで増えた．金融サービスでのFDIは，1997年の金融危機以後，1996年から1997年にかけての4億8千80万ドルから，1998年から1999年の23億ドルへと急激に伸び，さらに2000年だけで14億ドルにまで増加した．最後に，他のサービスにおけるFDIの増加は，金融危機直前の2年間（1996-97）での3億6千740万ドルから，1998年から1999年の2年間での18億ドル，そして2000年だけでの12億ドルというように危機後もっとも著しいものであった．

4. 韓国における生産性に対するサービス取引の自由化の影響

　国民経済に対するサービス部門の自由化の効果を評価するため，この部門とサービス部門の自由化されたものをインプットとして使用する製造部門において，生産性の伸びに対する 1990 年代のサービス部門の自由化の効果を評価する試みがなされてきた．自由化によって発生するサービス部門の生産性向上の潜在的な源は，FDI からの技術移転，規模の経済，そして競争が増すことによる効率の改善である．FDI の生産性への波及効果について明確な証拠をさまざまな研究が示している（Caves 1974 ; Globerman 1979 ; Borensztein et al. 1998）．約 670 のイギリスの会社の分析に基づき，ニッケル（Nickell, 1996）は，競争者の数やレントのレベル低下で計った競争が，総要素生産性向上の非常に高い比率に関係していることを示している．

　さらに，サービス取引の自由化は，他部門に，幅広くより良質で低コストのサービスへのアクセスをインプットとして提供することで，製造を含む他の部門での生産性を改善することになりうる．特化による収益増加のモデルを使って，リベラ・バティスとリベラ・バティス（Rivera-Batiz and Rivera-Batiz, 1992）は，事業サービス部門での FDI は特化を刺激し，良質で低コストのサービスを利用する産業の生産性を高めると述べている．

　韓国でのサービス取引の自由化の生産性に対する効果を評価するために，まず韓国のサービス産業における労働生産性のレベルをいくつかの先進国のレベルと比較をしてみる．それから，労働生産性の成長率と，1970 年代からのこれらの国々でのサービス部門における総要素生産性（TFP）を検討する．最後に，製造部門の生産性向上がサービス取引の自由化と関連があるかという点を考えてみることにする．

4.1　データの説明

　研究のために選んだ部門は，産出量と要素使用の可能性をもとに選び，国際産業標準区分による部門分類を使用した．産出量は一定の価格での付加価値で

計り，そのデータは韓国銀行によって集められた韓国国家勘定から得られたものであった．2つのインプット，すなわち，資本と労働が考慮された．資本と労働というインプットを質の尺度で調整することが望ましいが，部門レベルでのインプットの質に対するデータは手に入れることができない．資本投入のための総固定資本と労働投入のための総雇用を使用する．労働時間と使用された資本のデータを使うことによって，実際に使用されたインプット・レベルを得ることが望ましいことはわかる．しかし，資本と労働の稼働時間に対するデータは，我々の目的に使用するには限界がある．労働時間をとってみると，発行されるデータは，実際に働いた時間ではなく，支払をうけた時間に関係する．また，業種レベル，特にサービスの各業種のキャパシティ利用率に対するデータは手に入らない．労働時間とキャパシティ利用における循環的な変化を斟酌しないことから，短期のTFP増大の測定においては周期的な偏りがある．しかし，この問題は長期的には，景気後退によって相殺される好況によって軽減される．

労働投入は総雇用として計られた．「経済活動人口調査年次報告書(AREAPS)」から総雇用のデータを得ることができる．しかし，同報告書は，1991年以前の期間のほとんどのサービス部門について分類していない[4]．したがって，国際労働機構の労働統計年鑑と投入産出表の雇用表からのデータに基づく各サービス部門の比率を計算し，その比率をサービス部門の総雇用に対するAREAPSのデータに当てはめることによって，各部門の総雇用を推定した．

資本投入は粗固定資本と定義し，国民勘定から得られた一定の価格での各産業の総固定資本形成のデータに恒久棚卸法（PIM：Perpetual Inventory Method）を当てはめることによって計算した．PIMを使うために，基本となる株式資本と減価率に関するデータが必要だった．しかし，この2つの変数に関して，当てになるデータは入手不可能である．それゆえ，基本株式資本の問題を回避するため，1953年から1960までの時間的傾向に基づき，1930年まで遡って総固定資本形成を推定し，1930年からの投資を累計した[5]．各産業の減価率については，韓国経済の構造は，国際産業別データベース（ISDB；International Sectoral Database）によって網羅されている先進国の中でもっとも日本の構造に

似ていると想定し，OECD出版のISDBから計算して，相当する日本産業の平均率を使った[6]．

　最後に，TFPを計算するためには，付加価値における労働のシェアに関するデータが必要だった．この労働のシェアは，付加価値によって労働の報酬を割ることによって計算される．従業員の報酬に関する国民勘定からのデータは，自営業者の報酬を含まないため，自営業者の報酬は，従業員の報酬に匹敵すると想定して，従業員の報酬を調整した．それは：

　　付加価値における労働の割合＝（従業員の報酬＋
　　　　［従業員／総従業員の報酬］×
　　　　［総雇用－総従業員］）／付加価値

　従業員の報酬と現在の付加価値に関するデータは，国民勘定から取ったものである．総従業員の数はILOの統計年鑑と韓国銀行の雇用表から取ってきたものである．上記のように計算した農業と漁業，コミュニティ，社会的および個人的サービス，卸および小売，そしてレストランおよびホテルのシェアは，期待するよりも大きいものに見える．このことは，これらの産業での雇用にはかなりの割合の無給の，または，不完全就業の家族労働者が含まれていることを示している．したがって，韓国のデータを他の国のISDBデータと比較する際には，無給の労働者が有給の労働者の半分のレートで報酬を受けていると想定した．調整後，これらの産業に対して計算した付加価値の労働のシェアは，キムとパク(1985)の概算にほぼ同じものであった．最後に，他の国に関するデータは，1970年から1990年までのOECD加盟国の部門ごとのアウトプットとインプットのデータを提供しているOECDのISDBから取ってきたものである．

4.2　部門別労働生産性：国際比較

　表5-5では，1990年における韓国の労働生産性のレベルとG-5の先進国のレベルとを比較した．労働生産性は，労働者1人当たりの付加価値として計算される．G-5の国々に対して，付加価値は，比較上，1985年の購買力平価相

98　第Ⅱ部　国際貿易戦略

表5-5　アメリカとの比較による各国の労働生産性，1990年

(アメリカ＝100)

	農業	鉱業	製造業	公益事業	建設	輸送・通信	流通	金融	社会サービス	経済全体
フランス	74	31	82	86	84	73	100	105	130	93
ドイツ	53	19	70	81	63	60	70	166[b]	178	86
イギリス	53	n.a.	66	90	85	54	60	257[b]	86	73
アメリカ	100	100	100	100	100	100	100	100	100	100
日本	25	31	79	89	106	50	70a	148	78	70
韓国	16	10	34	42	68	23	18	40	15	26

注：a. この数字は小売と卸売だけの比較のためのものであり，レストランとホテルは除く．
　　b. この数字は金融と保険のみの比較のためのものであり，不動産は除く．
　「公益事業」は電気，水道およびガスを含む．「流通」は小売，卸売，レストランおよびホテルを含む．
　「金融」は金融，保険，不動産および事業サービスを含む．「社会サービス」はコミュニティ，社会および個人サービスを含む．
出所：著者による概算．

場を使って変換してある．各部門の購買力平価相場が，韓国には使えないため，1980年から1990年までの平均的市場相場を使うことで韓国の労働生産性を変換した．

　表5-5のデータは，1990年の韓国のサービス部門の労働生産性が，すべての業種において，アメリカ，G-5のうちヨーロッパの3カ国，日本の労働生産性よりはるかに低いことを示している．韓国の「建設」と「金融」の労働生産性は，アメリカの労働生産性のおよそ40％であった．韓国の「流通」と「社会サービス」の労働生産性はさらに悪く，それぞれアメリカの18％と15％であった．

4.3　韓国での生産性向上の推移

　表5-6は，1970年からのサービス部門の労働生産性の成長率を表にしたものである．1990年代後半まで事実上外国の供給者に閉ざされていた「金融」は，韓国経済が大きな貿易黒字で好況だった1985年から1990年を除き，労働生産性がマイナスの成長を示すという最悪の状態を経験した．1996年にほぼ完全に自由化した「流通」は，労働生産性において1990年から1995までの期間の

表5-6 サービス部門における労働生産性の年平均成長率, 1970-1997年

(単位：％)

期間	製造	建設	公益事業	輸送・通信	流通	金融	社会サービス	経済全体
1970-75	5.62	－4.60	10.62	11.20	5.13	－2.45	7.64	5.26
1975-80	6.06	2.10	12.54	2.24	－2.87	－6.26	3.16	4.40
1980-85	6.39	6.16	15.95	4.26	3.39	－1.79	7.65	6.96
1985-90	4.76	4.19	3.05	3.49	7.37	1.02	3.65	6.08
1990-95	8.63	－0.14	9.43	5.09	0.41	－1.06	6.46	5.34
1995-97	9.87	1.48	6.32	7.17	1.54	－1.13	0.57	4.83
1970-80	5.84	－1.25	11.58	6.72	1.13	－4.36	5.40	4.83
1980-90	5.58	5.17	9.50	3.88	5.38	－0.34	5.65	6.52
1990-97	8.98	0.32	8.54	5.68	0.74	－1.08	4.78	5.20
1970-97	6.56	1.54	10.02	5.40	2.60	－2.02	5.33	5.55

出所：著者による概算.

0.41パーセントから，1995年から1997年までの期間の1.54パーセントまで上昇した．同様に，1990年代に部分的に自由化された「輸送と通信」は，1990年代後半において，1990年から1995年の期間における5.09パーセントから，1995年か1997年の期間の7.17パーセントまで労働生産性の上昇を示した．

4.4 サービス部門の総要素生産性

労働生産性は資本の大きさに影響を受け，また逆にFDIの流入に影響されるため，次に，同時期における総要素生産性における変化を比較してみる．全要素生産性は次のように定義される．

$$\text{TFP} = \frac{Y}{K^{\alpha}L^{1-\alpha}}$$

ただし，Y，K，Lは，それぞれ，アウトプット，資本，労働はインプットであり，そして α は資本の生産弾力性である．したがって，全要素生産性の増大は，要素インプットの加重された増大のアウトプットの純増の剰余として計算される．根本的な想定としては，規模に対する一定の収益，ヒックスの競

表5-7 サービス部門における全要素生産性の年平均成長率，1970-1997年

(単位：%)

期　間	製造	建設	公益事業	輸送・通信	流通	金融	社会サービス	サービス全体	経済全体
1970-75	3.58	-2.04	7.52	6.63	4.16	-4.87	5.32	2.17	1.52
1975-80	5.23	-0.64	3.29	-0.58	-3.93	-5.60	2.54	-2.35	-1.13
1980-85	5.81	1.81	3.33	-2.20	1.65	-1.56	7.54	0.77	2.89
1985-90	2.99	3.39	6.56	1.69	3.95	1.27	2.65	3.20	2.65
1990-95	4.90	-2.52	2.39	2.20	-0.41	-2.82	4.44	-0.31	0.99
1995-97	-0.54	-0.01	2.71	4.12	-0.02	-2.72	-1.04	-0.15	0.71
1970-80	4.41	-1.34	5.41	3.02	0.11	-5.24	3.93	-0.09	0.20
1980-90	4.40	2.60	4.94	-0.25	2.80	-0.15	5.10	1.98	2.77
1990-97	3.35	-1.80	2.48	2.75	-0.30	-2.79	2.87	-0.26	0.91
1970-97	4.13	0.00	4.47	1.74	1.00	-2.72	4.09	0.63	1.34

出所：著者による概算．

争市場における中立的技術進歩と競争市場での企業利益の極大化のもとで要素が重要であるため，総費用における要素の割合を使うことである．

　表5-7において，全要素生産性の変化に対し，同様のパターンが小分類から見つけ出せることがわかる．労働生産性の場合と同様に，「金融」は1985年から1990年までを除き，期間を通してTFPのマイナスの成長率を記録した．「輸送と通信」は，1990年代後半，1990年から1995年の間の2.2パーセントから1995年から1997年までの4.12パーセントにまでTFP成長の増加を見せた．「流通」のTFPもまた，1990年代後半，1990年から1995年の-0.41パーセントから1995年から1997年の-0.2パーセントにまで改善した．

　サービス取引の自由化とサービス部門の生産性の変化の間の因果関係を完全に証明することは，事実上不可能である．それにもかかわらず，1995年から1997年の期間に「金融」におけるTFPのマイナスの成長ばかりでなく，「輸送と通信」および「流通」の生産性が改善したことは，自由化ということが，自由化されたサービス部門の生産性にプラスの貢献をしていたかもしれないことを示唆している．

表5-8 製造業における全要素生産性の年平均成長率，1970-1997年

(単位：％)

	食料	繊維	木材	紙	化学製品	非金属	金属	機械	その他	製造合計
1970-75	2.57	8.11	6.04	－1.02	－1.42	5.54	23.62	7.96	8.23	3.58
1975-80	9.15	4.67	－3.63	5.43	6.31	－0.09	16.09	2.00	7.52	5.23
1980-85	1.90	4.02	10.32	8.37	3.38	4.64	9.90	8.69	7.51	5.81
1985-90	2.59	1.00	6.39	1.16	3.04	－2.00	6.74	2.97	－5.61	2.99
1990-95	0.69	3.49	4.34	9.14	2.81	0.13	8.18	5.96	－2.24	4.90
1995-97	0.04	－1.02	2.66	－1.47	0.65	－0.55	－0.13	－1.47	1.71	－0.54
1970-80	5.86	6.39	1.20	2.21	2.44	2.73	19.85	4.98	7.88	4.41
1980-90	2.24	2.51	8.36	4.77	3.21	1.32	8.32	5.83	0.95	4.40
1990-97	0.50	2.20	3.86	6.11	2.20	－0.06	5.81	3.84	－1.11	3.35
1970-97	3.13	3.87	4.54	4.17	2.66	1.48	11.94	5.00	2.98	4.13

出所：著者による概算．

表5-9 選択した製造部門のインプット係数，1995年

インプット ＼ アウトプット	食料	繊維	木材・紙	化学製品	非金属	金属	機械	電子
公益事業	0.008	0.013	0.023	0.023	0.034	0.015	0.007	0.007
建 設	0.000	0.001	0.000	0.001	0.001	0.001	0.001	0.000
流 通	0.026	0.029	0.032	0.023	0.018	0.025	0.028	0.026
レストラン他	0.000	0.000	0.000	0.000	0.000	0.000	0.000	0.000
輸 送	0.013	0.011	0.019	0.014	0.037	0.013	0.013	0.010
通 信	0.001	0.002	0.003	0.002	0.005	0.002	0.002	0.003
金 融	0.014	0.038	0.033	0.024	0.029	0.025	0.024	0.018
不動産他	0.028	0.024	0.018	0.032	0.023	0.020	0.022	0.025
公共行政	0.000	0.000	0.000	0.000	0.000	0.000	0.000	0.000
教育・健康	0.003	0.003	0.002	0.014	0.006	0.004	0.014	0.030
社会サービス	0.000	0.001	0.001	0.001	0.001	0.001	0.001	0.001
その他のサービス	0.013	0.024	0.014	0.017	0.017	0.022	0.016	0.011
合 計	0.108	0.146	0.148	0.152	0.173	0.128	0.129	0.132

出所：Bank of Korea, 'Input-Output Tables', 1995.

4.5 製造業に対するサービス取引の自由化の貢献

サービス取引の自由化が，自由化されたサービスをインプットとして利用する製造部門の生産性を向上させるかもしれないという仮説は，製造の業種（表5-8）ごとの生産性の成長率と，それらの製造業種とのサービス・インプットの係数（表5-9）を比較することで検討することが可能である．

しかしながら，製造部門におけるTFPの成長率とサービス部門のインプット係数から一貫したパターンを引き出すことは難しそうである．一般的に，製造部門におけるサービスのインプット係数の合計は，0.1と0.17の範囲にあり，これは，製造部門の生産性に対してかなり影響を与えるほど大きいものではない．

5．韓国における流通サービスの自由化

流通サービスは1990年代半ばまで，金融サービスとともに，韓国でもっとも開発の遅れていたサービス部門の1つであった．店舗当たりの売上高，または従業員当たりの売上高の点で，韓国の卸売と小売部門の生産性は1994年の日本の生産性をはるかに下回るものであった（表5-10）．

韓国流通サービスの低生産性を部分的に地区指定や土地開発の規制のせいにするかもしれない．こうした規制は土地の利用を減少させ，よって事業の規模を制限することになる[7]．しかし，外国のサービス供給者を1996年まで受け

表5-10　韓国流通サービスにおける生産性比較，1994年

（単位：千ドル）

	卸売 韓国	卸売 日本	小売 韓国	小売 日本
店舗当たりの売上高	693	11,724	117.8	935.2
従業員当たりの売上高	170	1,099	57.8	190.0

注：為替相場は1ドル＝716ウォンで，1ドル＝102.18円である．
出所：Korean National Statistical Office, 'Annual Report on the Survey of Wholesale and Retail Trade as of 1994'; and Ministry of Industry and Trade, Japan, 'Annual Statistical Report of Commerce in 1994'.

表5-11 流通サービスの自由化，1989-2000年

年	自由化の方策
1989	● 薬品の卸売にFDIを認める ● 外国企業の支店による認可の必要な輸入品を拡大する
1991	● 小売部門で各外資企業に対し，床面積1,000平方メートル以下の10店舗までFDIを認める
1993	● 店舗と面積関連の制限を各会社に対し，床面積3,000平方メートル以下の20店舗にまで拡大する
1996	● 店舗数と床面積に対する要求を撤廃する ● 商品チェーンと肉の小売を含め，5つの事業を自由化する
1997	● 総合商社と穀物の小売を含め，10の事業を自由化する
1998	● 百貨店とショッピング・センターに対する経済上のニーズのテストを廃止する ● ガソリン・スタンドの営業を自由化する
2000	● 肉の卸売業におけるFDIを認める

出所：Unpublished internal reports prepared by the Department of Distribution, The Ministry of Commerce, Industry and Energy.

表5-12 韓国におけるスーパー・マーケット設置の推移，1997-2000年

	進出年度	1997	1998	1999 (E)	2000 (E)
カルフール	1996	3	6	11	20
ウォールマート	1996	4	4	5	10
コストコ	1998 (1994)	2	3	3	5
プロモーズ	1999	—	—	2	5
テスコ	1999 (1997)	1	1	2	7
外国企業の総数		10 (15%)	14 (16%)	23 (20%)	47 (29%)
韓国企業の総数		55 (85%)	74 (84%)	92 (80%)	117 (71%)
合　計		65	88	115	164

注：年号の箇所の（　）は，外国企業が地元の企業を取得した年示す．
　　％の箇所の（　）は，全店舗の数の所有者の割合を示す．
出所：Korean Association of Retailing (1999).

入れなかった制限のいくつかを政府が撤廃して以来，韓国の流通サービス産業に目覚しい変化が起きた[8]（表5-11）．

とりわけ，小売業の店舗数と面積への制限が，国内外の小売業者に対して排除された．その結果，多くの大型ディスカウント店やスーパー・マーケットが

図5-1 流通サービスにおける従業員1人当たりの売上高，1979-98年

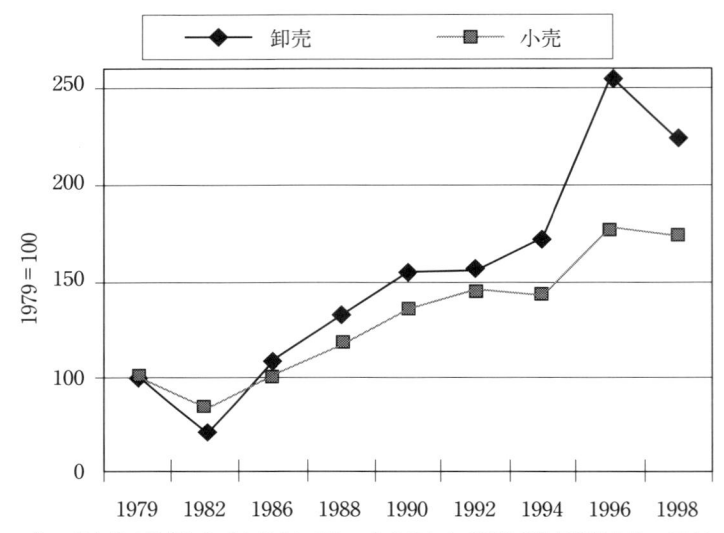

注：売上高は卸売および小売それぞれに生産者および消費者物価指数を使い収縮してある．
出所：Korea National Statistical Office, Annual Report on the Survey of Wholesale and Retail Trade, various years.

1996年以来，内外の企業によって設立された．スーパー・マーケットの店舗総数は，2000年には164店に達し，そのうちほぼ30パーセントは外国の企業が設立したものであった（表5-12）．

スーパー・マーケットの数が増えることが，これまで生産性の改善と価格競争を妨げていた韓国小売業の製造業者による支配構造を変えている．スーパー・マーケットの購買力が増すことは，価格設定を製造業者でなく小売業者の手に委ねることであり，これは価格競争につながるものである．外国の小売業者もまた，品揃えや在庫管理における進んだ経営ノウハウを移転し，新しい技術を導入した．

図5-1は，1979年から1998年までの従業員1人当たりの卸売業と小売業における売上高の成長を示している．流通システムの生産性と効率の尺度として広く使用されている従業員1人当たりの売上額は，韓国の流通部門の生産性が，たえず時間をかけて向上してきたことを表している．従業員1人当たりの売上

図5-2 1989から1998年の小型および大型小売店の従業員1人当たりの売上高

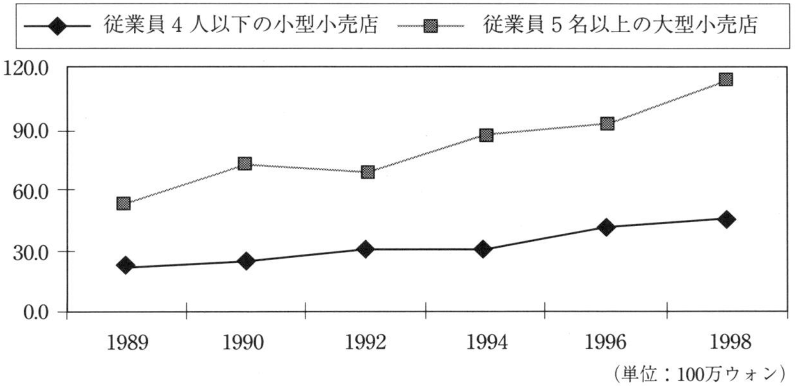

―◆― 従業員4人以下の小型小売店　―■― 従業員5名以上の大型小売店

（単位：100万ウォン）

出所：Korea National Statistical Office, Annual Report on the Survey of Wholesale and Retail Trade, various years.

表5-13　スーパー・マーケットと百貨店の価格差益の動向，1995-1998年
（単位：％）

	1995	1996	1997	1998	1995-1998の変化
スーパー・マーケット	17.8	16.1	15.0	13.6	－4.2
百　貨　店	24.2	24.8	22.6	21.7	－2.5

出所：Bank of Korea, 'Impact of Changes in Distribution Structure on Price Levels', 26 January 2000 (in Korean).

額が1996年に著しく増加したが，これは，市場の自由化とそれらによるFDIの流入の結果かもしれない．しかしながら，この傾向が，1998年の深刻な不景気の回復後より長期にわたって継続するか見てみる必要がある．

図5-2は店舗の大きさによる小売店の従業員当たりの売上高を分類したものである．ここでは，大型小売店（5人以上の従業員を有する）の従業員当たりの売上高が1998年に驚くべき増加をし，一方，小型の小売店（従業員が4人以下）の従業員当たりの売上高が1996年以降，停滞していることが伺える．このことは，外国の小売業者によるハイパーマーケットの設立により小売部門の自由化が大型小売店に競争の激化をもたらしたことによるものであろう．競争が激化したことは，スーパー・マーケットと百貨店での利ざやが減少したこと，すなわち，それぞれ1995年における17.8パーセントと24.2パーセントから1998

年の13.6パーセントと21.7パーセントに降下したことによって確認されうる（表5-13）．

つまり，データには限りがあるため，はっきりした証拠を提供することはできないが，効率の尺度を大雑把に見れば，1990年代におけるこの部門での自由化とともに韓国の流通サービスの生産性が向上したことがわかる．特に，外国企業によるハイパーマーケットの開店とともにFDIの流入がもっとも良い経営の導入となり，国内の小売店に挑戦することとなった．これに加えて，ディスカウント店の導入による買い物パターンの変化によって，多くの小さな小売店がそのサービスの特化を余儀なくされ，現存する国内小売企業は規模の効果を享受するため大型化する必要に迫られた．

6．おわりに

1970年代と1980年代におけるサービスを犠牲とした産業化の強化によって，韓国のサービス部門は1990年代初期以前は，かなり未発達であった．この時期以前のサービス部門におけるFDIの流入に対する数多くの規制や制限は，競争と効率を妨げ，それによってより高いサービスの発展を妨げていた．1990年代半ばから，ウルグアイ・ラウンドの交渉とOECDへの加盟によって，外国の供給者に対し，韓国のサービス部門を徐々に開放することになった．1997年後半の金融危機は，韓国のサービス部門の自由化に拍車をかけた．

サービス部門の自由化は，その部門内だけではなく，自由化されたサービスをインプットとして使用する製造部門においても生産性の向上を促すことが見込まれている．韓国におけるこの証拠を探す中で，1970年から1997年の比較的短い期間においてサービスと製造業部門の生産性における変化を検討した．自由化のプロセスが進行中であるため，サービス取引の自由化が韓国における生産性の増加を生み出すことになったことをはっきりと証明することは難しい．しかしながら，1990年代に自由化された「流通」や「輸送と通信」のサービス業が，1990年代後半における生産性のかなりの改善を示したことがわかるが，一方，1990年代後半までほぼ完全に閉ざされていた「金融」は研究

をしている期間を通じて，マイナスのTFPの成長率を示した．

　流通サービスでの経験は，政府が外国の小売業者によるスーパー・マーケットの設立を認めた後，百貨店とスーパー・マーケットの価格マージンがかなり落ち込んだという点で，自由化によって競争が強化したという証拠を示している．自由化によってもたらされた競争の高まりが生産性の向上に結果的につながるというのは，時間の問題であると思われる．

　放送，電気通信業，および輸送の分野に残っている部門ごとの制限とは別に，いくつかの事実上の差別が，韓国で営業している外国のサービス提供者に対し，依然として残っている．たとえば，韓国における法律や会計などを法に従って実施するには，韓国語での国家試験にパスしなければならない．

　現行のWTOのサービスに関する交渉で，韓国の主たる取引相手はこうして残っている参入障壁の撤廃を求めることが予想されている．特に，取引相手は，外国の弁護士が外国での法に則ったコンサルタントとして仕事ができること，外国の大学が韓国に分校を設立すること，韓国映画のためにある放映制限を緩めることを要求するだろう[9]．サービス部門の自由化をいっそう進めるために，韓国政府はこれらの要求を積極的に考慮し，いっそうの市場開放が利益を損ねることを恐れて，こうした動きに対し，抵抗し続けている国内の利害関係者を説得しなければならない．

　こうした参入障壁の他に，残っている障壁は外国および国内の供給者が直面している内部の障壁である．特に，厄介な規制ばかりでなくあいまいな税法が外国の投資家にとってもっとも重大な障害になっているものとみなされている．外国のビジネスマンが直面している共通の問題は，これらの異なる規制が当局によってさまざまに解釈されていることである．このことは，規制緩和が規制の数を減らすばかりでなく，実施の透明性も向上させることに焦点をおくべきであることを示している．

　規制緩和のプロセスにおいて，政府は規制が意図した目的に関して行き過ぎがないことを注意深く見守らなければならない．金融サービスの部門においては，払込資本の点で最小限の投資に対する必要条件がある．こうした必要条件は，理解できる規則であると考えられるが，外国の投資家は，その水準が高い

ため小さな投資家による参入を妨げていると不満を述べている．

　十分に述べられていなかったもうひとつの重要な領域は，労働市場の非融通性である．レイオフは韓国においておおがかりに実施することはまだ難しく，緊急の場合のみ認められている．レイオフに対する制限は，外国のサービス供給者に現地に子会社を設立することを躊躇させているかもしれない．そうでなければ，雇用を産み出す可能性がある．ビザ申請のわずらわしい手続きと滞在期間の制限は，両方とも外国のサービス提供者による不満の種となっているが，独立したサービス提供者の一時的な動きとしてサービス取引を促進するために改善される必要がある．

（訳・林田博光）

付録 表5-1　FDIが制限されているサービス部門，1990年1月現在

完　全　制　限	部　分　制　限
電気業 出版業 　（新聞，定期刊行物，書籍） 水道業 酒店業 都市間鉄道運送業 定期航空運送業 不定期航空運送業 郵便物配達業 電気通信業 ニュース供給業 ラジオ・テレビ放送業 ギャンブル業	農畜産物，飲食料品およびタバコの卸売業 家庭用品卸売業 産業用中間財および再生材料卸売業（肥料） その他の卸売業 飲食料品およびタバコ小売業 非食用新品一般小売業 陸上運送業 海上運送業 内陸水路運送業 旅行業 一般金融業（銀行） その他の金融業（投資，信託，証券） 保険および年金業 不動産賃貸および開発業 その他産業用機械装備賃貸業（賃貸の建設用機器） 人文および社会科学の研究開発業 法務，会計，市場調査および事業経営相談業；税務管理業；世論調査業；ビジネスおよびマネジメントのコンサルタント業 広告業 その他のビジネスサービス業（人材派遣，調査および保障行為） 成人教育およびその他の教育（職業訓練校その他） 医療業 獣医業 映画，その他の娯楽産業 図書館，資料館，博物館，その他の文化活動 スポーツおよびその他のレクリエーションサービス業 その他のサービス業（床屋,美容室,結婚産業,その他） その他のレクリエーションサービス業（公園，ビーチ，その他） 個人サービス業（家庭教師，メード，その他）

付録 表5-2 FDIが制限されているサービス部門，1997年11月現在

完 全 制 限	部 分 制 限
水道業 ニュース供給業 ラジオ・テレビ放送業 ギャンブル業	農畜産物，飲食料品およびタバコ卸売業 電気業 出版業（新聞・機関誌・書籍） 非食用新品一般小売業（ガソリン・スタンド） 陸上運送業 海上運送業 定期航空運送業 不定期航空運送業 電気通信業 一般金融業 その他の金融業 保険および年金業 不動産賃貸および開発業 信用情報業

注

1) 韓国のサービス部門の生産性成長率の部分は2000年6月22日から24日にかけて韓国のソウルで開かれた経済学の第11回全米経済研究所（National Bureau of Economic Research : NBER）の東アジア・セミナー（EASE）大会において発表された，韓国におけるサービス取引の自由化と生産性向上に関するものであり，シカゴ大学プレスによって出版される「NBER-EASE 第11号アジア・パシフィック地域におけるサービス取引」に載る予定である．

2) 韓国銀行発行のナショナル・アカウントの各号から．

3) 「商業拠点」は，サービス取引の一般協定において，サービス提供を目的とした領域内において，(1)法人の構成，取得あるいは維持，または，(2)支店や営業所の設立または維持を通じいかなるタイプの事業，あるいは，専門的な機関として定義される．

4) AREAPSは現在，サービス部門を電気，ガス・水道，卸・小売業，レストラン・ホテル，輸送，倉庫，通信，金融機関，保険，不動産，地域社会，サービスとして分類している．

5) 朝鮮戦争期間中，1950年と1953年の間では，投資がゼロであったと仮定した．

6) 他の研究では，韓国の資本の異なる概算を使っている．たとえば，ナョナル・ウェルス・サーベイからのデータを使ったピョ ハッキ（Pyo Hakkil）教授によるデータなどである．本章の共著者の一人によるこの分野での経験を基に，概算する方法を選んだ．

7) 規制緩和の点では，半農林地域は，3万平方メートル以下を占有している小売店がこうした領域に建てられるよう1993年に改正された．1996年に1万平方メートル以下の大型ディスカウント小売店が，開発が法律によって規制されているいわゆるグリーン地域において，営業することが認められた．1996年の規制緩和の目的は，ディスカウント・ストアを推進することであった（McKinsey, 1998）．

8) サービスの小分類の多くにおいて，韓国政府は国内では規制緩和，外に向けては自由化をほぼ同時に実施した．韓国政府は国内の規制緩和に対するいかなる反対や抵抗をも減らすために，自由化という外に向けての約束を使った．そして，外国の侵入の前に国内企業が市場でのポジションを確立できるように，国内では規制緩和を実施した．したがって，国内での規制緩和の影響と外に向けての自由化の影響を切り離すことは難しい．
9) もっとも矛盾した問題のひとつは，輸入映画に対する配給割り当てであろう．現在，韓国の映画館は韓国映画を年間最低146日間上映しなくてはならない．

参考文献

Bank of Korea, 'Impact of changes in distribution structure on price levels', 26 January 2000 (in Korean), Seoul.

Bank of Korea, 'Input-Output Tables', various years, Seoul.

Bank of Korea, *National Accounts*, various years, Seoul.

Blomstrom, Magnus and Hakan Persson (1983), 'Foreign investment and spillover efficiency in an underdeveloped economy : evidence from the Mexican manufacturing industry', *World Development*, 11, 493-501.

Borensztein, E., J. de Gregorio and J. W. Lee (1998), 'How does foreign direct investment affect economic growth ?', *Journal of International Economics*, 45, 115-35.

Caves, Richard E. (1974), 'Multinational firms, competition and productivity in host-country markets', *Economic*, 41, 176-93.

Globerman, Steve (1979), 'Foreign direct investment and "spillover" efficiency benefits in Canadian manufacturing industries', *Canadian Journal of Economics*, 12, 42-56.

International Labor Organization, *Yearbook of Labor Statistics*, various years, Paris.

International Monetary Fund (1999), *Balance of Payments Statistics Yearbook*.

Kim, Jong-Il and June-Dong Kim (2000), 'Liberalization of trade in services and productivity growth in korea', KIEP Working Paper 00-01, Seoul : Korea Institute for International Economic Policy.

Kim, June-Dong (1999), 'Inward foreign direct investment regime and some evidences of spillover effects in Korea', KIEP Working Paper 99-09, Seoul : Korea Institute for International Economic Policy.

Kim, Kwang-Suk and Joon-Kyung Park (1985), *Sources of Economic Growth in Korea: 1963-1982*, Seoul: Korea Development Institue.

Korea National Statistical Office, *Annual Report on the Survey of Wholesale and Retail Trade*, various years.

Korean Association of Retailing (1999), *A Management Revolution in 21st Century Asian Retailing*, Seoul, 27 December (in Korean).

Korea National Statistical Office, 'Annual Report on the Survey of Wholesale and Retail Trade as of 1994', Seoul.

KOTRA (1998), *Survey on Business Obstacles Faced by Foreign Investors* (in Korean), Seoul : Korea Trade and Investment Promotion Agency.

McKinsey (1998), *Productivity-led Growth for Korea*, Seoul/Washington : McKinsey Seoul Office/McKinsey Global Institute.

Ministry of Commerce, Industry and Energy, 'Consolidated public notice for foreign investment', March 2001, Seoul.

Ministry of Commerce, Industry and Energy, 'Trends in Foreign Direct Investment', various years.

Ministry of Finance and Economy (2001), 'Five-Year Foreign Investment Liberalization Plan'.

Ministry of Finance and Economy, 'Five-Year Foreign Investment Liberalization Plan', various years.

Ministry of Industry and Trade, Japan, 'Annual Statistical Report of Commerce in 1994'.

National Statistical Office, *The Annual Report on the Economically Active Population Survey*, various years, Seoul.

Nickell, Stephen J. (1996), 'Competition and corporate performance', *Journal of Political Economy*, 104, 724-46.

Organization for Economic Cooperation and Development, International Sectoral Database.

Rivera-Batiz, Francisco L. and Luis A. Rivera-Batiz (1992), 'Europe 1992 and the liberalization of direct investment flows : services versus manufacturing', *International Economic Journal*, 6, 45-57.

第 III 部
ビジネス，金融および投資戦略

第6章　韓国における政財間の新しい枠組み[1]

ジャ・スンヒ（Sung-Hee Jwa）

1. 序　　説

　1997年のアジア経済危機は韓国の大企業であるチェボル（chaebols）に対し大きな関心と批判を呼び起こした．批判の多くは，チェボルのビジネス戦略が収益性や専門化よりむしろマーケット・シェアや多角化の拡大に力を注いでいるということであった．批判される理由は，脆弱なコーポレート・ガバナンス構造はもちろん，過剰な投資，外国資本の過剰な借入，借入金の取扱のお粗末さであった．これらの批判に対する対策として，国際的共同体，特にIMFの勧告の下で金大中（Kim Dae-jung）新政府以後，企業再構築のためのおびただしい数の改革手段がとられた．それにもかかわらず，危機の勃発以来の韓国の驚くべき経済回復と，韓国経済がこれらの回復政策のいずれもがとられるよりずっと以前からきわめて順調だったとすると，チェボルに対するこのすさまじい攻撃は，特にチェボルの行動のある側面に対する根拠のない怒りが広まっていたならば，公正であるかどうかは疑問である．
　本章は，韓国の企業部門に対する政府の政策の影響を明確にするものである．ここでの分析と議論は新制度派経済学（NEI）に深く根ざしたものである．韓国政府と企業間の政治経済の本質を描くために，筆者はチェボルの形成，成長，特徴について論じることから始め，これらがどのように韓国の初期の産業政策の成果となっているかを明らかにする．その後，企業部門に関連した政府の規制や改革の努力を考察する．また，改革の努力は今のところ理論的に知られていなく，経験的にも浅いため，これらの努力が企業行動に影響を与えることに

は効果がなかったことは驚くにあたらないということを論じる．政府とチェボルの関係の現在の改革計画については，筆者は民間部門の直接統制から全体的経済環境と規制の間接統制へと，政府の政策の焦点を緊急に変える必要性について論じる．特に，筆者は，いかにコーポレート・ガバナンスが政府の役割と企業行動に影響を与える公共政策を理解するための，鍵となっているかを明らかにする．

2．韓国産業発展戦略の遺産とチェボルの成長

20世紀半ば韓国は世界でもっとも貧しい農業国家とみなされていた．韓国は最初の五ヵ年経済発展計画を1962年から66年に打ち出し，驚異的な経済発展の道を歩み始めた．40年もしない内に，韓国国民はいわゆる「漢江の経済奇跡」を成し遂げ，韓国の1人当たりのGNPは1996年に10,610ドルを記録し，経済規模において世界ランキングで11位まで上昇し，同年に韓国は29番目のOECD加盟国になった．政府主導の経済発展戦略は韓国の根本的経済変革に大いに貢献した．この戦略は，財政，商業，教育，そして韓国社会の他の面において，公共部門とともに民間部門においても政府を統制の中心に置くものであった．

2.1 チェボルの形成

1970年代韓国政府は，経済の焦点を軽工業から重工業や化学工業へと移していった．政府は電子機器，機械，石油化学，造船，自動車工業への参入を認可制にした．この過程において，政府は特定の企業への資源や事業を割り当てたが，その結果，それらはチェボルとして知られる産業の複合企業へと成長していった．対象とした重化学工業の成長を確実にするために，通常，信用調査，そして関税や税金面で，選ばれた企業に優遇措置が施された．これらの産業は巨大な規模の経済を活かすことができ，企業のサイズは必然的に大きくなっていった．このやり方は，国民経済発展の過程においてさらなる政府介入の引き金となった．後に，より大きな企業は他の対象の産業への優先的参入を許可され，必要資本を簡単に調達できない他の民間企業への参入は規制された．チェ

ボルはこのようにしてさらなる財政上の利益を得，政府の産業対象政策により彼らの事業を多角化させるすべての動機を与えることになったのである．これらの大企業グループは，破産企業の所有権を発展し続けるチェボルに移行するという政策により，さらに強化されていった．

2.2 チェボルの台頭

チェボルの経済力はたちまち経済政策にとって厄介なものとなった．それらが韓国経済の資産，債権，債務に大きく関わっているため，チェボルは彼ら自身の利益になるように必然的に産業政策手段の大半に影響を及ぼした．このうらやむほどの立場で，チェボルは恐れもなく，大規模な企画を立て，寡占市場における戦略上の関心は，彼らにその能力を拡大させた．彼らはどんどん巨大になり，悪名高い「大きすぎてつぶせない」神話を作り上げていった．この時代，韓国の金融制度は銀行を通じた間接融資へと大きくそれ，相対的に直接株式市場を通じた融資はほとんどなかった．チェボルは民間への過剰な貸付の集中を避けるため，銀行を所有することは決して許可されていなかった．むしろ，銀行システムはしっかりと政府のコントロール下にあり，このことは，チェボルへの資金の流れを統制するための重要な政策手段となっていた．しかし，政府が元々意図したこととは正反対に，この資金調整と対象企業の拡大の1つの結果として，負債・自己資本比率がますます大きくなり，チェボルはますます融資を受けることになった．この話はここで終わるわけではない．韓国における政府と企業の関係の重要な特徴は，特に1990年代に，公共政策がいくつかの存続不可能なチェボルを解体するところまでになり，その結果，複合企業は市場原理による自らの再構築の機会と必要性がなかったのである．

2.3 産業政策サイクル

この期間のほとんど政府の産業政策は3段階の発展サイクルとして描くことができる．第1に，政府は支援されるべき産業と企業を選んだ（参入規制）．第2に，政府はこれらの選ばれた産業を支援するために貿易政策を設計し，税と財源を使えるようにした（政府支援と保護）．第3は政府主導による財政危機に

ある産業や企業の再構築である（撤退規制）．政府はどの段階においても介入し，重要な役割を果たした．そのために参入と撤退の障壁，融資と税金の優遇を使い，また，産業政策を実行し，支援するための道具としてさまざまな制度，法律，社会政策を設けた．参入と撤退の障壁，それに融資と税金の優遇はこの種の産業政策の主要な手段であった．基本的に既存の大企業だけを対象産業に参入させる参入障壁と，これらの企業を支援するために作られたその他の政策は，巨大で多角化したチェボル集団の台頭に寄与するものであった．資金援助には，選ばれた産業で操業するために選ばれた企業に対して，長期間で満期になる優遇補助利率での稀少な資金貸付が含まれていた．産業と企業の再構築への政府の積極的な介入の結果として作られた撤退障壁は，存続不可能な企業から存続可能な企業への経済資源の自然な流れを妨げた．

2.4 企業部門における構造的問題

政府主導の産業政策は企業部門にさまざまな構造上の問題をもたらした．第1に，産業と特定企業を対象とする政策は，これらがしばしば価格のメカニズムの代わりとなるため，資源の配分を多きく歪めた．1つの結果は，重工業と化学工業（HCIs）への過剰投資とその後の政府主導のこれらの産業の再構築であった．優先的産業政策は経済の集中をより悪化させ，その結果，独占的な経済構造を生み，大企業と中・小企業の間の構造的不均衡をもたらした．第2に，間断ない政府介入は，必然的に民間企業が効率を刷新し最大化しようとする動機を奪うことになり，民間企業を政府の指導や調整に依存させることになった．これは「大きすぎてつぶせない」神話，つまり，道徳的危機という結果になる誤った考えを生み出した．第3に，政府の優先的産業政策はレント・シーキングの機会を生み出した．大企業のロビー活動と腐敗とで，これは多くの韓国人の中に反チェボル感情をあおることになった．

介入主義の産業政策の遺物は，市場原理の効果を激しく侵食し，国内に道徳的危機を助長させたのである．市場の流動性と適応性を欠いた経済では，1997年の経済危機がはっきりと示したように，突然の外的ショックに耐えきることはできなかった．1997年危機の余波で，これからわかるであろうが，政府は自

分自身の介入主義政策によってもたらされた混乱を正すために再び介入を強いられた．旧いやり方と習慣は普通なかなかなくならず，企業部門を改革するための代わりの発展戦略が韓国で実際可能かどうか危惧するのみである．筆者は，韓国の将来の繁栄に必要である代わりの対応策を示す前に，次の節でチェボルの再構築を目指した過去と現在の改革努力についてふり返ってみることにする．

3．チェボル政策：過去と現在

政府は過去30年にわたり，チェボルの行動を規制するさまざまな努力をし，これらの大企業の経済的集中を制限しようとしてきた．事実，チェボル改革政策を実施するために，韓国公正取引委員会が1981年に創設された．我々は一般にチェボル政策を大まかに3つに分けることができる．貸付管理，独占禁止法，そして1997年の経済危機へと繋がる金大中体制による最近の改革である．

3.1　貸付管理システム

政府の貸付管理システムは，1980年代にもっとも活発であったが，それは主に銀行からの借入金を制限し，資金構造を改善させるという，チェボルの経済力に歯止めをかける最初の意義深い試みであった．銀行借入金は資本の構成のための比例基準に基づき大きな貸付銀行を通じるように制限された．一方，資金再構築は，資本投資と不動産の取得においては，自己金融で負担させることで促進された．このシステムに基づき，政府は業種の特化を促進するために直接介入し，チェボルの所有権構造を分散させようとした．たとえば，1991年6月に，より一層の特化を誘発するために，所有権構造が広く分散した他の企業と同様に，より特化した企業を貸付管理システムの適用から閉め出す中核企業システムができた．中核企業システムは，1993年10月には中核事業システムに発展した．1997年1月にこのシステムは，自主的なビジネス特化を促すための政府主導のビジネス特化政策の行き詰まりとともに廃止された．1992年2月からは，またもや貸付管理システムに基づき，支社間の貸付と一時払いを規制する政策，特に，チェボルと特殊な関係にある大株主と，個人への一時

払いを規制する政策が再施行された[2]．

3.2 独占禁止法

1980年代後半と1990年代には，チェボルの経営行動を規制する試み，特に大企業である複合企業の不公正な取引と考えられるものを規制するための試みがあったが，政府は徐々に独占禁止法の助けを借りるようになった．1992年7月，支配的立場を悪用して競争を抑制する複合企業間の取引に対処する規制が導入された．6つのタイプの「不公正取引慣行」が特定され，30の大きなチェボルに関係する574の企業を網羅した，複合企業間取引の実際のケースに対して調査が行われた (Korea Fair Trade Commission 1993)．しかし，「不公正取引慣行」に関する規制は，しばしば気まぐれに行われ，依然，主として政府の特権である．

他の対策には交差所有，子会社の株式投資，そして相対債務保障に対する規制が含まれている．1987年4月，ある一定の制限をつけて，子会社間の交差所有の規制が行われ，過剰な交差所有が解消された．相対債務保証は，ゆくゆくは禁止されることになり，チェボルは2000年3月までにこの慣行を止めなければならなかった．チェボルの系列企業がお互いのために借入金を保証するのは，よい企業判断ではないということからは，この禁止は合理的なようにみえる．それにもかかわらず，企業のビジネス活動への政府の干渉は，一件の借入者に対しての過剰な貸付を制限するという慎重な規制に従い，銀行が最初の段階で貸付の選別を行っているならば不要であろう．さらに，持株会社システムは禁止されたが，1998年には大いに制限された形ではあるが，結局は再導入された．30の大きなチェボルの系列企業間の株式投資の規制は，投資会社の純資産の25パーセントに決められた．この株式投資に対する規制は1998年2月に廃止され，2000年4月に再び導入された (Korea Herald, 29 March 2000)．さまざまな規制が絶えず成立し，廃止されることは，政策への国民の錯覚を増しただけで，これらの政策に具体的な理論性が欠けていることを示すこととなった．

3.3 危機後の改革努力

1997年の経済危機の始まりとともに，新しいチェボル政策手段がすぐにと

られた．これらの手段は，いわゆる DJ Reforms[3] と IMF の救済資金が条件となっている IMF の勧告を結びつけたものであった．ここでの意図は，経済的集中を制限するだけでなく，チェボルの効率と競争力を直接に改革することであった．これらの企業改革政策は大きく分けて 3 つの部門を重視したものである．第 1 に，改革はコーポレート・ガバナンス構造と経営の透明化の改革を目指したものであり，1998 年 2 月には社外重役を強制的に設けその任命が実施され，1998 年 5 月，少数株式保有者の投票権が強化された．機関投資家の投票権への制限も撤廃された．オーナーを統制する法的責任に関する法律は責任を高めるために強化された．1998 年 10 月に企業は国際会計原則と基準を採用することになり，1999 年からは，連結財務諸表を作成することが要求された．説明責任を強化するため，企業は株主を社外重役にする（1998 年 6 月）ことにより，オーナーを統制する法的責任を増加させることと，機関投資家の投票権を認める（1998 年 9 月）ことが求められた．

危機後のチェボル政策における第 2 の強化部門は，財務状態と資本構造の改善を求めることである．これにはグループ企業間の相対債務保証の完全排除と，負債・自己資本比率を 1999 年までに 200 パーセントに減少することも含まれていた．トップ 5 のチェボルの負債・自己資本比率のほとんどが 2000 年 1 月までに解消された．負債・自己資本比率も目標より大きく改善され，かなり解消された．さらに，貸付銀行と返済不能の危険にある借入企業の間での，一種の民間企業の再構築の過程として，「試運転」プログラムが導入された．これは，政府の指導の下で負債がある企業の再編を目指したものであり，これらの企業が行き詰る前に，企業と銀行が企業倒産の苦しみを避けられるように財政監督委員会により綿密に監視される財政再構築の過程をともなっていた．

改革の第 3 は，まずビジネスを合理化することにより，ビジネス競争の改善を目指していた．破産した企業の整理や再編を助けるため，破産および企業再建法が 1998 年 2 月に改訂された．危機の初期の段階では，64 の大きなチェボルに属している 55 の存続不可能な企業は閉鎖せざるを得なかった（Korea Now, 18 November 2000）．特に，ビジネスを合理化するための取組の一環として，トップ 5 のチェボルは子会社の数を減らし，過剰な多角化と過剰投資の問題を解

決するために，3から5の中核企業にまとめることに同意した．1998年5月，M＆Aが完全に自由になり，1998年6月から企業分割システム，M＆A手続における改善，不動産の外国企業による所有の自由化を考慮した法律が作られた．さらに，政府は国内のM＆A市場を活発にさせるための一手段として，各チェボルの事業の数を制限することを目的に，必然的にさまざまな企業間での一種のビジネスの交換である「大規模事業交換」を強く勧めている．「大規模事業交換」は，いや，より正確にはビジネス交換取引は，半導体と自動車産業を含めた8つの主要な産業で行われている[4]．

3.4 評 価

どのような経済実体でも，それが1つの企業であろうと株式会社であろうと，利益を最大化する努力によって促進される最適な経営行動システムを採用しているとみなされるが，この自ら選択した行動は経済的に決定された内生変数である．すなわち，チェボルはそれ自身が経済状況の産物であり，結果として彼らの経営行動は，競争社会において自身の存続の確率を最大限にするための経済環境の要求に対する答えでもある．そのように，必要とされる適切な経済機関を作らずにチェボルに行動の変革を強制するならば，結果としてそれらの存続能力を破壊するであろうし，経済のひずみや不安定さの結果として，資源の誤配に繋がりがちになるであろう．このように，チェボルの形成と行動に関する問題を無視して，ビジネス行動の根本的原因を取り上げない直接規制（経営決定の変数への介入）は，企業に悪影響を与える不必要な制約にしか過ぎないという結果になるであろう．いうまでもなく，それならば，企業は政策の無駄と売買コストを増加させるだけのそのような政策に対し，圧力をかける気になるであろう．それゆえ政府は，政策ゴールと一致するようにチェボルの行動を統制する実行可能な市場制度に支えられた適切な経済環境を作らなければならないということになる．政府は，チェボル自身に任せるのが一番よい経営決定変数を直接規制することも避けるべきである．

多くの面で，危機後のチェボル政策は，特に，コーポレート・ガバナンス構造の改善に向けられたものは，企業経営変数に直接介入するよりむしろ外的経

済環境を改革することに重きを置いているという点で，著しい改革を示してきている．それにもかかわらず，いまだに，1970年代と80年代の[5]過去の干渉主義の産業再構築の試みを思い出させるやり方や習慣が見られる．たとえば，一律200パーセントという負債・自己資本比率の実施は，内生決定変数に直接影響を与えるため，企業経営に有害であり，その結果企業経営の意思決定をゆがめる可能性を生み出すことになる．たとえそのような手段に頼らなければならない理由があるとしても，個々の企業に特有の個性の違いを考慮することなく，これらの負債・自己資本比率を一律に同じ割合で適用することは，依然として不合理である．

「大規模事業交換」の場合，政府は企業にM＆Aを強い，完遂しなければならない日時を決め，あらかじめ合併する，あるいは吸収される企業までも決めたのである．そうする中で，政府はM＆Aに含まれる処理費用と，合併する企業間の生産技術および技術レベルの違いを過小評価していた．この結果，時間が浪費され，しばしば不安な交渉過程となった．さらに，これらの手段は再構築計画に参画している企業の所有権を侵害している．「大規模事業交換」は論争の的のままであり，政府介入以外の何ものでもないという点において，自由化傾向と正反対の方向に向かっている．そして，市場集中の相当な増加にさえなりかねない．

似たような傾向にあるのは，政府が，弱小企業が負債から立ち直るのを手助けするという意図で初めはよかった「試運転」計画である．この計画は，実際倫理の欠如の浸透を増長させたので，とても満足が行くものではない．弱小企業はダンピングを実行して市場に参入し続け，そのことが市場のあらゆるひずみへと繋がった．

総じて，「旧いスタイル」の規制は「新しいスタイル」の改革にとって代られたようであり，後者は経営意思決定変数を直接コントロールすることよりも，経済環境に関する要因により重点を置いている．これは正しい方向への大きな改善である．それにもかかわらず，筆者は，現在の改革プロセスのある手段は，問題の根本的原因に言及するより，経済的困難さの外面だけの兆候を変えることに今でも注意を払いすぎていることを警告する．正しく制度化されて励みにな

るような構造が必要とされている．大まかに言えば，政府は，市場秩序の発見機能が有効になるように，適切な経済制度――すなわち，ゲームのルール――を作ることによって，経済と社会組織に秩序ある公正競争を構築することに焦点を置くべきである．適切な制度上の基盤を持たない政府主導の再構築では，継続的な効果があるはずがない．

4．政府と企業との関係分析のための一般的枠組み

ここでは，筆者は政府の役割と，特に，民間企業の継続的発展を考えるために廃止すべきである政府と企業の関係の特性をよりよく理解するための枠組みを提示する．その後，特に韓国企業の統制的システムを分析するためにこの枠組みを適用する．コーポレート・ガバナンス構造を全般的に理解することが，政府とビジネス間のどうような関係が，国民経済の成長に必要であるよりよい企業行動を引き出すかを示すためになぜ重要であるかはすぐに明らかになる．

4.1 外的経済環境と企業：コーポレート・ガバナンス・システム

新制度派経済学（NIE）は，コーポレート・ガバナンス・システムの本質と働きの理解を深めるために特に有効である．企業をとりまく外部の制度的環境を見ていくことから始めたいと思う．

図6-1は，企業への外生変数を形成する外的環境の異なった段階を示している．外生変数というのは，企業が直接に統制できない広範囲にわたる経済の諸側面である．このように，企業の決定は，遠くから近くに向かって，文化と社会要因，政治システム，政府の経済政策，そして金融システムという外因的経済環境に依存している．文化と伝統は包括的な外生変数として働く．政治システムから政府の経済政策制定まで，また，企業の行動と同様，それらは，金融システムのタイプまで，経済におけるすべての要因を規制している．かわって，政治システムは，同様に，法的制度（ゲームのルール）を作ることによって他のすべての要因を規制している．狭義の政府は，経済政策を通して企業部門と同様に金融システムに影響を与えている．最後に，金融システムは企業に特

図6-1 外的経済環境と企業

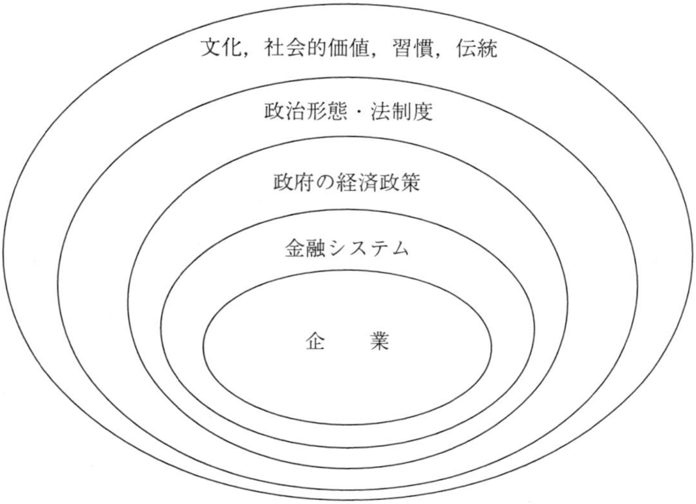

（文化，社会的価値，習慣，伝統／政治形態・法制度／政府の経済政策／金融システム／企業）

殊なタイプの融資を課すことにより，企業の行動を規制している．政府は旋回軸上にある．広い意味で，もし，企業行動を特定の方向に向けたいのであれば，政府の役割は，そのような内的または外的の環境を整備し，向上させることである．

4.2 企業の統制システム

コーポレート・ガバナンスに関し，図6-2は，企業にとっての外的および内的特定要因を示しており，それらは統制の構成要素としてみなされる．

この図はコーポレート・ガバナンスに関連した一般的な統制要因を簡略化したものであり，企業行動を監視するのに役立つ．これらは，2つの範疇に分けられる．

1．外部環境の外的制度から必然的に成り立っている市場統制システム
2．企業の内的意思決定変数を構成している内部統制システム

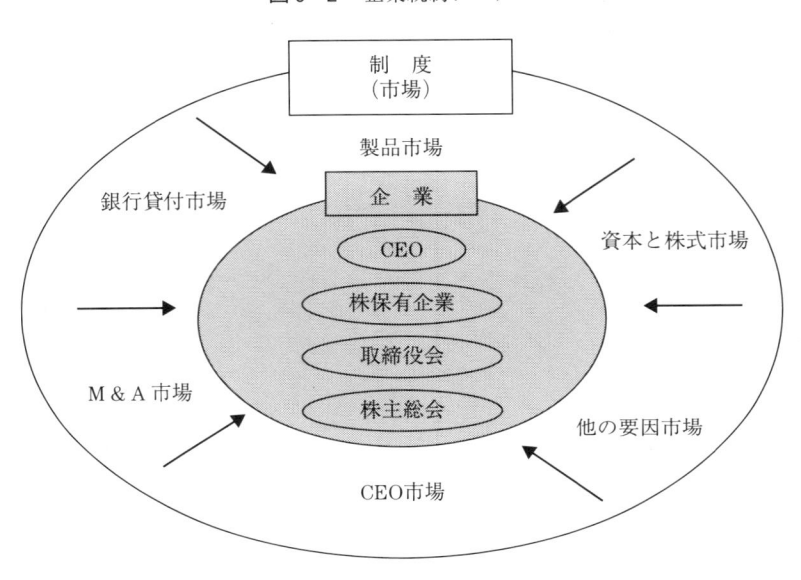

126　第Ⅲ部　ビジネス，金融および投資戦略

図6-2　企業統制システム

```
                    制　度
                   （市場）
              ┌─────────────┐
              │             │
        製品市場
    銀行貸付市場    ┌─────┐
                   │企　業│
                   └─────┘        資本と株式市場
                   ╭─────╮
                   │ CEO │
                   ╰─────╯
                   ╭─────────╮
                   │株保有企業│
                   ╰─────────╯
                   ╭─────────╮
    M＆A市場       │取締役会  │       他の要因市場
                   ╰─────────╯
                   ╭─────────╮
                   │株主総会  │
                   ╰─────────╯
                   CEO市場
```

　市場の統制システムは製品，M＆A，金融，そしてCEO市場の統制メカニズムに細分化される．製品市場は，消費者による製品の評価と選択を通じ，効率が悪く能力のない企業を締め出すことにより，ビジネスを統制する上でもっとも重要な役割を果たす．M＆A市場は，敵対的買収，合併吸収などにより無能な経営者を閉め出すことにより，ビジネス経営の効率を促進するのに役立つ．金融市場に関しては，間接金融市場において銀行は，与信審査と貸付のすみやかな返済のための事後の監視を通じて，企業の経営意思決定の監視の役を果たしている．直接金融市場では，株主は株主権利を実行し，ビジネスを監視することができる．CEO市場は，激しい競争により無能な経営者を締め出すことで，高い経営能力を引き出すのに役立つであろう．

　一方，企業の統制は，持株会社システム，CEO，株主総会，取締役会のような内部統制機能を通じて，部分的に達成され得る．さらに，機関投資家による非常勤取締役の選出のような経営管理方法は，統制システムとみなされ，それは，市場と内部統制手段の間のどこかに位置する．

4.3 外的と内的要因

　市場統制システムは，政策手段を考慮する際，内部統制システム以上に注意を払う価値があることがわかる．ここでは，外的と内的経済変数を区別することが最初の重要な一歩である．すなわち，定義上市場統制システムは，ビジネス経営の外部環境を決定し，それゆえ，企業に対する外的変数を構成している．一方，企業経営者は，定義上では内的とされる内部戦略変数を設定し，それに基づいて決定する責任がある．もっとも重要なことは，これらの内部決定変数に経営決定変数の政府統制のような部外者に厳しい制約が課せられたりすれば，企業の成長は妨げられるか歪められるかもしれないし，もし直接の介入があるならば，さらに悪化するかもしれないということである．より明確に述べると，内部統治構造の過剰な抑制と細部にわたる規制は，経営効率の促進を抑制することになり，企業の発展の障害になりかねないことを政府は考慮にいれなければならない．この意味において，企業に，企業自身の必要性に適した，内部統制機能を選ばせることがよりよいであろう．

　それでは，上記に述べたコーポレート・ガバナンス理論の企業政策に対する主たる含意は何であろうか．政府の役割は，各市場に対して適切な経済制度，すなわち，ゲームのルールを提供することにより，図6-2に描かれているようなさまざまな市場の監視機能を促進することである．これらの市場は，企業への外的制約を構成しており，民間の企業により独自に決定されるべき内的経営決定変数とは区別されるべきである．効果的な市場統制システムを構築することは，民間の企業にビジネスの目的や存続のための戦略を自由に選択させる一方で，政府の重要な責任である．

5．パラダイムの転換：政府の統制から市場経済まで

5.1　経済発展のメカニズムとしての選別

　経済が成功するか失敗するかにとってもっとも重要なことは，競争を通じ，存続可能企業か存続不可能企業かを効果的に選別することを政策で実施できる

かどうかということである．競争は，個人であろうと，企業であろうと，または社会であろうと，存続可能な実体を存続不可能な実体から区別する選別過程にすぎない．この画期的な視点の真意は，競争は選別過程の裏にあるメカニズムであり，それを通して相対的によりより実体が生き残り，弱い実体が淘汰されるのである．この選別過程は経済の分野で容易に見ることができる．ここでは，競争は効率のいい企業の存続は保証し，効率の悪い企業は競争に敗れたとき市場から当然撤退することになる．いうまでもなく，より強力で競争に勝ち残った効率のいい企業を持つ国は，経済社会の中で効率の悪い企業がぬくぬくとしている国より，より強い経済力を持つであろう．

5.2 「政府主導の選別」による発展

上記の議論は，競争を高める制度のある国は，アングロ・サクソンの先進資本経済の場合のように，継続した経済発展を示すことになるということを意味している．先進資本主義経済は，競争を発見プロセスとして認めてきた強力な市場制度によって特徴づけられる．韓国も，過去何十年間の間に驚異的な発展をしてきたが，西洋と異なり，ここでの発展の戦略は強力な政府介入に基づいていた．それゆえ，興味深い疑問がわいてくる．政府統制システムに典型的な問題があるにもかかわらず，過去40年間韓国が「奇跡的」に発展してきたことをどのように説明するのであろう．政府は市場に対し，不完全ではあるが選別機関として効果的な役割を果たしていたので，基本的に，その時期はまさに劇的な発展が可能であった．政府は販売量と輸出額に好成績をあげた韓国の大規模な複合企業をひいきにし，その代わりにこれらの企業は経済発展の原動力となった．この過程を，産業政策がそのために主たる手段として計画された「政府主導の選別」と呼ぶのがふさわしいかもしれない．

効果的な選別は上述のように，経済発展に重要であるが，国家の政策によって，表に出ようが出まいが，発表された選別の基準もまた，重大である．筆者は，販売量と輸出額に重きを置く「政府主導の選別」が，韓国の急速な経済発展に貢献したことを否定はしない．しかし，そのような戦略が商品を無限に届け続けられるかどうかに対しては，より批判的であり，評価はし難い．政府に

よる選別は，韓国の急激な経済成長に寄与してきたが，それ自身が問題を抱えるようになった．

5.3 「市場主導の選別」の発展

　政府主導の経済政策は，政府は変化する経済環境に関する十分な情報を持ち，最適な産業構造を完全に予測する能力を持っているという信念に基づいていた．しかし，経済環境は，特にグローバル化時代においては，急激に変化しており，昔より，より不安定をもたらしている．経済環境の変化に関する適切な情報を得るには，政府より市場の参入者の方がよりやる気があると，今や多数の人が認めている．さらに，経済はサイズにおいても複雑さにおいても発展するので，経済状態に関するすべての情報を得，最善の産業構造とそれをいかに成し遂げるかを民間に代わり決定することは，政府にとってますます不可能になってきている．グローバル化の時代において，不可能ではないにしても，最善の産業構造を前もって決定することはますます難しくなっている．そのため，膨大な量の情報と分析を必要とするが必ずしも理想的な結果を保証しない介入主義政策を採択する代わりに，最適なビジネスと産業構造を発見するには，市場秩序を普及させるのが効果的な対策である．開かれた社会の時代においては，強力な国民経済を保持するために実行できる方法は1つしかない．政府ではなく，市場による選別である．結局，市場は，自由な競争を通じ存続可能な企業と存続不可能な企業を効果的に選別する自然な制度に他ならない．

6．おわりに

　本章で筆者は，民間は，市場競争に対する自発的な構造修正をするために最大限の自由を認められなければならないということを論じてきた．したがって，韓国政府の役割は，適切な制度とインセンティブストラクチャーを持ったふさわしい環境を作ることに限定されるべきである．これは，政府は，市場秩序の自発性と内因性を保持し，市場がスムースに動くようによりよい経済環境を作っていくことを目指すべきだということを意味している．この理由により，経

済のすべての分野において，市場の監視と選別機能を高めるための適切な制度を樹立し，競争の促進政策を改善することにまさるものはない．それは韓国の企業の競争力を改善するだけでなく，韓国の継続的経済発展を保証するものである．ここでは政府の役割は，市場競争が，存続可能な企業と存続不可能な企業の選別と，新しいビジネス・チャンスの発見において市場の役割を強化し，効果的な役割を果たせるようにすることである．本章で筆者が述べてきたように，韓国政府の政策が外的変数――ゲームのルール――を合理化することに焦点を当て，一方で内的決定変数が市場参加者の内部管理によって決定されるようにしていることが今や重要である．

韓国の「経済奇跡」は，韓国政府によって継承されてきた介入主義にまさに繋がる歴史の一時期に達成された．しかし，この国民経済達成を導いてきた政策は，グローバル化が世界的に広がるにつれ消失しつつある国際経済情勢に大きくよるものであった．

韓国政府は国際市場情勢の劇的変化に対応し始めている．今や，政府よりむしろ市場が経済の成果を決定する現代においては，新制度派経済学の有効性を認める経済政策で韓国を前進させ続けなければならない．

（訳・林田博光）

注

1) 本章における多くの考えは，拙著 Jwa, Sung-Hee（2001, 2002）による．
2) 詳細については，Jwa（2002）の第4章の Appendix A1 を参照されたい．
3) これらの改革は，危機におけるときの韓国大統領であった金大中が決定し，危機後の改革プロセスを指導した．
4) 詳細については，Jwa（2002）の第4章の Appendix A2 を参照されたい．
5) 次の節で論じるのは，コーポレート・ガバナンス・システムは，効果的に企業の行動を監視する市場統制システムの機能を根本的に鼓舞するためより多くの手段を採ることによってのみ改革されるということである．

参考文献

Jwa, Sung-Hee (2001), 'A new paradigm for Korea's economic development : From government control to market economy', London : Palgrave.

Jwa, Sung-Hee (2002), 'The evolution of large corporations in Korea: A new-Institutional

economics perspective of the *'Chaebol'*, London : Edward Elgar.
Korea Fair Trade Commission (1993), 'Fair Trade Commission Annual Report', Seoul : Policy Planning Division.
Korea Herald, 29 March 2000.
Korea Now, 18 November 2000.

第7章 東アジアは,対内直接投資政策を自由化する際に韓国のお手本に倣うか

バーニー・ビショップ (Bernie Bishop)

1. はじめに

　1990年代の初めに,韓国の対内投資政策は,比較的制限のある制度からいっそう自由で開放的な姿勢へ発展した.韓国政府は,ほとんどの産業においてこれまでの複雑な認可手続を簡単な形式的手続へ変更した.韓国政府は,制限されている産業をほんのひと握りへ減らし,グリーンフィールド投資と,合併や買収のための投資との両者に対する外国資本に関するほとんどすべての制限を廃止した[1].

　本章は,韓国の対内投資政策が東アジアの近隣国とどのように比較されるか,また,もっと興味をひく点としてその他の東アジア諸国が投資の自由化において韓国の最近のお手本に倣うかどうかを興味深く検討する.このことは,対内直接投資に関する制約がその地域における事業拡大の機会を制限してしまうので,国際企業にとって重要な問題である.我々は,韓国の対内投資政策が現在東アジアにおけるもっとも自由な政策の1つであることを述べる.それにもかかわらず,経済発展の考慮すべき問題,政治的制約,国家の安全保障に対する関心などのすべては,自由化の進展を妨げている.本章で説明するように,韓国は,制約を克服した後でのみ,それからユニークな国内と国際状況の結果としてのみ,対内直接投資制度を自由化することができた.それゆえ,東アジア地域におけるその他の経済がまもなく韓国のお手本に倣うかどうかを予測することには注意を要する.

対内投資政策を比較するために，まず初めにことばの意味を明確にすることが必要である．対内投資政策は，同じ投資をする国内の投資家が直面する条件と比較して，外国の投資家が直接投資を行うときに対応しなければならない特別な条件と定義される．言い換えれば，対内投資政策は，政府が外国の投資家にない国民待遇を与え，無差別原理に従う程度と密接に関連している．

したがって，対内投資政策は，外国の投資家が特定国で投資するとき，乗り越えなければならない最初のハードルと考えられる．これらのハードルは，しばしば認可手続，部門の制限，外国資本に関する制限などの形態をとる．対内投資政策は，外国の投資家と国内の投資家の双方が直面する運用上の条件とは区別する必要がある．ひとたび投資家が一国の対内投資政策によって作られたハードルを乗り越えるやいなや，次にその投資家は，たとえば，貿易，外国為替，駐在員の雇用，課税，また特定の産業に適用される一般の事業認可を得ることなどに関するさまざまな規制や手続に直面する．国際的事業活動に従事する国内の投資家も，またこれらの障害に直面する．したがって，これらの運用上の条件は，対内投資政策とは当然みなされない．

それゆえ，以下の考察は，認可手続，部門の制限，外国資本に関する制限について東アジア諸国における対内投資政策を比較する．部門の制限が外国資本に関する制限をしばしば含んでいるので，この二者は一緒に扱われる．

2．認可手続

表7-1は，外国の投資家が東アジアにおける10ヵ国の認可手続に直面する状況をまとめてある．この点に関しては国々を自由度に応じて最大から最小までランクづける試みが行われている．本表は，APEC投資ガイドブックにおける加盟国から収集された．

表7-1は，認可手続の点からシンガポールがもっとも自由な国であると示している．というのは，外国の投資家は，ほとんどの産業において事業を設立するか，あるいは，既存事業を引き継ぐにしても，国内の投資家とまったく同様に扱われるからである．フィリピンは，優遇措置がないので，投資の認可にな

表7-1 認可手続

シンガポール	対内直接投資に対する優遇措置がないので特別な認可手続もまったくない
フィリピン	対内直接投資に対する優遇措置がないので特別な認可手続もまったくない
日　本	制限のない産業に対しては，投資後に届出する
韓　国	制限のない産業に対しては，投資前か投資後に届出する
オーストラリア	一定額以上のすべての対内直接投資に対しては届出する（認可）
台　湾	もしFIA*の状態を望むならば，認可が必要である
タ　イ	もし制限のある産業で過半数を超える外国資本を望むならば，認可が必要である
マレーシア	製造業におけるすべての対内直接投資は，認可を必要とし，また，その他の分野において30パーセント以上の外国資本をもつすべての対内直接投資は認可を必要とする
インドネシア	すべての対内直接投資は認可が必要である
中　国	すべての対内直接投資は認可が必要である

注：FIA*：認可された対内投資.

ると，驚くほど自由である．投資家は，会社を設立するために必要とされる書類を証券取引委員会（Securities and Exchange Commission）へ提出する必要があるにすぎない．外国資本が設立企業の40パーセント以上を占める対内投資に対しては別の形態があるが，この段階では，投資が資本の制限のある産業の1つであるかどうかをチェックするために必要とされるにすぎない．以下に述べるように，このような産業は多く存在している一方，それによって，その全体的な対内投資政策が，多くの部門において制限のある認可手続の点からフィリピンは高くランクづけられている．

　日本は，制限されている産業以外のすべてにおいて外国の投資家が投資後に投資の届出を提出する必要があるにすぎないので，次に記載されている．韓国は，日本モデルをしっかり倣っており，その上届出を必要とするが，多くの場合には投資後の届出よりもむしろ事前の届出を必要としている．

　オーストラリアは，依然としてグリーンフィールド・プロジェクトにおける一定額以上の対内投資申請を，また明記された総額以上の企業の合併や買収を審査している．ほとんどは認可されるが，政府の政策は，依然としてかなりの審査を行い，したがって，もし申請が国益に反すると考えられれば，拒否する

裁量を認めている．

　台湾における対内投資の認可制度は，多くの場合には公式の認可を厳しく要求しないが，認可を得るための優遇策が存在するということから，東南アジアの近隣国によってとりいれられている制度と似ている．台湾の場合に，もしその申請が認可されなければ，その投資申請は，投資が認可制度以外で進められる多くの規定（重役を常駐させる条件を含む）を含んだ台湾の会社法という煩わしい条件に従うものとしている．

　タイの投資認可制度は，（外国事業法（Foreign Business Act）に詳しく述べられているように）リストで制限されている産業において，外国の投資家がそのリストに明記された機関から認可を得なければならないということである．このリストは，各々のリストに対して対内投資を認可するために必要とされるさまざまな機関によって3つのカテゴリーの産業から構成されている．しかしながら，もし投資がリスト以外の分野にあり，その上，投資家が優遇措置を望まなければ，フィリピンと同様に，それは，単に企業登録局の処理上の問題にすぎない．

　マレーシアには，わずかに制限がある．製造部門におけるすべての対内投資は，製造許可を必要とし，それによってその分野における外国と国内のすべての投資申請の審査を効果的にできるようにしている．サービス部門では，30パーセント以上の外国人所有によるすべての対内投資も，マレーシアの対内投資委員会による認可を必要とし，それによって，サービス部門におけるほとんどすべての対内投資を事実上審査することになる．インドネシアと中国においては，すべての対内投資は認可を受けなければならない．

3．部門と資本の制限

　さて，部門の制限の検討から始めよう．参入障壁だけに基づいて諸国間で意義のある比較をすることはきわめて難しい．このことは次のような理由のためである．すなわち，特定の部門が外国の投資家と国内の投資家にとって同様に等しく開放されていると思われるかもしれないが，もし政府にこれらの認可を

第7章　東アジアは，対内直接投資政策を自由化する際に韓国のお手本に倣うか　137

与える裁量が広ければ，運用レベルにおける認可の条件は，事実上国内の投資家に有利に適用されることが可能となる．それには，テレコミュニケーションと金融が思い浮かぶ．韓国投資オンブズマン（Korea Investment Ombudsman）というような制度が全体的な自由化の過程にとって非常に重要であるというのはこの理由のためである．逆に，部門が制限されていると示されているけれども，もしある産業が特定の時点でさらに資本が必要になれば，外国の投資家が，その産業へ投資することはまったく難しいことではないであろう．理想的には，外国の投資家に対する参入障壁（対内投資政策）と，外国の投資家と国内の投資家の両者に同様に適用される認可の手続（運用上の障壁）とを考慮することによって，各産業を個別に扱う必要がある．

　これらの制限を考慮して，表7-2は，一般のカテゴリー，つまり，土地と農業，天然資源，製造業，一般的サービス，センシティブなサービスなどの諸部門に，産業をグループ化することによって比較を非常に広く試みている．土地と農業の部門は，都市であろうと農村であろうと，土地所有と農業生産自体の両者に関連している．天然資源の部門（天然資源のカテゴリー）は，鉱業，漁業，林業を含んでいる．製造業の部門は，商品生産のすべてのカテゴリーを含んでいる．センシティブなサービスの部門は，テレコミュニケーション，電気の発電と送電，金融，メディア，輸送を含んでいる．一般的サービスの部門とは，建設，観光，専門的サービス，小売と卸売の活動，貿易を含んだその他のすべてのサービス部門である．表7-2を編集するための情報は，APECの投資ガイドにでている個々の国々の記載事項から取ってきたものである．あらゆる国々が，すべての部門について詳細な情報を提供しているとは限らない．その結果，その作業に複雑さを増すような欠如となっている．表7-2で，開放的な国々として，対内直接投資の自由度によって国々をランクづけしており，開放的な国々は表の上の方に書かれている．

　表7-2からいくつかの点を述べよう．第1に，ほとんどの国々は，製造業の対内直接投資を歓迎している．例としてあげられている先進国のすべては，制限がまったくないか，あってもきわめてわずかである．しかしながら，日本は，革製品，飛行機，造船などの製造業への投資を制限している．台湾も，医

表7-2 東アジア諸国における対内直

	土地と農業	天然資源	製造業
シンガポール	居住用アパート	制限なし	若干の制限
オーストラリア	居住用土地	若干の制限	制限なし
韓 国	農業における若干の制限	制限なし	制限なし
日 本	農業と土地における若干の制限	いくつかの内訳部門については各省の認可を必要とする	若干の制限
台 湾	農業は参入不可．土地は大臣の認可を必要とする	特別な認可が必要とされる	若干の制限
マレーシア	州政府の認可が必要とされる	交渉を条件として外国資本は30パーセントに制限されている	若干の制限
タ イ	主として少数の外国からの参入に限られている	過半数の外国人所有には特別な認可を必要とする	伝統的産業を除いて若干の制限
フィリピン	フィリピン人による過半数の所有を必要とする	フィリピン人による過半数の所有を必要とする	若干の制限
インドネシア	主として国内の小規模農家に残されており，外国の投資家には土地所有が許可されていない	国との契約が必要とされる	多くの場合に，中小規模の産業に残されているか，合弁事業を必要とする
中 国	土地と農業は参入不可	たとえ認可されても，ケース・バイ・ケース	奨励・制限・禁止されている産業別のリスト

一般的サービス業	センシティブなサービス業
制限なし	メディアとテレコミュニケーションが制限されている
制限なし	金融，メディア，国際航空輸送，国内のテレコミュニケーション事業者
若干の制限	メディア，輸送，テレコミュニケーション，電力などのいくつかの分野
若干の制限	金融，メディア，テレコミュニケーション，電力などのいくつかの分野
いくつかの部門が制限されている（建設）	メディア，電力，輸送，金融，メインライン・テレコミュニケーションなどのいくつかの分野
交渉の条件として外国資本は30パーセントに制限されている	さまざまな水準の外国人所有が許可されている
多くの部門において過半数の外国人所有に対しては特別な認可を必要とする	金融を除いて，ほとんどは外国からの少数の参入に制限されている
ほとんどはフィリピン人による過半数の所有を必要とする	ほとんどの部門はフィリピン人による過半数の所有を必要とする
多くの場合に，中小規模の産業に残されているか，合弁事業を必要とする	メディアと輸送は閉ざされている．電力，テレコミュニケーション，金融は，かなりの外国人所有を認めている
ほとんどは制限されたリスト上にある	ほとんどは制限されるか，禁止されている

薬品，肥料，化学製品を含んだセンシティブな製造業には若干の制限を設けている．最後の2つは汚染問題を引き起こす一因と考えられている．また発展途上国の中で，東南アジアの新興工業国は，伝統的製品や小企業によって生産される製品以外の製造業への投資に対しては自由な姿勢をとっている．インドネシアとタイの両国は，それらの部門における製造業への投資を制限している．この取り組みは，多国籍企業の優れた競争優位が，結局国内の産業から締め出されることになることを認めているように思われる．しかしながら，開発の優先順位が高いと考えられる産業の場合には，インドネシアとタイは，もし外国の投資家がまた輸出業者でもあれば，制限が最小であるばかりではなく，特に寛大な優遇措置となる奨励策も提供している．中国は，わずかに異なった取り組みをしている．中国における奨励されたり，制限されたり，禁止されたりしている各産業のリストの検討は，(消費財電子機器と基礎化学製品というような) 十分な対内投資があると政府が考えるか，あるいは，政府が未成熟な産業もしくはその他の理由で国内の生産者を保護したいと望む産業では対内投資が制限されると示す傾向がある．

　第2に，一般的サービス業の開放度は，経済発展の水準に依存している．例としてあげられている先進国は，一般的サービス業に対して比較的開放的な政策をとっている一方，発展途上国は国内投資家が過半数以上の資本を所有することを要求する傾向がある．したがって，建設，観光，卸売や小売，貿易というような産業は，日本，韓国，オーストラリア，シンガポールでは制限されていないが，台湾ではある程度制限されている．しかしながら，発展途上国の経済を考えるとき，さまざまな状況が現われる．一般的サービス業は，見本としてあげられている発展途上国のすべてにおいて何らかの方法で制限されている．制限に関するもっとも一般的な形態は，認可される対内投資額に関する制限である．さらに以下で説明するように，経済的要因と政治的要因の両者が，これらの制限を説明している．ある研究者は，これらの国々が対内投資とは別な方法で受け取ることができる利益を非常に制限する傾向があると示している (Thomsen 1999 ; OECD 1998 ; Moran 1998). しかしながら，その反対の見解は，ある形態による部門の制限がなければ，対内投資が国内企業を締め出してしま

い，その結果，厳しい経済的，社会的混乱へ導くかもしれないということである．

第3に，ほとんどの国々は，センシティブなサービス部門を非常に制限している．これらの部門におけるもっとも一般的な形態の制限は，対内投資額についての制限かケース・バイ・ケースの認可制度かのいずれかで設定されている．テレコミュニケーション，航空輸送，メディアというような多くのセンシティブなサービス業においては外国資本の明確な制限が公表されているので，先進国は，発展途上国よりも透明であるように思われる．したがって，オーストラリア，日本，韓国のすべては，主要なテレコミュニケーション事業者には30パーセント近くの外国資本を認めている．これらの3ヵ国では，メディア，放送，さらに航空会社における投資にはさまざまな制限が加えられている．ほとんどの場合，外国の持ち株は，少数の株式に制限されている．また，台湾は，テレコミュニケーション事業に対して類似した取り組み方へ転換しているが，輸送とメディアにおいてはその他の3ヵ国よりも制限がある．すべての先進経済国における金融部門は，すでに確立された金融制度のタイプに応じて，開放度はさまざまである．新しい企業を設立するかあるいは既存の金融サービスの提供者を引き継ぐかについてはしばしば詳細な条件がある．

センシティブなサービス部門における対内投資に対する一般に制限のある取り組みに関する1つの説明は，これらの産業の政治的，経済的重要性を考慮すると，完全に自由化する取り組みが国の安全保障を危険にさらすかもしれないという恐れである．さらに進んだ説明としては，これらの産業が伝統的にしばしば国によって所有された準独占であったり，また，テレコミュニケーションというような産業が広い競争を見てきたのはごく最近にすぎないということである．金融部門では，外国の機関がそれら自体の国々における健全性の条件に対応し，国際標準に従うことを確実にすることに関心がある．

東南アジア諸国は，過去10年以上にわたって発電，テレコミュニケーション，輸送などの産業の民営化を行ってきた．これらの産業に競争力をつけるために，政府は，それらにおける対内投資比率を明らかにしてきた．この比率は，産業ごと，また国ごとによってさまざまであり，時には同じ国の同じ産業内でも異なることもある．あらゆる国々が，これらの産業における外国資本の制限

を公表するとは限っていない．したがって，意義のある比較を行うことを難しくしている．これは，一部には，民営化過程の性質のためである．それによって，受け入れられる水準はどれほどか，そして，市場が受け入れることはどのようなことに関してさまざまな水準の外国資本の参入が，政府の認識に従って探し求められている．多少驚いたことに，インドネシアは，ある輸送インフラ産業，発電プロジェクト，新しいテレコミュニケーション事業において95パーセントまでの外国人所有をしばしば認めているので，文書の上ではまったく自由であるように思われる．タイもフィリピンも，インフラ・プロジェクトの建設と運営を認める「建設，運営－移転」法をもっている．ほとんど例外なく，放送業における対内投資は，これらの国々では禁止されている．

　すべての東南アジア諸国は，1997年のアジア危機によって影響を受け，外部の圧力は，金融部門における対内投資に対する取り組みの変更を結果としてもたらした．たとえば，インドネシアが行ってきたように，タイは，現在金融部門における対内投資に対してかなり開放的になってきた．マレーシアでは，常に，銀行と保険業にさまざまな程度の海外からの参入があった．近年では，政府は，この部門をさらに開放せよという相当の外部の圧力に直面している．しかしながら，このことは，特にその産業における既存の事業者からの抵抗に遭ってきた．

　第4は，ほとんどの国々が農業と資源部門について依然として強く保護しているということである．そしてまた，農業に関する国家の安全への関心と伝統的に農業団体の強力なロビー活動が説明している．さらに，発展途上国は，農業部門を開放することで生じる社会的，経済的衝撃について懸念している．それらの国々の農業部門は，小規模な農家が伝統的に大多数を占めており，人口の大部分を依然として雇用しているからである．

　前述したことは，認可手続と部門の制限の両者について韓国経済が対内直接投資に比較的開放されていることを示している．もし2つの表を一緒に考えれば，経済開放の点では，韓国を上回っているのはシンガポールのみであるということができるであろう．

4．東アジア諸国は韓国のお手本に倣うであろうか

　さて，我々は，この地域におけるその他の国々が，韓国政府が最近行ってきた意義のある自由化という韓国のお手本に倣うかどうかという問題を提起することができる．広く自由化した対内直接投資における韓国のお手本に倣うその他の東アジア諸国にとっては，政治的制約と経済的制約の両者が存在すると述べることができる．

　まず初めに経済的制約から始めよう．上述された国々のうち，マレーシア，フィリピン，インドネシア，中国，タイは，依然として発展途上国に分類される．これらの国々の政府は，対内投資が輸出，雇用の機会，技術移転，全体的経済成長などを増大させるというようなプラスの利益を生み出しているが，それはまたマイナスの結果ももっていることをよく認識している．これらには，国内の企業や仕事の排除，輸入超過，また外国企業が国内のサプライヤーあるいはパートナーに対して製品や加工処理に関するいかなる知識も譲渡しないことが含まれる．発展途上国にとってもっとも重要なことには，対内投資が強力で競争力のある国内の産業基盤を構築することに積極的に貢献することを確保する必要があろう．もし対内投資がこの役割を果たすならば，すでに述べたその他のすべての利益が結果として起こり，マイナスの結果は避けられるであろう．

　このような理由のために，多くの発展途上国は，対内投資に対する統制の維持を強く主張し，それらの国々は対内投資が経済発展にもっとも重要な貢献をしていると考える産業部門の対内投資を統制する傾向がある．それらは，この目的のために認可手続，部門と資本の制限，技術移転の条件を用いている．政府は，そのような政策ツールがなければ，外国の投資家が安い労働力や輸入部品を利用する輸出プラットホームとして，それ自体を簡単に設立することを恐れている．投資家は，自身の技術を与えず，それによって，国内企業の発展に対してほとんど貢献しないであろう．さらに，外国の投資家は，国内のサービス提供者を容易に打ち負かすことができるサービス部門に参入し，また競争に

関する有効な法律がない場合には，独占あるいは寡占の地位さえ獲得する．

　対内直接投資に対する統制を維持する妥当性については国際的に激しい論争がある．対内投資の監視を続けることを支持する人々は，政策が発展目標にプラスの貢献を確保するために必要があるという傾向がある．1999年の世界投資報告書（1999 World Investment Report）の執筆者たちは，何らかの政策が国内企業を締め出してしまう悪影響を防ぐために，また，国内の産業能力を発展させるために必要とされることを述べることによって，この方向に傾く傾向がある（UNCTAD 1999：318-27）．発展途上国が韓国のお手本に倣い，また制限のあるほとんどの政策を廃止するべきであると述べる人々は，発展途上国がこのことを行わない限り，流れ込む対内投資が，最新の生産，加工処理管理，マーケティング方法などを具体化しないことを示す傾向がある．彼らも，また合弁事業の条件を主張することが投資家を引き止め，これによって，発展途上国からもっとも競争力のある国際企業を剝奪すると述べている．門戸開放の取り組みの提案者は，その手続に関係した官僚制の障害のためと汚職の可能性のために，審査メカニズムも，望ましい対内投資を思いとどまらせてしまうと示唆している（Moran 1998；Thomsen 1999）．

　この論争でいずれの見解を支持するにしても十分な証拠はない．国内の産業を築く際の対内投資の役割を扱っている事例研究は，矛盾した調査結果を生み出す傾向がある．我々が他で検討した多くの事例研究は，対内投資がある国々で，また，ある産業において国内の産業基盤を発展させる上で役割を果たしてきたが，常にこのことが結果であることを示す十分な証拠がまだ存在していないことを示している（Bishop 2001：91-7）．自由化された投資環境がこの点に関して良いか悪いかを立証しようとするとき，問題は，さらにいっそう難しくなる．ここである評論家は，過去に完全に自由な取り組みに頼った国は，たとえあったとしても，ほんのわずかにすぎないと考えているだけである．ウェルズ（Wells（1998））が述べているように，発展途上国は，完全な門戸開放の取り組みが，望ましい発展結果を生み出すという提案を受け入れるために信用して頼るだけである．最終的な結果は，次のようなことである．つまり，開放的な取り組みを擁護している人々は，政府の失敗が市場の失敗よりも起こる可能性が

第7章 東アジアは，対内直接投資政策を自由化する際に韓国のお手本に倣うか 145

高いので，発展途上国がこのリスクを負うべきであると述べている．擁護者は，国内の産業発展における期待はずれの結果が，認可される投資のタイプに対する政府による制限のある統制によるためであると言っている．一方，政府の継続的な介入を信じている人々は，市場の失敗が政府の失敗よりもリスクが大きいと信じ，国内産業が発展した成功例を示すこれらの事例研究を指摘し，これらは採用した政策の結果であると考える傾向がある．

　日本，韓国，台湾，シンガポールというような国々の初期に発展した経験がこのジレンマを解決する上で助けとなるかもしれないということが考えられるであろう．しかしながら，これらのすべてのケースにおいて，対内投資に対する自由な取り組みというよりも，むしろ政府は，国の経済発展に貢献するためには，どのような投資プロジェクトを認め，どのような投資プロジェクトを取り除くべきかについて区別してきた．初期に経済発展したなかで日本，韓国，台湾によって採用された対内投資に対する制限のある取り組みは，有名である．シンガポールが対内投資に対して歓迎する姿勢をとっているにもかかわらず，シンガポール政府は，その時々に応じて政府の発展目標を支援すると考えた企業からのみ，（優遇措置によって）投資を誘致するためにかなり骨折ったことはほとんど知られていない (Lim and Fong 1991)．

　東アジアにおける初期に発展した国は，発展努力の中で対内直接投資を補うための代替的資金源を簡単に利用できる状況にあったため，制限のある取り組みを追求することができた．今日の発展途上国は，国内の資金源を利用するのに同じ能力をもっているとは思われないし，その国々は，経済発展のために国外の資金源を利用する際に，かなりの危険を負っている．したがって，その国々は，発展の初期段階において日本，韓国，台湾，シンガポールなどとは異なった状況にある．発展途上国は，現在，対内直接投資に関する制限を取り除き，すでに述べたマイナスの結果というリスクを冒し，あるいは，適切な制限を残すことや発展過程を支援するために利用できる国外のもっとも良い資金源を取りそこなうリスクを冒すなどというジレンマに直面している．

　東アジアにおける初期に発展した国は，また対内投資が経済に対してプラスの貢献をすることを確実にするために対内投資をしっかり監視する官僚的，政

治的能力をもっていた．発展に対するそのような国家主導による取り組みに必要とされる官僚的，政治的能力は容易に身につけられるものではないと他で述べたことがある（Bishop 1997）．優れた国家主導による発展過程に必要とされる要因の組合せは，次のような2つの基本的理由のために，その地域における今日のほとんどの発展途上国に同じ程度には存在していない．第1に，多元的・民主的社会において優れた国家主導による発展を達成することは非常に難しい．国家主導による発展は，凝集力のある産業政策に依存する傾向がある．多元的・民主的社会において，継続した選挙の支持を確保するために政策の妥協をかなり必要としているがゆえに，凝集力のある産業政策を立案するのに必要とされるのにある程度のコンセンサスを得ることは難しいし，そしてより重要なことにこれを実施するために必要とされるある程度のコンセンサスを得ることは難しい．第2に，世界経済の環境は変化した．その結果，初期に発展した国がその国自体の産業基盤を築くために採用した保護貿易政策を行うことが非常に難しくなった．したがって，たとえ今日の発展途上国が日本モデルに倣うことを望んだとしても，それらの国々は，かなり難しいことを認識し，日本，韓国，台湾で達成された結果を再現できる保証はまったくない．それゆえ，これらの初期に発展した国は，今日の発展途上国が対内投資を扱う際に倣うべき政策モデルを提供していない．したがって，門戸開放の取り組みの利益に関する不確実性と結びついた非常に難しい国内的，国際的経済政策の環境は，今日の発展途上国が対内投資政策の自由化に対して用心深く取り組むことを示唆している．

　ところで，さらに進んだ投資の自由化に関する政治的制約に目を転じよう．政治的制約は，先進国と発展途上国の両者における自由化の速度とその性質に影響を及ぼす．したがって，これらの制約は，発展途上国が投資制度を自由化する際に，韓国のお手本に倣うかどうかを説明する助けとなるばかりではなく，例となっている先進国が既存の制限を取り除きそうかどうかに対する若干の洞察をも提供している．自由化の進行に対する政治的制約は，次のような3つの理由から生ずる．第1は，海外の競争に自国の産業を開放することによって脅かされる事業家たちがいる．第2は，ある国々における官僚制に由来する．第

3は，政治家自身であり，彼らは自由化へあまりにも速く移行することで生じる選挙の不利益を認識している．これらの各々を詳細に見てみよう．

常に，自由化の決定からある企業は勝ち（win），ある企業は負ける（lose）であろう．外国からの競争を恐れる人々は，対内投資を締め出し続けるか，外国の競争者を不利な立場におく法案を立案するかのいずれかのために政策策定者にロビー活動を行う傾向がある．アメリカにおける投資制限に関する最近の研究の結果，さまざまな業界団体が外国の投資家を不利な立場におく法案に対してうまくロビー活動をしたことを見出した（Crystal 1998）．これらの法案は，厳密にいえば，対内投資政策の法案ではなかったが，国内の生産者に有利に働く影響力をもっていた．このような法案は，外国の企業に対する原産地規制，政府の調達，外国の企業に対する補助金の制限を含んでいた．このことは，対内投資政策は自由であるように思われるけれども，常に，正確な状況を得るために特定の産業内における活動上の障害を熟視することが必要であることをよく示している．本研究も，たとえ対内投資に対する参入障壁が取り除かれるとしても，新しい制限がそれらに取って代わって運用段階で出現する可能性があるという危険性を強調する．

東アジア地域においては，自由化の進行で企業の影響を示す諸例を見出すことができる．これらのうちの3つについて簡単に述べよう．第1は，フィリピンで対内投資に対して小売部門を開放しようとした例である．ラモスとエストラダ政権の両者とも，この部門への対内投資を認めさせようとした．しかしながら，いずれの場合も，国内の小売業者から強硬な反対があり，その提案をどの程度変更するべきかについて同意を得ることすらとてもできなかった．したがって，事業家たちは，この部門における自由化を立ち往生させることができた（Macdonald 1999）．第2の例は，マレーシアの金融部門に関連している．かなり激しい外国からの競争にこの部門を開放しようとした前副首相アンウォー・イブラヒム（Anwar Ibrahim）による試みは，国内の銀行が強力な国際金融機関と競争する準備はまだできていないという理由で，これらの銀行によって猛烈に反対された（Daneels 1997 ; Bell 1998）．マレーシアの産業政策の実施には銀行が非常に重要であるので，銀行に関する議論は，多くの政治形態に好都合

であることが理解された．第3の例は，タイの外国事業規制法を修正しようとしたことに関連している．これは，1995年に初めて提案されたが，それでも自由化によって影響を受けると思われる国内企業からの反対のために，2000年3月まで延期された．また，多くの産業は，国際競争に立ち向かう準備ができていなかったので，それらの部門における対内直接投資を制限するように政府にロビー活動を行った．一方，国際経済界は，非常に幅広い諸部門の自由化を主張した．最終的には，関連した企業が外国との競争に立ち向かう準備がまだできていないと政府が考える部門を確認するのに産業リストが作られた．これら3つの例は，事業家たちが投資の自由化の進行に反対するために政府にどのようにうまくロビー活動ができたかを示している．

さらに，この自由化に対する反対は，国の中からも生まれている．高級官僚は自由化による国の利益をしばしば正当に評価するが，時には，政権における下級官僚は政策変更を実施することができなかったことによって，彼らのそうした努力にいらだちを感じる．この問題は，特に官僚が計画経済のやり方で依然として働いており，議案をかなり詳細に審査することを重視する過渡期の経済において深刻であることが示唆された（Rosen 1999）．このことは，彼らが投資手続で継続的な役割を担うことを確実にすることによって彼ら自体の利益に役立つばかりではなく，組織基盤によってこのことを行うようにそれらに圧力をかける結果としてもたらされる．

政治家も，また，もし反対することに政治的利益があると考えれば，さまざまな自由化法案に反対する．政治家は支持者に報いることができる法案を提案するので，合弁企業の条件というような政策の維持が，有用な政治的手段であるということが述べられた（Conklin and Lecraw 1997）．合弁企業と審査の条件によって，純利益を結果として生み出すことを確保するために対内投資を監視することについて政治家が真剣であるとこれらの政策が示していると述べることによって，政治家は対内直接投資の影響力に関する一般大衆の懸念を軽減することができる．先進国においてさえ，もし提案に対して反対という社会の反応があると政治家が感じれば，我々は，政治家が対内投資の提案に介入するかもしれないと認識している．これはオーストラリア，ニュージーランド，カナ

ダにおいて大規模な投資の審査要件が存続している1つの理由である．グローバル化に反対する最近の抗議運動により，そのような考えが社会でどの程度広く支持されているのかについて政治家がいっそう関心をもったこともあって，自由化の進行がかなり遅くなる可能性があるとされている．

最後に，我々は，政府がある産業部門における対内直接投資を制限する基盤として国家の安全保障を考える必要がある．国々は，しばしば国家の安全保障が，特に農業と資源に基づいた産業において，そして，センシティブなサービス部門において正当な根拠に基づく制限に関係すると述べている．これらの議論にはいくつかの長所もあるが，もし対内投資がこれらの分野で認められれば，国家の安全保障がどのように危険にさらされるかを問うことも必要である．学問的な見解としては，多くの場合に，国家の安全保障の議論がその他の政治的要因のための煙幕にすぎないと示している．しかしながら，産業にはほとんど競争相手がいないので，国々は制限に対して国家の安全保障という理由を使って正当化した例がある（Moran 1998）．

我々が東アジアの発展途上国の経済発展の関心にこれらの政治的制約を加えるとき，発展途上国が即座に韓国のお手本に倣うことは容易ではないことは明らかなように思われる．

5．韓国は自由化の制約をどのように乗り越えたか

1990年代の初めに，韓国は対内投資に対して制限のある取り組みを行った．1980年代の初めから認可手続を簡素化し，部門と資本の制限を取り除く試みが行われてきた．それでも，韓国企業が国際的に競争力をもち，したがって，参入してくる対内投資を恐れることはほとんどないというコンセンサスがあった製造部門で主に進められた．その他の部門における進展は，もしあったとしても，ほんのわずかにすぎなかった．この制限のある取り組みの証拠は，1990年のさまざまなアジア諸国における投資環境に関する香港銀行（Hong Kong Bank）の調査で見出された．この調査は，韓国が，これまでよりも一所懸命に自給自足を推し進めてきた政府によって，対内投資に実際には関心をもってい

なかったと注釈を加えて報告された（*Korea Economic Daily*, 4 September 1990）. さらに，1992年に，ある外国の投資家は，いくつかの分野がアメリカの圧力によって開放されたが，中級官僚が「祖国がもつべきことあるいはもつべきではないこと」を決定し続けたことなどを示した（*Asian Business*, April 1992 : 47）.

　自由化の重大な試みは，5年かけて100パーセントの外国人所有にほとんどの産業を開放するという5ヵ年計画の発表とともに1993年に始まった．簡素化された届出制度は，ひとたび産業が「自由化される」や，外国の投資家がその産業に投資する意図を単に届出しさえすればよいという趣旨で導入された．1998年に，韓国は，アジアの経済危機に巻き込まれたが，対内投資に対してより広く開放することが，IMFによる救済条件の1つであった．合併や買収による対内投資を制限している法律は，廃止され，そして，新しい対内投資法が，前の5年の政策変更に対して法律的効果を与えるためにその年の9月に導入された．この新法は，届出制度を簡素化し，依然として制限されていた産業の範囲をいっそう減少させた．

　したがって，韓国の対内投資政策の自由化は，一夜にして起こったものではない．それは，ほぼ20年にわたって長く続いた内部の政策闘争の結果であった（Bishop 1997）．韓国が自由化に対する経済的懸念と政治的制約を克服したことを説明する要因は何であったのだろうか．第1に，韓国産業に競争上の刺激を与えるため，韓国経済には対内投資が必要であるというコンセンサスが，韓国の官僚社会の中に増大した．このコンセンサスは，1980年代と1990年代に徐々に築き上げられた．金泳三大統領の任期の初期における強力なリーダーシップと，自由化の5ヵ年計画を導入するべきであるという同大統領の主張は，自由化を支持している人々に有利に働いた．韓国経済はグローバル化を受け入れることが必要であるという一般市民に対する金大統領の訴えは，自由化イニシアチブに対する国内の政治的対立を最小化する上で成功した．大企業は，この変革に対してほとんど反対しなかった．大企業は，対外投資の統制に対して緩和を望んでいた．したがって，もしその大企業が対内投資に対して継続した統制を支持するならば，それは矛盾していると考えられるであろう．労働運動内の不統一と政策決定過程に接近する難しさは，自由化政策に対する労働者に

よる反対の調整不足が一因となったかもしれない．

しかしながら，変革に対する内部の諸力は，この変革を引き起こすほどそれ自体十分ではなかった．1980年代中頃以降，アメリカは，投資とその他の市場を自由化するように韓国政府に圧力をかけてきた．これらの試みは，ケース・バイ・ケースで結果を出してきた．決定的であったことは，OECDへ加盟するという金泳三政権の目的であった．OECDの加盟国になるために，韓国は，OECDの資本移動委員会（OECD's Committee on Capital Movements）の基準に対応するために対内投資政策を自由化しなければならなかった．このことは，金大統領による改革の試みに外部から重大なはずみを与えた．自由化は，韓国がIMF融資を獲得するためにIMFの条件に従う以外に選択の余地がほとんどなかったとき，IMFに迫られて達成された．

要するに，韓国は，長年にわたる国内の政策論争の後でのみ，おそらく最終的には，外部圧力の結果として，自由化に対する制約を克服した．韓国における自由化の進行において国内と国外の双方の諸力がユニークに組合わさったため，その他の東アジア諸国の経済ではこれらの諸力がどのように展開するかを予測するにはためらいがある．各ケースは，個々に分析する必要がある．

本章では，一貫して対内投資に対する参入障壁を取り除くことを述べてきた．しかしながら，このことは，対内投資にとって自由化された環境を実現するために必要とされることの一部にすぎない．すでに述べたように，外国の投資家が参入した後で，一経済内における全体的な行政制度と規制制度は，外国の投資家に対して重要なハードルをおくことができる．韓国には比較的簡単に参入できるが，投資家が韓国内で活動する際に直面する経営環境が等しく容易であるとかあるいはやさしいと言うことはできない．産業別に基づく以外にこの経営環境を評価することは難しい．この領域におけるさらに進んだ研究が行われれば，有益であろう．この研究は重要である．というのは，もしWTOの援助に含まれた投資問題をもつ現在の試みが優れており，国々が対内投資政策を自由化することを強制させられれば，行政上あるいは運用上の障壁の問題はいっそう重要となるからである．

6. おわりに

　韓国の経験を検討することによって，本章は，東アジア諸国が対内直接投資政策を自由化する際に韓国のお手本に倣うかどうかを考察した．韓国は今や対内投資に対する形式的な参入障壁の点では東アジア諸国のなかでもっとも自由な国の1つであると述べたが，これは対内直接投資の認可に対する彼らの取り組みと対内直接投資が制限されている部門との比較によって筆者が支持してきた見解である．

　我々は，東アジアの発展途上国の場合に，完全に門戸を開放する取り組みでは，これらの国々が対内直接投資から望んだ発展の結果へ導くとは限らないということに関心があると述べた．特に，これらの国々の政府は，適切な政策がなければ，対内直接投資がプラスの結果よりもマイナスの結果をもたらすことを懸念している．それらは，そのケースを支持する韓国，日本，台湾で以前に行われた制限のある取り組みの成功をよく示している．しかしながら，すでに述べたように，国内状況と国際状況，つまり，経済および政治的状況がかなり変化したことから，発展途上国が初期に工業化した国々の経験を今日再現することは難しい．

　一方で，もし対内直接投資がもたらす優位を国々が最大化したいならば，対内直接投資に対して開放する取り組みが追求されなければならないという議論がある．この議論のもつ難しさは，国々がそのような取り組みをほとんど試していないということである．したがって，発展途上国は，この取り組みを採用するならば，市場諸力における信頼と対内投資の利益の自動的な普及に依存することになる．不幸にも，この論争におけるいずれの観点も，議論を支持する論争の余地のない明白な証拠を示すことはできない．制限される政策環境か自由化される政策環境のいずれかにおいて，我々がさらに対内投資の影響力を理解し始める前には，多くの研究が必要とされよう．

　経済発展の関心は，韓国のお手本に倣う東アジア諸国にとって唯一の強制するほどの要因ではない．政治的に考慮すべき問題もある．我々は，企業家，政

治家,官僚が自由化イニシアチブに反対するか妨害すると述べた.このことは,この地域の先進国と発展途上国の両者に当てはまっている.それゆえ,経済発展の関心と政治的制約を考慮すると,韓国が行ったのと同様に,東アジア諸国のすべてが対内直接投資に対して自由な取り組みを行うにはかなりの時間がかかるように思われる.

開放の取り組みに必要とされる国内のコンセンサスを得るには,韓国ではおよそ20年もかかった.自由化された環境は,自由化を支持して事態を優位にした外部諸力の結果として,実現されたにすぎない.東アジアの発展途上国はおそらく先進国の例に倣うであろうが,しかし,対内投資がWTOの範囲内に引き入れられない限り,自由化が経済においてどの程度実現されるかは,国内と国外の要因のユニークな組合せに依存するであろう.本章で述べたように,参入障壁の自由化だけでは,外国の投資家にとって自由な政策環境を実現するのに十分ではない.産業内で働いている特殊な状況を考慮する必要がある.韓国の自由化の経験に関するさらに進んだ研究がなされれば,韓国で実現されてきた自由化の深さを測定する上で有益であろうとされるのは,この点にある.

(訳・奥本勝彦)

注

1) グリーンフィールド投資とは,新しい企業の設立を言う.一方「M & A」は,企業の買収を言う.

参考文献

Asian Business, April 1992, p. 47.
Bell, A. (1998), 'Malaysia delays foreign owner divestment', *National Underwriter*, 102(24), 18 and 40.
Bishop, B. (1997), *Foreign Direct Investment in Korea : The Role of the State*, London : Ashgate Publishing.
Bishop, B. (2001), *Liberalising Foreign Direct Investment Policies in the APEC Region*, London : Ashgate Publishing.
Conklin, D. and D. Lecraw (1997), 'Restrictions on foreign ownership 1981–1994 : Developments and alternative policies', *Transnational Corporations*, 6(1), 1–30.
Crystal, J. (1998), 'A new kind of competition : How American producers respond to

incoming Foreign Direct Investment', *International Studies Quarterly*, 42(3), 513-44.
Daneels, J. (1997), 'KL in a quandary', *Asian Business*, 33(11) 30-33.
Korea Economic Daily, 4 September 1990.
Lall, S. (1995), 'Employment and foreign investment : Policy options for developing countries', *International Labour Review*, 143(4-5), 521-41.
Lim, L. and P. Fong (1991). *Foreign Direct Investment and Industrialisation in Malaysia, Singapore, Taiwan and Thailand*, Paris : OECD.
Macdonald, C. (1999), 'Odds on favourite', *Asian Business*, 35, (1), 36-45.
Moran, T. (1998), *Foreign Direct Investment and Development*, Washington, DC : Institute for International Economics.
OECD (1998), *Foreign Direct Investment and Economic Development-Lessons from Six Emerging Economies*, Paris : OECD.
Rosen, D, (1999), *Behind the Open Door : Foreign Enterprises in the Chinese Marketplace*, Washington, DC : Institute for International Economics.
Thomsen, S. (1999), *Southeast Asia : The Role of Foreign Direct Investment Policies in Development*, working paper on International Investment, Directorate for Financial, Fiscal and Enterprise Affairs, Paris: OECD.
United National Conference on Trade and Development (1999), *World Investment Report 1999 : Foreign Direct Investment and the Challenge of Development*, New York and Geneva : United Nations.
Wells, L (1998), 'Multinationals and developing countries', *Journal of International Business Studies*, 29(1), 101-14.

第8章　金融改革へ向けた韓国の戦略：
　　　　　新制度派経済学的展望

ジャ・スンヒ（Sung-Hee Jwa）
ハン・グァンスク（Guangsug Hahn）

1. はじめに

　テレコミュニケーションとコンピューター技術の進展によって推し進められてきた世界の国際および国内金融市場の急速な規制緩和と自由化により，世界の多くの地域における金融環境は劇的に変化した．韓国ではデリバティブ市場同様に株式および債券市場でも近年の金融危機後の改革策による急速な成長が部分的にみられる．近年の発展にもかかわらず，韓国がグローバル競争の挑戦を勝ち抜くとあれば，さらなる金融システムの改善がなお必要であろう．一方では「銀行をベースとした」金融システムに相対して資本市場の役割に力点を置いたアメリカ型の「資本市場をベースとした」金融システムを，そして他方では企業家以上に個人投資家を擁護するアングロ・サクソン型のコーポレート・ガバナンスを取り入れるといった努力が広くなされてきている．アメリカのビジネスおよび金融慣行はしばしば韓国が見習うべきスタンダード・モデルとしてみられるが，これは強固な市場をベースとした金融システムの発展へ向けた韓国金融構造における近年にみられる変革の方向性を部分的に示すものである．同様に企業部門ではアングロ・サクソン型のコーポレート・ガバナンス構造が，たとえば経営および会計の透明性の強化，負債比率の削減および外部監査システム導入の呼びかけといった政府の改革事案で大きく重要な役割を果たしてきている．韓国金融市場は外国人株主持株だけでなく外国のビジネス慣

行の参入をも認めており，その急速な幕開けによって，あらゆるビジネス組織にグローバル・スタンダードでの取り組みが求められる世界規模での競争が導入された．しかしながら推移の結果はさまざまであり，引き続き韓国政策策定者および他の関係者は企業部門同様に金融部門でもグローバル・スタンダードに向かうことが必要であるとの重大な意味合いの理解に努めている．

多くの重要な本質がきわめて分かりにくいため，将来を見越した意思決定は非常に困難な作業である．たとえば金融および経営システムにおける「グローバル・スタンダード」というものは，十分な理解が得られてはいないものの多くの人々が従おうとはしているわけではあるが，それが開発途上国が目指す理想的な道なのかという問題がある．さらには「グローバル・スタンダード」，より正確に表現するならば「アメリカ型スタンダード」や「アングロ・サクソン型の経済システム」となるが，その選択によって企業パフォーマンスと同様に金融パフォーマンスの改善が保証されるのかという問題も残される．金融システムの場面において，我々は「グローバル・スタンダード」のことを銀行貸出市場以上に証券市場の経済的役割を補足し，強調する特徴のものとして広義に定義している．これは新制度派経済学のフレームワークの下でより良く理解されている重要で顕著な特徴であり，これは一国の金融システムの選択と企業構造を切り離すことができないことを提示するものである．一国の金融および企業部門が本章後半でより詳述されるような方法で互いに複雑に結びついているということは，組織戦略あるいは金融戦略についてであれ，企業判断はかなり内生的に決まるということを示している．民間部門の内生的決定変数は金融市場制度，国の政治および法制度，伝統，文化などの外生的制度の制約から慎重に切り離されなければならない．本章では，新制度派経済学的観点から韓国金融システムの将来へ向けたビジョンを提案し，このビジョンを実現するための改革政策について検討する．

とりわけ韓国のケースでは，1960年代という早い時期から韓国介入主義的産業政策により，直接的に標的産業に対する銀行貸付が管理され，割り当てられていた．その結果，銀行や他の金融企業は自立的な利益指向型の事業体には十分発展しなかった．健全な金融部門を確立する上でのこれら金融機関の役割

は消えると同時に，一方では銀行部門に対する政府の独りよがりは健全性規制さえもが手ぬるくなる程度にまで増大した．他方では銀行借入が容易なことで，企業は負債がひときわ大きい資本構造を拡大した．大きすぎて潰せないという遺物は，しばしばこの貸出集中によって後押しされ，種々の企業に非効率がはびこることになった．事実上，政府は基本的に興業銀行として活動する銀行と同時に産業政策のターゲットであった企業の生存を保護し，これにより広範囲なモラル・ハザード行動が育まれてしまったのである．

　韓国金融システムの現状を概観，評価した後，銀行部門の自立性と監視役の回復が必要であることを論じる．国の主な金融機関は目下証券市場においてより積極的な働きをすべきである．韓国では銀行は企業金融において主たる源泉であるが，新制度派経済学的見地からみると，これらの銀行は証券市場においてより積極的になるべきであると経路依存性が示している．株式投資，募債引受け，証券化および保険サービスといったより多岐にわたる金融商品や債券を供給することによって銀行が規模の経済を利用できるよう，総合銀行主義が十分に促進されるべきことを特に論じる．いうまでもなく，このようなシステムは一連の相当する規制緩和，銀行部門での強化された競争政策，および金融監督の適切な実施といった必要な制度上の措置によって後押しされなければならない．総合銀行主義の取り入れと共に，次いで金融システムは制約のない競争プロセスを経て内生的に効率の良い構造に向けて進化することが許されなければならない．同時に専門業務をないがしろにせず，そして事業展望から特に専門業務に適応することが適切である時は，総合銀行主義はこれを行うに十分柔軟でなければならない．このような制度により，企業部門は選択することができるより広範で十分な代替的財源が手に入り，これにより部門内での効率性が増すであろう．市場をベースとした，あるいは銀行をベースとした金融システムが結局のところ経済支配につながるかどうかは重要ではない．より重要なことは，外生的金融システム，政府の方針，法的フレームワーク，およびより広範な制度的環境に調和した管理体制を採用するための最大限の自由を企業に認めるような制度が発達することである．

　要するに，韓国金融システムの隠れた弱点を認識し，さらに金融システムの

進化，国の制度的背景に対するその関係，そしてこれらの環境が企業行動にいかなる影響を与えるかについての概念的検証を行うために新制度派経済学のフレームワークをあてはめ，その後，本章ではそこで提示された韓国金融部門のビジョンと改革政策の基礎概念的分析を行う．本章他では以下のような体系となる．次節では韓国金融システムの現状を説明し，銀行をベースとした金融システムとしてのその進化とその若干の弱点を示す．また本金融システムにおいては，きわめて必要となる証券市場の育成が困難であることも検討する．第3節では，文化，慣習，伝統，法制度，および政府方針がいかに内生的企業（金融業，非金融業であれ）に対して外生的制約として作用するかを示すために，新制度派経済学を用いて一国の金融システムと大企業間の相互の影響を説明するための理論的フレームワークを提示する．第4節では，韓国金融システムの将来へ向けたビジョンの提案を行い，第5節では，本ビジョンを実現するために必要となる特定の政策と政策に関連した勧告について検討する．第6節は本章のまとめとなる．

2．韓国金融システムにおける弱点

　韓国が市場をベースとした金融システムとは対照的な銀行をベースとした金融システムを採用しているということは珍しいことではない．金融システムを銀行ベースとした多くの国，たとえばドイツや日本は第二次世界大戦後に強固な経済を確立し，20世紀残りこれを維持してきた．朝鮮戦争（1950-53年）後の韓国金融システムはドイツや日本が採用したシステムに類似した道をたどった[1]．たしかに韓国の銀行をベースとした金融システムの起源は，朴正熙政権が国家の経済発展に独占的介入を行った1960年代にまで遡ることができる．当時，韓国経済は過度に低レベルな資本蓄積によって特色づけられていたので，政府は銀行の資金動員活動を管理し，また経済再建と産業発展に過度に要求される国内資本の蓄積をさらに援助するために新銀行の創設さえ行った．40年近くの間，このような銀行をベースとした金融システムの下，韓国経済は記録的な伸び率を維持し，ついには1996年にOECDに加盟した．多数の成果にもか

かわらず，1997年の金融危機によって韓国特定銀行をベースとした金融システムの隠れた弱点が多く露呈した．

韓国金融システムが弱体化した原因の根本的要因は政府の産業政策であり，これは国家の産業組織に明らかな影響を残した．金融緩和に促され，また政府に後押しされ，韓国経済成長にとってもっとも重要なものとして政府の重化学工業政策が認定した標的産業への参入に企業は魅了された．この政策レジームによってこれらの産業における特定企業の成長が促された．銀行貸出の他に代わりとなる国内的資金提供源はほとんどなく，また政府は利率を管理し，これを人為的に低く保持していたため，銀行資金はさらにいっそう魅力的となった．この理由から，徐々に強化された産業－銀行関係によって韓国企業特有の高い挺率が助長された．これにより，大きすぎて潰せないという遺物も相まって，大企業に対する貸出集中はスピードを増した．企業の拡大戦略の手助けとなる一方，これにより企業の資本構造は負債がきわめて高いものとなった．この措置は1997年経済危機の勃発と共に，突然の停止へと追いやられた．他の文献，たとえばジャ（2001）では，不適切な為替レート政策および金融自由化策の不適当な順序づけが1997年金融危機の直接的原因であると認識している．これらの背後には2つの主な考察すべき問題がある．すなわち，40年近くにわたる政府の積極的な介入主義的政策の結果であった金融システムの固有の弱点，およびさまざまな構造的障害の原因であった金融および企業の両部門におけるモラル・ハザード行動が経済全体に広まっていたことである．これら問題に着手するため，政府はもう一度金融および企業の再構築を，今回はIMF指導の下で，求めた．これにより，金融および企業の両部門において，「グローバル・スタンダード」の追求がより厳格に実施に移された．

当初は，危機勃発後の韓国金融状態を早急に救うために，さまざまな金融企業に多額の公的資金が注入され，その貸借対照表をクリアにした．金融部門はすぐに幾分かの安定を取り戻し，ノンバンクの金融企業を除くほとんどの金融機関は政府方針が要求する自己資本比率を上回った．より最近では，金融持ち株会社，投資信託，資産担保証券，そして金融企業間の吸収・合併といった多くの新たな種類の金融制度や契約の導入により，韓国金融部門は重大な転換を

経験してきている．経済再生に必要とされる幾分の安定性の回復が金融改革によって促進されている．それでもなお，不良債権再出現の可能性が未だかなりある．これは部分的には大企業の若干の負債問題が未解決になったままであることが理由である．さらに，より憂慮すべきは，銀行側のモラル・ハザード行動が継続しているように思われる．たとえば，倒産寸前の金融企業に公的資金を注入して援助するという優れた政策意図であっても，これにより現実的にはモラル・ハザード行動が助長されており，これら企業の生存を保証した過去の政府方針を彷彿とさせる．

　政府は近年，韓国金融システムの効率性改善を目標に置いているが，これは韓国が高度に競争の激しい金融業界で持続的経済成長を達成するとあれば前提条件である．それでもなお，韓国金融部門の再建へ向けた努力は種々の困難な道をたどっている．まず，銀行部門での競争力の向上と自立性回復は困難な課題として残されている．銀行業が経済に対して広く影響力があるとするならば，政府は非金融企業が銀行を所有することを禁じる傾向がある．さらに，金融改革要請と共に，政府は銀行判断に対する影響力がなおも減じられないようにするために銀行の所有者資格を増強してきた．これら理由のため，自立的銀行経営は未だに実現していない．銀行の主たる活動は主として預金収集機能による顧客への貸出にほぼ限定されるという範囲で，銀行はなおも規制を受けている．結果として，銀行は収益獲得機会が制限されているが，このことが先進国と比べて不利に彼らの競争力に影響しているのである．銀行業参入への規制は未だ非常に制約的であり，銀行間でのほとんどの吸収・合併は政府の影響下にあり続けている．これらは部分的に銀行業における競争圧力が欠如していることを示している．競争圧力が緩やかであり，銀行は政府保護を受けられるので，利益増大や新たな財テク開発の強いモチベーションが銀行間で欠如するのである．たとえば，銀行は借り手の信用格付けに応じて融資金額を増やすが，彼らは未だに主として借り手の担保に依拠した判断基準を基に貸付を続けている．これは銀行に実行可能投資と実行不能投資の見極め能力がないことを表している．銀行管理は政治的要因によって影響されるだけではないが，しばしば監督官庁は銀行のリスクを監視する上での専門知識を十分持ち合わせていない．し

たがって，銀行部門の自立性と競争力回復以前になされなければならないことがなおも多くある．

次に，韓国証券市場は鍵となる金融制度として国際的にもまだ遅れをとっている．政府が特に1990年代初頭以来証券市場の改善に尽力しているにもかかわらず，韓国証券市場は企業の資金源および企業活動を監視するメカニズムとしての単なる役割を果たしているにすぎない．これは部分的には，韓国証券市場の大部分の投資家は金融機関というよりはむしろ個人であることが理由である．広く知られているように，企業情報を普段十分入手しない，投資が広範囲に分散している，投資に対して近視眼的見方をしている，長期的投資を避けるといった理由から，韓国の個人投資家は何かと弱体的である．また個人投資家はハイリスク投資からの損失の受け入れに対してより脆弱である．韓国の個人株式投資家に対しては，韓国の民間企業や金融機関，あるいはアメリカのようなより発達した国の個人投資家に与えられる保護に相当する保護が依然としてない．さらに，証券市場は非常に貧弱なため，韓国ではインサイダー取引が広く行われており，投資リスクは一般的に高い水準にある．近年政府が企業会計と経営の透明化向上に尽力しているにもかかわらず，なされるべきことが数多くある．証券市場に対する韓国政府方針，そして幾分銀行市場は，たびたび矛盾してきた．このように，証券市場は一般的に韓国における企業の資金源として銀行融資の陰に未だ隠れた状態にあるという結論に至る．

この点の他の重要な特質は国の制度と現代文化における深い対立である．低水準の信用が韓国企業と社会に蔓延しており，法のルールが未だ支配的特長ではなく，根深い友人びいきが続いている．これらの特徴は韓国金融市場，特に証券市場の発展を妨げる制度上の弊害として作用してきた．

上記のさまざまな議論を踏まえると，政府は制度的に投資家が参加するよう促して，証券市場を育成すべきである．証券市場に参加する銀行や他の経済主体は企業活動を規律する重要な監視メカニズムとして機能すべきである．これにより，1997年の危機の発端である過剰な企業債務構造を招いた銀行支配の金融システムの清算が助長されるであろう．この議論に関する概念的フレームワークを以下の第3節で展開した後，引き続き第4節でこの議論を詳細に行う．

3. 金融システムと企業構造の進化[2]

　豊富な実証的かつ理論的文献によって，銀行をベースとした金融システムと市場をベースとした金融システムのメリットに関する比較がなされてきた[3]．本節ではアングロ・サクソン諸国と銀行をベースとした金融システムを採用する他の国の金融システムの進化過程を比較することで，証券市場と銀行が，代替的にではなく，相互補完的に扱われるべきとする理由を説明する．また一国の金融システムがその国の個人あるいは企業の行動にいかなる影響を与えるかについても説明する．まずは一国の金融システムは本質的に企業構造に関係があり，いずれも国の文化，伝統，法制度，そして政府方針といった多岐にわたる制度的要因に影響されることを論じる．この関係において，一国の金融部門の進化を深く理解するために，より綿密に金融システムの選択と企業構造・行動間の相互作用を調査する必要がある．

　新制度派経済学では，企業は永久に自らを周囲の制度的環境に順応させる組織として捉えられる．順応は企業が生存の可能性を最大化するために，経済的および社会的環境を考えて必要な改革を調整し実行する時に経るプロセスである．より具体的には，直接的なものから間接的なものまで列挙すると，文化・社会的要因，政治制度，政府の経済政策，そして金融システムといった外部的あるいは外生的環境に企業の行動は左右される．文化と伝統は総合的な外生要因として作用し，経済における他のすべての当事者，すなわち政治制度や政府の経済政策決定から金融システムのタイプや企業行動までをも制約する．同様に，政治制度は法制度を確立することによって，他のすべての当事者を制約する（ゲームの規則）．狭義の政府は経済政策を通じて金融システムと企業部門に影響を与える．金融システムは選ばれたタイプの企業融資を提供することによって，企業行動を制約する．

　表8-1は「グローバル・スタンダード」を象徴する先進アングロ・サクソン諸国の金融システムと銀行部門が非常に特徴的なヨーロッパ大陸，日本，韓国，その他東アジア諸国における他の経済圏の金融システムとの間の基本的相違点

表8-1 文化，金融システム，および企業構造

	変動要因	アメリカ，イギリス	ヨーロッパ大陸，日本，韓国
制度上の制約	文化的背景 国家統治の慣習 法体系	形式的関係 法による支配 英米法	非形式的関係／友人びいき 人間による支配 大陸法
金融システムの進化	金融システム	市場ベース	銀行ベース
企業構造と行動の進化	企業金融 所有者構成 企業経営と目的	株式による資金調達 分散 ・高い透明性 ・投資家保護 ・強い社外BOD ・低い負債比率 ・株主価値に対する 　高い尊重	債券発行による資金調達 集中 ・低い透明性 ・企業家保護 ・弱いBOD ・高い負債比率 ・株主価値に対する 　低い尊重

を表にしたものである．要するにここでは，市場をベースとした金融が重要である国と銀行をベースとした金融が支配的である国の基本的特徴を分類している．

表によると，先進アングロ・サクソン経済圏は形式的関係と制度に対する尊重および法による支配の普及に特徴づけられており，これが形式的なビジネス上の契約に対する強い尊重につながるのである．これらすべての特徴は基本的に証券市場の文化に調和している．したがって，証券市場はこのような経済圏における企業金融の優れた供給源となり，そして証券市場の支配により企業部門は経営の責任と透明性を維持せざるを得ず，株主価値を尊重しなければならないという状況に立たされるのである．

他方において，たとえば韓国のように非形式的制度に強く影響され，より高い取引コストに特徴づけられる傾向がある国では，異なる事情が生まれる．形式的関係が相対的に重要ではない環境において個人の関係を育む必要があるということから，友人びいきが結果として生じる．この点で，「法による支配」とは対照的な「人間による支配」が蔓延することになる．書面による契約が法的に拘束力を持つとみなされない非形式的制度の文化では，直接的なビジネス

契約と個人の関係を必要とする傾向があるが，これによって銀行貸出市場に支配された金融システムが誘発されるのである．銀行融資は通常借り手の背景情報を調査した後に行われるが，しばしばこの情報では確実な評価が可能とはならないため，非形式的および個人の関係が銀行業務の顕著な特徴であるとして広く認識されている．さらに，法による支配と形式的関係が弱い国における証券市場の個人投資家は，相対的に独断で判断し，投資期間を短期とする傾向がある．銀行貸出に支配された金融市場の下で進化する企業構造と行動は，通常，よりみえ難い管理体制で特徴づけられ，2番目に重要視されるべき株主に対する尊重の態度があまり示されない．この場合，銀行は企業構造と行動を決定する上で，証券市場よりも重要な役割を果たす傾向がある．

　一国の金融システムの選択は資本蓄積のレベルによっても制約される．これにより，金融システムの選択，そしてそれゆえの企業構造と行動のタイプは，国家の経済発展レベルに関係づけられる．戦後の経済再建期に，より発展的でありかつより強いキャピタル・ベースを持っていたアングロ・サクソン諸国と比較した場合，ヨーロッパ大陸同様に日本や韓国の経済圏ではスタート・アップと成長のための十分なキャピタル・ベースが，特に追い上げ段階において，不足していた．このように，新規事業の立ち上げに対する融資や既存事業の拡大に要する十分な資金を生み出すため，金融機関が強調された．少額貯蓄をすばやくかき集めて大規模借入に利用可能な大規模共同出資にするという点では，銀行の預金収集機能は理想的であることが判明した．このようにして，これら制度の経路依存的性質を考えると，ドイツ，日本，韓国のような国の銀行をベースとした金融システムの強化は，経済追い上げの初期段階に固定されてしまった．これらの国々では銀行をベースとした金融システムを企業融資の主たる財源として保持し続けている．

　資本蓄積レベルの結果によって，進化する企業構造と行動は明らかな影響を受ける．たとえば，ドイツや日本のように，韓国は銀行をベースとした金融システムを採用している．企業は大規模に借り入れなければならず，また時として貸出市場から過剰に借り入れるため，企業の財務体質は高い負債率で特徴づけられる．他方，産業革命への初期転進国であったアメリカやイギリスのよう

表8-2　1999年抜粋国の企業金融のパターン[a]

(％)

国	証券市場	株式	債券[b]	貸出市場
ドイツ	56.6	54.3	1.3	33.3
日本	43.1	33.8	9.3	38.8
韓国[c]	43.9	17.3	26.6	32.1
イギリス	76.4	70.0	6.4	18.6
アメリカ	74.8	66.6	8.2	12.1

注：a 非金融民間企業の負債総額のシェアで表す．
　　b 社債と非持分証券．
　　c 韓国では，利率が1桁数値にまで下げられるとすぐに大企業は流動性問題を回避するために1998年に巨額の社債を発行した．
出所：Bank of Japan (2000) and Bank of Korea (2002).

なアングロ・サクソン諸国では，彼らの初期の資本蓄積によって支えられたよく発達した株式市場を構築することができた．これらの国々では，負債率は低く保たれ，経営の透明性と株主権利の尊重が企業行動の基準である．表8－2は本議論を確証するものである．イギリスとアメリカの企業は3分の2以上の企業融資を証券市場に依存しているが，ドイツ，日本，そして韓国の企業は相対的に大部分の投資計画に関する資金調達のために，銀行から資金を取得している．さらに，韓国企業の株式市場に対する依存は1999年では17.3％にすぎず，これは調査対象国の中でもっとも低い数値であり，韓国株式市場がかなり貧弱で浅薄であることを示している．

4．金融改革のビジョン

　一国の金融システムに対する将来のビジョンは以下の2点を考慮しなければならない．第1に，経済システムの経路依存性を無視してはならない．「グローバル・スタンダード」はたびたびグローバル競争力獲得の必須条件といわれているが，これに固執する金融制度に関する抑圧が目下多く存在する．市場ベースと銀行ベースの金融システムのいずれが優れているかという問題はさてお

き，あるシステムから他のシステムへの急速な転換はたやすい作業ではないことを忘れてはならない．まさになぜなら，上記の説明どおり，金融システムはより広い制度上の要因によって制約されるからである．他システムへの転換は莫大な取引コストがかかるであろうし，特に新システムが国の文化，ビジネス慣行，その他の制度上の要因に矛盾するのであれば，非効率的と判明しさえするかもしれない．

第2に，金融システムの相違が国家の経済活動の重要な決定要因であるかどうかを慎重に評価しなければならない．経済活動を強化する上での金融システムの役割に関する論争には長い歴史がある[4]．アングロ・サクソン型の市場をベースとしたシステムとドイツや日本のように銀行をベースとしたシステムのメリットおよびデメリットについては，経済学の文献の中で詳細に議論されてきたが，いずれが優れた金融システムであるかは未だにコンセンサスが得られていない[5]．しかしながら，銀行は個人投資家と比べると企業を監視する上で規模の経済を得ており（Diamond 1984），特に融資に当たって投資計画の質に関する情報の入手が高くつく場合は重要であると，幾人かの著者は見出している．他方，証券市場には市場参加者の種々の見解を統合する利点があり（Allen 1993），それ自体が多種多様期待が寄せられる企業投資の理想的賛同者となる．これが意味するところは，個々の企業投資は特定の融資形態と系統的に関連しているので，より十分な経済活動を保証する「適切な」ものとして特定の金融システムを強調することは適当ではないということである．いずれにせよ，第3節でも述べたように，市場をベースとした金融システムを採用して成功している国もあるが，銀行をベースとした金融システムを採用して成功している国もある．これが指し示すのは，1つのシステムがあらゆる国によって追い求められなければならない優れたシステムであるとは限らないということである．

韓国は市場ベースと銀行ベースの両システムのメリットを含む金融システムを採用すべきと思われるが，この種の協調的システムは2つの金融システムの共存と相互補完を認める可変的政策を採用することで達成されるであろうことを主張する．結果として，企業は広範囲な金融財源の中から選択できるいっそうの裁量権を得ることになるであろう．この意味において，韓国の歴史的運命

と同様に金融市場および制度の現状を考慮すると、ビジネスの領域を投資銀行の領域にまで広げることによって商業銀行が貸出市場で重要な役割を持続し、なおかつ証券市場でも重要なプレーヤーとなる総合銀行主義を認めることが、戦略として優れている。この点については次節で詳述する。さらに、説明したように、金融システムは企業に対して外生的であり、また企業活動にきわめて影響力があるため、必要とされるのは金融市場と企業戦略の間の対話プロセスを通して効率的な金融システムの進化が認められるべきということである。このようなシステムによって安定的で健全な企業部門が創設されると共に、韓国特有の文化、社会、そして政治および法体系に沿った経済発展が促進されなければならない。

図8-1は韓国金融システムのビジョンをまとめたものである。韓国証券市場の個人投資家は、短期的見通しに特徴づけられる投資行動のために限られた役割しか担っておらず、また投資リスクをたびたび軽視するため、直接投資で

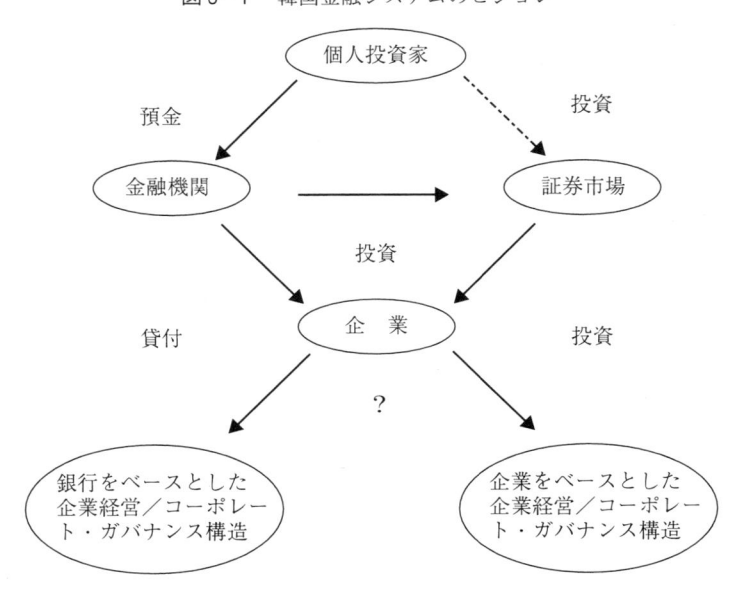

図8-1 韓国金融システムのビジョン

注：------▶ 個人投資家が証券市場で限られた役割を担うことを示している。

はなく，総合銀行を通じて間接的に証券市場に係わった方がよいであろう．すなわち，総合銀行は貸出市場ではもちろんのこと，証券市場でも重要な役割を担うべきである．このようにして，銀行は金融市場における個人投資家のために企業の活動を監視することによって，企業に対して規律励行の市場圧力を加えることになろう．しかしながら，世界的金融レジームの展望に関する不確実性により，政策策定者が事前にいずれの金融システムと企業形態が好ましいかを決定することがしだいに困難かつ望ましくなくなるので，将来の金融システムに対しては可変的政策を提案する．企業側では，ドイツのケースのように主として銀行融資に依存した銀行ベースの企業形態と英米企業のように通常は証券市場を通じて投資計画の資金調達する市場ベースの企業形態はいずれも，企業文化を含む経営環境はもちろん，彼らの経営戦略の性質に従って自由に同時的進化をとげるべきである．生存へ向けた競争の後押しにより，金融および企業構造の最善の形が生まれると確信する．

5．韓国の金融改革の指針

韓国特有の制度的環境を考えると，このようなビジョンを実行に移すには韓国金融システムにとってどのような明確な政策革新が必要とされるであろうか．強調されるべきは2つの役割である．すなわち，第1は証券市場の役割であり，第2は銀行の役割である．両制度が企業判断のサポートと監視に当たって重要となる．あらゆるいっそうの改革に対する前提条件は，金融のことであれ企業のことであれ，制度上の改革である．本節では，専門銀行主義と総合銀行主義，競争の規制緩和と促進，および健全性規制について検討する．

5.1　金融システムの制度的背景の改善

第3節でも述べたように，韓国特有の経済環境，特に金融市場と企業に関するこれら要因について十分に理解を得ることが必須である．本ビジョンに対する適切な政策措置を考えだす上で，最適な金融システムへ円滑に移行するための機会と同時に，その制約も認識する必要がある．韓国の文化や法制度といっ

た制度上の要因は政府による過去の開発戦略に深く根差したもので，これにより発育不全の金融システムの形成が助長されたことを認識する必要がある．また金融機関の意思決定プロセスと金融市場における政府による介入によって，市場志向の金融システムの発展が全体として妨げられてきたことはすでに述べた．したがって，よりいっそうの投資家保護を行う，透明性のある企業会計および経営水準を要求する，政府による介入を削減する，そして政府による金融政策を安定させることによって金融市場制度を改善する必要がある．投資家にグローバル市場のルールを強制することによって，政府は間接的に投資家の態度や行動，企業の経営行動を是正している．金融市場における政府介入への依存は希望のないものであることを投資家は知るべきであり，彼らは自らの決定に全責任を負い，好都合であってもそうでなくても結果を受け入れるべきである．同様に，企業はグローバル市場のルールに従わずして生き残ることはできないことを悟るであろう．この規模の改革には長期にわたる形成期間を要すると歴史は語るが，このような改革を通じて，韓国金融システムはよりいっそう「グローバル・スタンダード」に歩調を合わせることになるであろう．

5.2　ビジョンへ向けた主な手段としての総合銀行主義

　第4節では，韓国の将来の金融システムのために提案したビジョンを実現するための主な手段として，総合銀行主義を提唱した．このビジョンの主な趣旨は，市場をベースとした金融システムと銀行をベースとした金融システムの両システムのメリットを満たすことができるようなシステムを構築することである．総合銀行主義はこれを可能にするだけでなく，他の多くの優位性もまた兼ね備えている．
　第1に，総合銀行主義は商業銀行が証券市場において主要な投資家となる手助けを可能にする．上述の通り，韓国金融システムの多くの弱点は，銀行融資と締りのない健全性規制の枠組みに重度に偏っていることから生じているものである．このような理由によって，銀行貸出を補完するための重要な代替的企業金融の財源として，韓国は強固な証券市場の育成を迫られているのである．証券市場育成に当たっては，なおも多くなされるべきことがある．それは，内

部関係者が株価を操作できるほどに依然として上辺だけのものである．一般的に個人投資家は投資に対して近視眼的見方をしており，投資による損失を受け入れる準備がほとんどなく，広範囲に投資を分散するので，彼らは証券市場において安定した需要母体を構成しない．したがって，企業部門にとって十分に機能する証券市場を確立するためには，個人投資家と共に商業銀行のような機関投資家による証券市場への積極的参加を促すことが適切となろう．

　第2に，銀行の収益性は総合銀行主義によって改善される．激しいグローバル競争のため，単に預金と貸付に関する顧客サービスのマージンで運営を行うだけでは，銀行の競争力維持はいっそう困難である．さらに，資産および負債管理規制によってしばしば銀行部門の収益性は悪化した．多様な投資機会によって預金者は手形市場，証券会社，投資信託会社といった従来の銀行預金よりも優れた投資環境を見つける強いインセンティブが与えられる．しかしながら，多岐にわたる金融商品やサービスを提供することによって，また当座預金，劣後負債，株主持分，証券化の裏保証，スワップ・カウンターパーティー持高といった多様な債権を保有することによって，銀行は総合銀行主義により国内および世界的競争者に対する競争力を強化するよう駆り立てられる．オフ・バランスシート項目の金融サービス，たとえば証券化や募債引受けなどによっても，銀行の顧客基盤の拡張が促されるであろう．

　総合銀行主義にはさらなるメリットと優位性がある．たとえば，銀行は新規事業を通して保有資産を分散させることで，リスク・ポジションを強化することができる．より重要なことは，ある金融機関の中で金融商品を組み合わせることには強い範囲の経済性がある[6]．これら範囲の経済性は，一定範囲の金融商品を顧客に販売するコストに基づく貯蓄から生じるものである．また銀行は融資拡大の際，借入企業による行動の情報を収集し続けるが，これにより銀行は顧客のリスクと可能性を容易に評価できるので，情報収集と監視には規模の経済性がある．個人投資家と比較して，銀行は企業行動を監視し，個々の企業情報を収集するきわめて高い能力を持ち合わせているため，より高度な手法で金融資産投資の意思決定および投資リスクの管理を行うことができる．企業は最適金融を銀行にだけでなく証券市場にも求めるようになる一方で，個人投資

家は彼らの貯蓄を活用するためにいっそう銀行預金商品に依存するであろう．結果として，銀行は貸出市場における貸し手としてだけでなく，証券市場における投資家としても重要な役割を担うことになるであろう．

アメリカとイギリスは1980年代から金融規制緩和を進めてきており，韓国は商業銀行に事業活動拡大の機会をより多く提供することによって1990年代にその足取りをたどった．しかし未だ，金融規制緩和によって商業銀行は証券市場における主要機関にはなっていない．商業銀行はごく限られた方法によって株式市場で投資が行えるだけで，普通株の仲介や引受けといった株取引に直接従事することは通常禁じられている[7]．直接的従事に代わるものとして，商業銀行は子会社として証券会社を設立することによって間接的に証券業務に携わることが認められている．しかし銀行が関与することが厳しく規制されていることもあって，母体行と証券子会社との間には，たとえ情報共有，金融商品の革新・プロモーション・販売，そして役員の兼任といった分野であっても，相互作用はほとんどないため，彼らが範囲の経済性を獲得することは不可能に近い．これが意味するところは，現実には韓国の銀行制度は未だに専門銀行主義以外の何ものでもないということである．

他方，証券業界の厳格な規制によって，証券会社もまた投資銀行の多くの純粋な職務を遂行することが禁じられている．たとえば，証券会社は仲介および引受け業務に従事することはできるが，コンサルタント業，トラスト・ファンド，そしてほとんどの先物売買やオプション取引に携わることはできず（例外はKospi 200指数[訳注1]の先物・オプションである），これらは証券会社の子会社に割り当てられている．特に，証券会社のトラスト・ファンドからの締め出しによって，機関投資家としての企業の能力は減衰させられ，その結果，韓国証券市場の発展が妨げられた．

総合銀行主義の導入によって，韓国金融部門は強化されるといえるであろう．個人投資家を補完するために銀行が機関投資家として証券市場に参加し，より積極的役割を担うことが認められることで，最適金融システムへ向けた円滑な進化がこれによって可能となる．主なOECD諸国では，種々の形式で総合銀行主義が採用されている．総合銀行主義の韓国への導入は，国内銀行の競争力

だけでなく金融システムにおける証券市場の役割強化のための重要なステップとなることができよう．十分に発達した総合銀行主義は，銀行が直接的に証券市場に参加できるよう，商業銀行と投資銀行の企業内統合を通じてもっとも適切に展開される．さらに，本システム構築の完全化を促進するためには，韓国証券業界の規制緩和も求められるであろう．

これまでは総合銀行主義の強みを検討してきたが，その弱みも踏まえておく必要があろう．証券サービスへの参入によって銀行のポートフォリオ・リスクが増大する可能性があるという理由で，総合銀行主義を批判するオブザーバーも存在する．しかしながら，ある企業の普通株の購入はコール・オプションの購入に相当し，ある企業への貸付は当該企業の価値を原資産としてプット・オプションを売ることに相当するので，これは説得力のある主張とはならないであろう．

単に総合銀行主義を実行するだけでは望ましい結果を約束することにはならない．総合銀行主義はその効率性と安定性を向上させる政策によって補われる必要がある．最大限の効率化を達成するためには，銀行所有の規制緩和と産業内での競争圧力を生み出すための法的参入要件緩和が重要となるであろう．他方，モラル・ハザード行動を防ぐために高度な健全性規制が維持されることが，安定性によって求められる．効率性と安定性に関するこれら2つの問題については，続く2つの節で競争と健全性規制の促進について考察する際に，さらに検討を加えることにする．

5.3　金融部門における規制緩和と競争促進

商業銀行の自立が確立され，維持されなければならない．過去においては銀行の自立を向上させるために，すべての大手商業銀行の政府保有による株式の売却や政府所有の特殊銀行の民営化など，若干の措置がなされてきた．しかしながら，1997年の金融危機勃発以降，金融および企業改革のために政府は必要とされる銀行に巨額の公的資金を注入してきた．結果として，政府のシェアは多くの銀行において株式の70％を上回っており，事実上，国有化寸前の状態となっている．このような状況にあっては，モラル・ハザードが同様に続く

ものと予想される．たとえば，銀行が深刻な財政トラブルに陥った際，政府は公的資金で彼らを救済する以外にほとんど手はないであろうことは，大いに予測がつく．商業銀行が事実上国有化されるというこの逆行は，これら銀行の政府保有による株式を安くして至急売り払うことによって，商業銀行の自立性を回復させるよう早急に是正されるべきである．

非金融企業が商業銀行大株主になれるよう，銀行所有の規制緩和も必要になるであろう[8]．銀行所有の規制緩和によって，目下の分散所有構造によって生じるモラル・ハザード行動が減少するだけでなく（政府保有による株式は除く），銀行経営における将来の政府介入も防ぐことができるであろう．しかしながら，非金融企業の所有により不健全な貸出集中が誘発される恐れがあるため，銀行所有の規制緩和には明確で効果的な健全規制制度が伴うことが重要となる．このように，政府は金融機関の所有に関する規制緩和後，通常は政治的動機が込められた典型的ケースであるCEOsの選任といった銀行経営の介入から徐々に退いて行くべきである．

政府所有の銀行，たとえば韓国開発銀行は債券担保証券（CBO）およびローン担保証券（CLO）の形で彼らの社債を購入することによって，2001年に支払い不能に陥った企業に流動性を提供する上で重要な役割を担ってきているが，その民営化もまたより厳格に続行されるべきである．金融市場におけるこのような政府による介入はモラル・ハザードを増幅させるだけであり，これにより――特に韓国の場合は――どちらかといえば借り手がより大きなリスクを負担することが助長され，金融市場における市場原理は無意味なものとなり，ひいては経済的非効率に結びつくのである．

競争の拡大により，経済的効率性が改善する．銀行部門もこのルールについては例外ではない．競争は銀行業参入の法的障壁を下げること，および市場が信頼に足るシグナルを送る手助けをすることによって促進される．韓国では銀行業への法的参入障壁が過剰であると思われる．たとえば，銀行業参入には高水準の資本が要求されるが，これによりただ同然で現存銀行は設立上のレントを享受することが可能になっているのである．最低資本要件をEUまたはアメリカレベルにまで下げることによって[9]，潜在的参入者からの競争圧力が招き

入れられるべきであり，設立済の銀行は他の何よりも効率的な投資の意思決定を行うよう強いられるべきである．このような措置を効果的なものにするためには，市場参入が政治的動機によって影響を受けることがないよう，適格性テストが最低限に抑えられなければならない．物的資本，支店，評判，およびその他の無形資産に対する投資といった経済的障壁のため，銀行業は通常の感覚では高度に競争が激しいものではないと思われる．しかしながら，仮に経済的障壁によって経済的利益が生まれるとするなら，最小限の法的参入障壁による銀行業は議論の余地がある産業と考えられる．議論の余地がある産業においては，吸収および合併は規制を受けるべきではなく，競争が最重要の指針となるべきである．この点について，銀行所有の規制緩和もまた，銀行業における競争力を維持する上での重要な要因である．

5.4 総合銀行主義におけるリスクを最小化するための健全性規制

総合銀行主義は，銀行がよりリスクの高い行動をとることを認めることで商業銀行主義の本来の不安定性を悪化させるかもしれない．競争もまた，銀行が顧客を引きつけるためにリスクの高い戦略を選択するよう促すことで金融システムの不安定性を増加させるかもしれない．したがって，金融システムの安定性を保つために，よく計画されたセーフティー・ネットを提供することが重要となる．2001年に導入された銀行預金保険は銀行部門の安定性を手助けするものとして機能している．しかしながら，銀行は貸出リスクにかかわらず均一保険料を課せられているため，より多くのリスクを引き受けることの阻害要因がないのである．そこで，銀行が均一保険料から生じるモラル・ハザード問題を処理するためのリスクベース保険料を提案する．若干の研究により，銀行預金保険の価格設定の有効性が検討されてきた[10]．それにもかかわらず，差別的保険料は銀行の特性について必要な合図を表すものであり，また銀行間の競争の誘発を促すものであるということに，特に預金者がこのような合図に敏感である場合に注目することが重要である．

すべての銀行に一律に適用される均一の自己資本比率は，銀行制度の安定性を保証するために一般的に利用されるもう1つの手段である．これにより銀行

は負債比率の削減，および資産のポートフォリオの再構築が求められる．この措置は1997年の金融危機以前に韓国に導入されたが，それが監督官庁によって厳密に実施されたのは危機勃発後のみである．それにもかかわらず，自己資本比率がお粗末であり，多角化することによる利益を無視しているようにみえることが分かる．リスク・ウェイトはあまりに単純で，適切に危険率を反映しないので，銀行は金融革新を通じて，必ずしも健全性を改善することなく，株主資本比率を削減する方法を見出した．国際決済銀行（BIS）は2001年にこれらの欠点を認識し，そして資本適正度プログラムの新方式を提唱した．これは監督官庁がリスクの適正評価に基づく高度なリスク敏感型自己資本規制を銀行に取りつけることを提案するものである．韓国は近い将来，この高度なリスク敏感型資本適正度プログラムを採用する計画である．

　最後に，早急な是正的行動が重要であるため，銀行規律・監督官庁は問題の隠蔽や規制制約を助長する傾向にある政治的プロセスから十分に抜け出す必要がある．

6．おわりに

　周知のように，銀行や他の金融機関は貸出という点においてだけではなく，不健全な事業計画を除去するフィルター・サービスを提供するということによっても，有益な役目を果たしている．韓国における主たる財源として，その称するところによれば，銀行は産業化促進を手助けする機能を担ってきた．政府は銀行の経営上の判断，しばしば融資割当の決定，人員配置，およびその他のことでかなり大きな位置を占めてきたので，韓国の銀行は重要な監視機能をほとんど果たして来ず，また企業に対する規律励行的圧力をふるうこともなかった．

　本章では，異なる国で異なる金融システムが採用されている理由について論じた．特に，証券市場を非常に特徴とするアングロ・サクソン諸国の金融システムの進化の足跡をたどり，ドイツ，日本，および韓国のようなより銀行支配の強い経済圏の金融システムとの対比を行った．新制度派経済学的考え方を採用することによって，金融システム，企業行動，そして政府方針，法制度，文

化，伝統などのより間接的に目することができる制度上の変数との間の複雑な関係も示した．特に，外生的要因は，実施される改革の程度を制約するものとして作用するため，あらゆる改革プランの設計においてないがしろにすべきではないことが判明した．韓国金融システムの内在的弱点は1997年の金融危機勃発により明るみに出たが，その後，韓国政府はIMFのような国際機関と共に種々の改革プログラムを設置した．アングロ・サクソン経済圏を連想させる証券市場は企業金融の代替的財源としていっそう強調されている．「グローバル・スタンダード」はある程度は歓迎されようが，これを課すことが韓国の今日的金融問題を解決する唯一の策ではない．代わりとして，可変的政策を提案した．

金融システムは，それにもかかわらず，盲目的に改良を加えるべきではない．あらゆる改革努力の効果を最大化するためには，その国特有の制度的環境や金融市場における各当事者間の相互作用を適切に理解することが求められる．ここで示したモデルによって強調的に示唆されていることは，一国の金融構造の根本的構成はその国特有の制度的環境および金融企業の生産技術，金融市場の規模，そして金融市場と企業の対話的プロセスといった市場要因によって決定づけられるであろうということである[11]．たしかに，金融システムの根本的形式とあらゆる国の企業構造はグローバル環境における生存競争を通じて進化するであろうということを過度に強調することはできない．

韓国特有の制度的環境の関係においては，現在の専門銀行主義を補完するために総合銀行主義を導入することを提案する．このようにして，銀行は貸出市場における貸し手としてだけではなく，証券市場における投資家としても重要な役割を担うことになるであろう．金融機関の自立性は回復されなければならず，また韓国金融部門における総合的効率性を向上させるために競争が容認されなければならない．最後に，金融市場の安定性を強化するために，効果的な健全性規制制度を確実に導入し，そしてこれを維持すべきである．

訳注 *1)* Kospi とは Korea Stock Price Index（韓国総合株価指数）の略で，Kospi 200 指数とは韓国証券取引所に上場されている企業の中から，規模，業種，流動性などの点から選別された上位200社から構成された指数である．

（訳・山本慎悟）

注

1) 次節では，銀行ベースと市場ベースの金融・企業システムの比較分析を行い，第4節では，すべての国が追求すべきというような1つのシステムでもそれが必ずしも他のシステムより優れているとは限らないことを論じる．
2) 本節はJwa（2001）を加筆修正したものである．
3) たとえば，Allen and Gale（2000）を参照されたい．
4) 金融，企業，そして法制度の経済活動への影響に関する調査報告の概要は，Carlin and Mayer（2000）においてみられる．
5) 1980年代後半頃，当時の日本経済は英米のそれよりも急速に発展していたことから，日本の銀行ベースの金融システムはアングロ・サクソン型の市場ベースの金融システムよりも優れていると広く考えられていた．しかし1990年代の日本における長期的不況後の2000年初頭，状況は逆転した．
6) 国際データを使用した結果，Jwa and Lee（2001）によると，金融企業はその企業規模が拡大するにつれ，また金融市場が大きくなるにつれ事業の多角化を選択する可能性がより強いことが判明したが，これは総合銀行主義を採用すべきとする筆者のビジョンを裏づけるものである．
7) 銀行に関する規則の規定によると，銀行はその資本の60％までを証券投資に充てることができ，その資本の3倍相当までの債権を発行することができる．銀行は1企業の全株式のうち，議決権を持つ15％以上を取得することはできない．
8) 韓国では個人投資家は商業銀行の株式を10％までしか取得することができず，非金融企業に関しては4％までである．規制当局の許可があればそれ以上の取得も可能ではあるが，一般的には許可は与えられない．韓国金融システムは，先進OECD諸国の規制に相当するような新しい所有規制を採用すべきと考える．これらの国々では，銀行所有に何ら事前の制限を設けていない．たとえばドイツでは，株保有のシェアが20％，33％，50％の基準を超えた時に大株主は中央銀行に報告することのみが求められている．アメリカ連邦規則はドイツよりも幾分厳しいものとなっているが，韓国と比べるとはるかに開放的である．
9) たとえばアメリカおよびイギリスでは，最低資本要件はそれぞれ100万ドル，100万ポンドであるが，韓国の要件では1000億ウォン（アメリカの約80倍）である．
10) たとえば，Chan, et al.（1992）およびKupiec and O'Brien（1998）を参照されたい．
11) たとえば，市場需要が拡大すると，規模の経済性による金融の生産活動は大量生産の優位性を通じて専門化される傾向があり，専門銀行主義へと導かれる．しかしながら，市場需要があまりに小さく規模の経済性による優位性を得ることができない場合は，規模の経済性と範囲による経済性による金融活動は他の金融の生産活動と統合される可能性がある．詳細については，Jwa（2001）を参照されたい．

参考文献

Allen, F.（1993）, 'Stock markets and resource allocation', in C. Mayer and X. Vives (eds.), *Capital Markets and Financial Intermediation*, Cambridge University Press.

Allen, F. and D. Gale (2000), 'Comparing financial systems', MIT Press.
Bank of Japan (2000), *Comparative Economic and Financial Statistics, Japan and Other Major Countries.*
Bank of Korea (2002), *Monthly Bulletin* (in Korean), January.
Calomiris, C. W. (1988), 'Universal banking "American-style"', *Journal of Institutional Theoretical Economics*, 154, 44–57.
Carlin, W. and C. Mayer (2000), 'How do financial systems affect economic performance ?', in X. Vives (ed.), *Corporate Governance : Theoretical and Empirical Perspectives*, Cambridge University Press.
Chan, Y. S., S. I. Greenbaum and A. V. Thakor (1992), 'Is fairly priced deposit insurance possible ?', *Journal of Finance*, 47, 227–45.
Diamond, D (1984), 'Financial intermediation as delegated monitoring', *Review of Economic Studies*, 51, 393–414.
Jwa, S. (2001), *A New Paradigm for Korea's Economic Development : From Government Control to Market Economy*, London : Palgrave.
Jwa, S. (2002), *The Evolution of Large Corporations in Korea : A New-Institutional Economics Perspective of the Chaebol*, London : Edward Elgar Publishing.
Jwa, S. and I. Lee (2001), *International Comparison of Diversification in the Financial Sector and its Implication*, Korea Economic Research Institute (in Korean).
Jwa, S. and I. K. Lee (eds.) (2000), *Korean Chaebol in Transition: Road Ahead and Agenda*, Korea Economic Research Institution.
Kupiec, P. H. and J. M. O'Brien (1998), 'Deposit Insurance, Bank Incentives, and the Design of Regulatory Policy', *Federal Reserve Board, Finance and Economics Discussion Series*, Working Paper No. 10.
Mishkin, F. S. (2000), 'Financial markets reform', in A. O. Krueger (ed.), *Economic Policy Reform*, Chicago : University of Chicago Press.
Santos, J.A.C. (2000), 'Bank capital regulation in contemporary banking theory : A review of the literature', *BIS Working Paper* No. 90.
Vives, X. (1991), 'Banking competition and European integration', in A. Giovannini and C. Mayer (eds), *European Financial Integration*, Cambridge University Press.
World Bank and IMF, Global Banking Law Database (http://www.gbld.org).

第Ⅳ部
第1次産業戦略

第9章　グローバル化時代における韓国の農業戦略

ユ・チョルホ（Chul Ho Yoo）

1. はじめに

　韓国の農業部門は，生き残りをかけて先例のない難題に直面している．この部門は，1970年代以来経済の急速な工業化でGDPに対する貢献が縮小している．また，特に1990年代半ば頃から，韓国農業はグローバル化を経験してきた．韓国国内の農業へのグローバル化の影響は，国内農産物市場の自由化と国内農業の国際競争力の強化の両者を促進している．この両者が生計を農業部門に依存している韓国国民の問題を大きくしている．

　1994年の農業に関するウルグアイ・ラウンド協定のすべての農産物の市場開放の要求に従って，韓国の農産物輸入量は1990年代後半を通して増大し続けた．それは，全体として農業部門への重大な損害の可能性について農村における人々の間に危機意識を喚起させた．農家数の減少に加速がかかったことと，いくつかの農産物がいっそう不安定に価格変動したことからも明白である通り，重大な損害の兆しがさらに明らかになった．その間に韓国政府は，グローバル市場でいっそう競争力をつけるようにこの部門を再構築する取り組みを強化した．

　農産物を輸出する国の多くが大国であり，貿易障壁と関税の両方を段階的に廃止することによって，それらの国々が広範囲にわたる市場参入を要求すると予想されるので，農業について世界貿易機関の現在進んでいる交渉は韓国にさらに向い風を吹かせると予想される．2001年11月のドーハ開発アジェンダ（Doha Development Agenda）の開始によりWTOへの中国の加盟が，韓国へ中国

の農産物の無差別な流入を可能にすることによって，韓国の農業部門に損害を与えることにはさらに深刻な懸念がある．地理的に韓国の隣にある中国は，韓国の主食穀物であるが故に，政治的・経済的に韓国にとってもっともセンシティブな製品である米の輸出を準備していることは知られている．これはセンシティブであるため，韓国政府は，農業貿易交渉におけるすべての製品の中で特に国内の米生産を保護しようとし続けている．中国は，さらに低価格で新鮮な野菜と果物というような付加価値の高い農産物を輸出する可能性を認めている．韓国への中国の輸出は，グローバル化時代における農業競争力を増強する方法として付加価値の高い製品を生産するという韓国の主要な農業政策の目標に直接挑むであろう．

韓国は，世界的と地域的な農業環境のこれらの強烈な変化から生じる難題にどのように対応するのであろうか．本章は，1990年から2000年まで韓国の農業部門の発展に関する概要から始める．この1990年から2000年までは，この部門のまさに生き残りに挑戦した重大で予測もできなかった10年間であった．そして，グローバル化が押しつけた要求に直面した韓国の農業部門の競争力を強化するための戦略を検討する．それから，本章は，2001年ドーハのWTOラウンドにおける農産物自由貿易交渉の韓国農業に対する影響を考察することから始める．本考察は，韓国農業の概要を提供するだけではなく，さらに今後の発展を明らかにするであろう．

2．過度期の農業 (1990年～2000年)

1990年代は，事実上韓国農業のすべての面にわたって過渡期であった．農業に利用可能な土地は，急速な工業化につれて産業－居住目的の土地需要の増加の直接的な結果として1970年代以来減少している．韓国の総土地面積は，2000年に990万ヘクタールであった．総土地面積のうち，農業に利用されている土地は，2000年にわずか190万ヘクタール，すなわち19パーセントで，1970年の230万ヘクタールから17.8パーセントの減少であった（MAF 2002）．米の生産にほとんど使用される土地または水田は，2000年に耕作地の60.8パー

セントを占めていた．残りの耕作地は，畑の穀物，果物，野菜に使用された．

また，農地利用の削減とともに，若い労働者が都市や工業地域へ移動したことで，その利用度は，農村地域の労働力不足問題から著しく減少した．総耕地面積は1970年の330万ヘクタールから2000年の210万ヘクタールへ，35.7パーセントも減少しており（表9-1），一方，上記に示したように，同じ時期に農業に利用可能な土地が230万ヘクタールから190万ヘクタールへ減少した．

工業化によるマイナスの影響にもかかわらず，農産物の総額は1970年代から増加した．それにもかかわらず，この増加率は経済全般の成長率からは遅れていた．表9-2に示されるように，1990年代の間に，当時の価格で農産物の総額は1990年の17兆7,000億ウォンから2000年の31兆8,000億ウォン（すなわち，281億ドル）へ1年当たり5.5パーセント増加した．同期間に，当時の価格で農業の付加価値は，12兆8,000億ウォンから20兆6,000億ウォンへ増加，すなわち4.7パーセントの年平均成長率であり，その一方，韓国経済のGDPはこの期間に11.2パーセントの年率で成長した．その結果，GDPへの農業の貢献は，やがて，2000年の4パーセントへ減少した（NSO 2001）．国民経済に対する農業の貢献の相対的な減少は，韓国の農業部門が直面した困難を反映している．

農産物の構成も時間とともに変化した．農産物における畜産物の金額による割合は，穀物を犠牲にして増加した．後者は1990年から2000年の期間に22パーセントから25.5パーセントへ増加した一方，前者は78パーセントから74.5パーセントへ減少した．2000年の金額による穀物の構成に関して，米は33パーセントで大半を占め，続いて野菜が21.1パーセント，果物が8.1パーセント，脂肪種子を含むその他の穀物，中国ハーブ，園芸作物が12.4パーセントを占めている．金額での割合が小さい方の商品群の中で，園芸作物が金額で顕著な増加を示した．それは1990年から2000年に2,390億ウォンから5,390億ウォンへ2倍以上になった（MAF 2002）．

韓国農業の変化の別の面としては，農業世帯数と農業人口の減少がある．表9-2に示されるように，農業世帯数は1990年の176万7,000世帯から2000年の138万4,000世帯へ21.7パーセントも減少し，また，農業人口はこの期間に666万1,000人から403万2,000人へ39.5パーセントも減少した．同じ期間に，

表9−1 主要作物の生産面積の変化, 1990−2000年

	1990	1991	1992	1993	1994	1995	1996	1997	1998	1999	2000
耕作総面積（'000ヘクタール）	2,409	2,332	2,260	2,285	2,205	2,197	2,142	2,097	2,118	2,116	2,098
食用穀物[a]（％）	69.3	67.0	65.4	64.2	63.6	61.3	62.6	62.7	62.9	62.7	62.8
米	51.6	51.8	51.2	49.7	50.0	48.1	49.0	50.2	50.0	50.4	51.1
大 麦	6.6	5.5	4.6	5.1	3.9	4.1	4.4	3.3	4.0	3.6	3.2
その他[b]	11.0	9.7	9.7	9.4	9.8	9.2	9.1	9.2	8.9	8.7	8.5
果 物（％）	5.5	5.9	6.5	6.7	7.4	7.9	8.0	8.4	8.3	8.2	8.2
野 菜（％）	11.5	12.8	17.5	13.9	13.7	18.4	18.2	17.4	17.0	17.8	18.4
その他[c]（％）	13.7	14.3	14.7	15.1	15.3	12.4	12.4	11.5	11.8	11.3	10.6

注： a 四捨五入してあるので，各要因の合計は，各年の合計とは一致していない．
b 豆類，じゃがいも，小麦やトウモロコシというような穀物．
c 園芸用植物，クワの木，脂肪種子，中国ハーブを含む．

出所：Ministry of Agriculture and Forestry, *Major Statistics of Agriculture and Forestry 2001 and 2002*, Seoul：Ministry of Agriculture and Forestry.

総世帯数対農業世帯数の比率は，21.7パーセントから9.7パーセントへ減少し，また総人口対農業人口の比率は，39.5パーセントから8.7パーセントへそれぞれ減少した[1]．この人口の減少は，農家が別の収入源を求めて都市や工業地域に移動したことで農業部門の減少を反映している．農業世帯数の減少の結果，総農耕地は実質的に減少したが，農業世帯一世帯当たり耕作可能な土地の平均的広さは1.4ヘクタールへ増加した（表9-2）．

農業世帯の所得は，農業所得，農業以外の所得，国庫補助金から成る．表9-2に示されているように，農業所得の割合は，1990年の56.8パーセントから2000年のわずか47.2パーセントへ減少した．これは，農業世帯が農業活動だけでは生き残れないことを示している．農業生産性を最大にするために，専業農家がもっぱら農業生産に専念することが良いということから，この状況はパラドックスを意味している．しかしながら，農業生産は，実際には農家の副業になり，農業で高い生産性および競争力を達成することとは反対に作用する状況になった[2]．

また，耕作地の構成は時間とともに変化した．表9-1に示されるように，食用穀物のための耕作地の割合は，1990年から2000年までの期間に全体的に減少したが，野菜と果物というような付加価値の高い作物の耕作地の割合は増加した．2000年の農作物による耕作地の構成比（209万8,000ヘクタールの総耕作地面積に基づく）は，次の通りである．すなわち，食用穀物（米の51.1パーセントを含む）は62.8パーセント，野菜は18.4パーセント，果物は8.2パーセント，その他は10.6パーセントであった（表9-1）．長期にわたる農作物の構成における変化は，需要が減少した穀物から世帯所得の増大とともに需要が増加した果物や野菜というような高価格の作物へ韓国農民が土地やその他の資源を転換したことを示している．

食品の消費パターンは，上述したように，農産物の構成に対応した変化を促し，時間とともに著しく変化した．表9-3に示されているように，都市世帯による食料支出は1990年の220,800ウォンから2000年の447,000ウォンへ2倍少々増加した一方，家計収入は同じ期間に2.5倍増加した．表9-3は，穀物への支出の割合が，1990年の20.3パーセントから2000年のわずか12.7パーセ

表9-2 農業生産の主要指標の変化, 1990-2000年

	1990	1991	1992	1993	1994	1995	1996	1997	1998	1999	2000
農産物の価格（現在の価格表示で1兆ウォン）	17.7	19.2	20.4	20.7	23.4	25.9	28.1	29.3	29.6	31.9	31.8
農作物[a]	13.8	14.7	15.8	15.7	18.1	19.9	21.2	22.4	22.1	23.9	23.7
畜産物[b]	3.9	4.4	4.6	5.1	5.3	6.0	6.9	6.9	7.5	7.9	8.1
農業のGDPシェア（%）	7.2	6.4	6.3	5.6	6.1	5.2	4.9	4.5	4.2	4.3	4.0
GDPの成長率（%）	9.0	9.2	5.4	5.5	8.3	8.9	6.8	5.0	-6.7	10.9	9.3
農業における付加価値成長率（%）	-6.7	3.3	10.4	-3.9	-0.1	9.4	4.2	4.3	-6.5	6.6	3.2
農家数（'000）	1,767	1,702	1,641	1,592	1,558	1,501	1,480	1,440	1,413	1,382	1,384
農業人口（'000）	6,661	6,068	5,707	5,407	5,167	4,851	4,692	4,468	4,400	4,210	4,032
平均農業所得（'000ウォン）	11.0	13.1	14.5	16.9	20.3	21.8	23.3	23.5	20.5	22.3	23.1
総農業所得における農業所得のシェア（%）	56.8	53.7	50.7	49.8	50.8	48.0	46.5	43.4	43.7	47.3	47.2
農地の平均規模（ヘクタール）	1.2	1.2	1.3	1.3	1.3	1.3	1.3	1.3	1.4	1.4	1.4
水田（ヘクタール）	0.8	0.8	0.8	0.8	0.8	0.8	0.8	0.8	0.8	0.8	0.8
高地（ヘクタール）[c]	0.4	0.4	0.5	0.5	0.5	0.5	0.5	0.5	0.5	0.5	0.5

注： a 脂肪種子，薬草，園芸商品，きのこを含む．
b 豚，鶏，ミルク，蜂蜜，小動物を含む．
c 四捨五入してあるので，各要因の合計は，各年の合計とは一致していない．
出所：Ministry of Agriculture and Forestry, *Major Statistics of Agriculture and Forestry 2001*.

ントへ著しく減少したことを示している．ここで議論された減少のほとんどすべては，1990年の総食料支出の20.3パーセントから2000年の39.4パーセントへほぼ2倍になった1つの食料支出カテゴリー，つまり，外食の目覚しい増加によるものである．食料支出のこれらの変化は，最近における家庭の食生活のパターンの変化を示している．この期間に，これらのタイプの食料支出の絶対額が著しく増加したとしても，他の食品（肉，乳製品，魚，野菜，海草，果物，香辛料）に対する割合は，わずかに減少した．食料支出において現在進んでいる傾向は，消費者が米のような穀物に対しては少なく，肉，乳製品，果物，野菜に対しては多く支出することが当分続くと予想される．

韓国は，十分な農耕地資源に恵まれておらず，輸入穀物に大いに頼らなければならない．穀物生産は時間の経過とともに減少し，その一方で，その消費は増加した．その結果として，穀物（米，大麦，小麦，大豆，トウモロコシ，豆類などを含む）に対する自給率は減少し，輸入は増大した．表9-4に示されているように，1990年から2000年までの期間に穀物総生産は，700万トンから590万トンへ減少した一方，消費は，1,630万トンから2,000万トンへ増加した．このことは，1990年の43.1パーセントから2000年の29.7パーセントへ穀物自給率の減少をもたらした．農産物の輸入は，1994年に農業に関するウルグアイ・ラウンド協定の決着をみる前でさえ，必然的なことと考えられていた．

韓国は，主食である米に対して自給を維持した．それは，政治的にも，経済的にも，もっともセンシティブな食料品とみなされてきた．米の年間生産は，1990年の590万トンから2000年の530万トンへ，1990年代を通して実質的に減少した（表9-4）．このことは，消費の減少に対する米の生産調整を反映している．1人当たりの米の消費は，1年当たり1990年の119.6キログラムから2000年の93.6キログラムに減少し，この10年間に21.7パーセントも減少した．この期間に，韓国で米の総消費は6.1パーセント減少した．韓国は1980年代初めの数年間に米を輸入したとはいえ，米に対してはうまく自給を維持できたといえよう（表9-4）．

表9-5に示されているように，肉，鶏肉，乳製品の需要は，1人当たりの所得の増加とともに増大した．牛肉の総消費は1990年から2000年までの10

表9-3 食品ごとの月別家計支出, 1990-2000年

	1990	1991	1992	1993	1994	1995	1996	1997	1998	1999	2000
家計所得 (1,000ウォン)[a]	943.3	1158.6	1356.1	1477.8	1701.3	1911.1	2152.7	2287.3	2133.1	2224.7	2386.9
総支出 (1,000ウォン)	685.7	818.3	941.9	1021.9	1140.4	1265.9	1426.9	1489.5	1316.2	1478.9	1632.3
食料支出 (1,000ウォン)[b]	220.8	258.6	285.7	301.7	341.6	367.1	409.5	427.5	365.9	412.1	447.0
(%)	(100.0)	(100.0)	(100.0)	(100.0)	(100.0)	(100.0)	(100.0)	(100.0)	(100.0)	(100.0)	(100.0)
シリアルとパン (%)	20.3	18.1	16.1	15.0	13.6	12.7	13.3	12.5	13.2	13.7	12.7
食 肉 (%)	11.8	12.5	12.2	11.9	11.2	11.5	10.8	10.2	10.5	10.3	10.1
乳製品 (%)	5.4	5.0	5.2	5.1	4.8	4.7	4.3	4.2	5.2	4.7	4.3
魚と貝 (%)	9.5	9.7	9.8	9.4	8.9	9.1	8.8	8.2	8.0	7.6	7.2
野菜と海藻 (%)	11.2	11.2	10.8	10.2	10.7	9.7	9.2	9.1	9.6	9.0	8.0
果 物 (%)	7.1	8.0	8.0	7.4	8.2	7.8	7.4	7.2	6.1	6.2	6.1
香辛料[c] (%)	5.3	5.3	5.3	5.1	4.9	4.3	4.0	3.7	4.4	3.8	3.4
スナックと菓子 (%)	3.7	3.8	3.9	3.7	3.7	3.7	3.6	3.6	4.3	4.2	3.9
アルコール飲料を含む茶と飲料 (%)	3.7	3.8	3.9	3.7	3.9	3.7	3.6	3.6	3.9	3.8	3.7
その他の食料品 (%)	1.2	1.2	1.5	1.7	1.5	1.3	1.4	1.2	1.2	1.1	1.2
外 食 (%)	20.3	21.4	23.4	26.4	28.6	31.5	33.3	36.3	33.6	35.5	39.4

注: a 現在の価格表示で(全国平均)月別家計収入。
b 食品群および外食に対する支出は、総食料支出に対する比率として示してある。四捨五入してあるので、各要因の合計は、各年の合計(100パーセント)とは一致していない。
c 食用油、赤トウガラシ、ニンニク、醤油なども含む。
出所: National Statistics Office (2001).

表9-4 穀類収支, 1990-2000年

収穫年度[a]	1990	1991	1992	1993	1994	1995	1996	1997	1998	1999	2000
生産 (1,000トン) (A)	7,013	6,563	6,256	6,205	5,465	5,816	5,504	6,031	6,122	5,831	5,931
米	5,898	5,606	5,384	5,331	4,750	5,060	4,695	5,323	5,450	5,097	5,263
輸入 (1,000トン)	10,022	11,078	12,103	12,174	13,073	14,258	14,278	14,167	13,141	13,860	14,624
米	—	—	—	—	—	—	115	—	75	97	107
消費高 (1,000トン) (B)	16,282	17,467	18,322	18,336	19,530	19,974	20,867	19,814	19,469	19,858	19,961
食用[b]	9,981	10,250	10,303	10,118	10,373	10,601	10,495	10,402	10,633	10,040	10,014
米	5,444	5,478	5,524	5,509	5,414	5,557	5,225	5,070	5,216	5,278	5,114
動物飼料用	6,301	7,219	8,019	8,218	9,157	9,373	10,372	9,412	8,835	9,106	9,285
年末在庫高 (1,000トン)	3,657	3,831	3,868	4,011	3,019	3,119	2,034	2,418	2,198	2,031	2,625
米	2,025	2,141	1,999	1,820	1,156	659	244	497	806	722	978
(A)／(B)×100 (％)	43.1	37.6	34.1	33.8	23.0	29.1	26.4	30.4	31.4	29.4	29.7
米	108.3	102.3	95.5	96.8	87.8	91.4	89.9	105.0	104.5	96.6	102.9
1人当たりの消費高 (kg)	167.0	165.7	163.8	159.2	160.9	160.5	160.2	157.9	156.4	156.9	153.3
米	119.6	116.3	112.9	110.2	108.3	106.5	104.9	102.4	99.2	96.9	93.6

注：a 収穫年度は前年の11月1日から当年の10月末までとしてある。
b 数値は、列に沿って貯蔵中の種子および穀物の減耗を含んだ動物飼料以外のその他に使用された総穀物量に関連している。それらは、各年の総消費から動物飼料に使用された穀物のトン数を控除することによって算出されている。

出所：Ministry of Agriculture and Forestry, *Major Statistics of Agriculture and Forestry 2001*, Seoul : Ministry of Agriculture and Forestry.

表9-5 主要畜産品, 1990-2000年

		1990	1991	1992	1993	1994	1995	1996	1997	1998	1999	2000
牛 肉	総消費高 (1,000トン)	177.0	223.3	226.9	233.0	269.8	301.2	322.9	362.0	345.5	392.7	402.4
	国内生産高[a] (1,000トン)	94.9	98.5	99.6	129.6	147.3	154.7	173.7	227.7	260.1	239.7	212.4
	輸入高 (1,000トン)	82.1	124.7	127.3	103.4	122.5	146.5	149.2	134.2	85.4	153.0	190.0
	輸出高 (1,000トン)	0.0	0.0	0.0	0.0	0.0	0.0	0.0	0.0	0.0	0.0	0.0
	自給率[b] (%)	53.6	44.1	43.9	55.6	54.6	51.4	53.8	65.4	79.0	61.1	53.2
	1人当たりの消費高 (kg)	4.1	5.2	5.2	5.3	6.1	6.7	7.1	7.9	7.4	8.4	8.5
豚 肉	総消費高 (1,000トン)	504.8	510.8	585.0	613.2	632.2	661.7	697.0	698.3	700.8	755.4	779.9
	国内生産高[a] (1,000トン)	502.2	495.1	583.1	613.2	613.9	625.0	655.0	630.7	650.8	616.1	674.0
	輸入高 (1,000トン)	2.6	15.8	1.9	11.3	18.3	36.7	42.0	67.6	49.9	139.3	105.9
	輸出高 (1,000トン)	5.8	3.6	8.5	11.3	11.1	14.3	36.9	51.6	88.3	80.3	16.2
	自給率[b] (%)	100.6	97.7	102.8	102.5	98.9	96.6	99.3	100.1	106.9	94.2	93.5
	1人当たりの消費高 (kg)	11.8	11.8	13.4	13.9	14.2	14.8	15.4	15.3	15.1	16.1	16.5
鶏 肉	総消費高 (1,000トン)	171.7	206.5	231.5	240.8	244.6	268.1	283.3	279.0	260.4	283.0	327.3
	国内生産高[a] (1,000トン)	126.2	206.5	234.5	240.8	244.6	262.3	273.5	261.0	247.4	237.0	259.8
	輸入高 (1,000トン)	0.0	0.0	0.0	0.0	0.0	5.8	9.8	18.0	11.7	46.0	67.5
	輸出高 (1,000トン)	0.0	0.0	0.0	0.0	0.1	0.2	0.2	0.4	0.8	1.0	1.7

自給率[b] (％)	100.0	100.0	102.3	101.6	100.7	98.7	98.4	95.0	95.3	84.1	79.9
1人当たりの消費高 (kg)	4.0	4.8	5.3	5.5	5.5	6.0	6.3	6.1	5.6	6.0	6.9
卵											
総消費高 (A) (1億)	71.5	76.7	77.1	81.3	80.1	82.6	85.4	86.9	82.9	84.0	87.1
国内生産高 (B) (1,000トン)	71.5	76.7	77.1	81.3	80.1	82.6	85.4	86.9	82.9	84.0	87.1
輸入高 (1億)	0.0	0.0	0.0	0.0	0.0	0.0	0.0	0.0	0.0	0.0	0.0
輸出高 (1,000トン)	0.0	0.0	0.0	0.0	0.0	0.0	0.0	0.0	0.0	0.0	0.0
自給率 (％)	100.0	100.0	100.0	100.0	100.0	100.0	100.0	100.0	100.0	100.0	100.0
1人当たり消費高 (数)	167	178	177	184	181	184	189	189	178	180	187
牛乳と乳製品											
総消費高 (1,000トン)	1879.0	1869.2	1920.4	1983.7	2078.3	2143.8	2465.4	2439.9	2286.3	2747.4	2798.3
国内生産高 (1,000トン)	1879.0	1698.2	1850.7	1947.3	1917	1948.0	1990.7	1995.4	2004.7	2291.5	2158.7
輸入高 (1,000トン)	0.0	171.0	69.7	139.7	131.0	195.9	474.6	444.5	281.7	455.9	639.6
輸出高 (1,000トン)	0.0	0.0	0.0	0.0	0.0	0.0	0.0	11.3	12.6	4.7	8.3
自給率 (％)	101.2	94.3	98.0	95.3	94.4	93.9	85.2	85.8	92.4	85.2	82.1
1人当たり消費高 (kg)	43.8	43.2	44.0	45.1	46.8	47.8	54.5	53.3	49.2	58.6	59.2
1人当たり国民総生産高 (US$)	5886	6810	7183	7811	8998	10,823	11,380	10,307	6742	8581	9628
人口 (10,000)	4287	4330	4375	4420	4464	4509	4555	4599	4643	4686	4728

注：a 各年度の国内生産高と輸入高から消費された量である。単位以下の輸入高と輸出高の合計を0.0として表わしている。
b 自給率（％）：(国内生産高＋輸入高＋年度末在庫高－年度内総消費高)／(年度内総消費高)×100.
出所：Ministry of Agriculture and Forestry, *Major Statistics of Agriculture and Forestry 2001*, Seoul and National Agricultural Cooperative Federation, Materials on Price, *Supply & Demand of Livestock Products 2001*, Seoul.

年間に2.4倍も増加した．同様に，同期間に1人当りの牛肉の消費は2倍以上になった．国内の牛肉生産は，時間の経過とともにかなり増加したが，国内消費のわずか半分しか満たしていなかった．豚肉について，韓国は，国内消費と国内生産がおよそ同じ程度に増加したので，時々若干の輸出と輸入を行って1990年代には自給をしていた．また，鶏肉の総消費は，1990年代にほぼ2倍になった．国内供給は，1990年代半ばまで消費を充足していた．しかしながら，それ以来，自給率は2000年に79.9パーセントへ下落した．同様に，乳製品の総消費はこの10年間に1.5倍も増加し，自給率はやがて2000年に82.1パーセントまで低下した．

　畜産物（肉，乳製品，鶏肉）に対する需要の増加は，韓国が国内で供給することができないことで，輸入された飼料用穀物を使用することによってそれらの製品の国内供給の増加に対応した．かなりの量の飼料用穀物が輸入された．たとえば，2000年に，使用された総飼料用穀物（トウモロコシ，小麦，ライ麦，その他）の820万メートルトン，すなわち，97パーセントが輸入された．飼料用穀物の輸入は，肉と乳製品のより大きな需要によって増加し，その肉と乳製品の需要は，1人当たりの所得の増加によって増大した．しかしながら，すべての肉と乳製品に対する国内市場の自由化が進むにつれて，肉と乳製品の輸入は，国内の供給業者からの供給を犠牲にして増加した．畜産場と牛の数は，2001年に牛肉市場の自由化でさらに減少すると予測される（Yoo 2000a：25）．これは，輸入飼料用穀物の需要を減少させるであろう．

　多くの農産物の自給率の低さと低下によって示されるように，韓国は農産物と食料品をかなり輸入しなければならない．農業用の限られた土地資源を考えると，韓国は，国民所得の増加と食物に対する嗜好の変化によって食料品需要の増加と多様化に対応するために農産物の輸入にますます依存せざるをえなくなった．表9-6に示されているように，輸入された農産物の総額は，1990年の38億ドルから2000年のおよそ68億ドルへ増加した．この期間に年6パーセントも成長した．主として1994年のGATTのウルグアイ・ラウンドの結果として韓国市場の開放のために，1994年から1997年までに農産物の輸入は著しく増加した．農産物輸入は，金融危機に伴い1998年に落ち込んだが，2000年

に実質的に回復した．主要な輸出国は，アメリカ，中国，オーストラリア，イギリス，タイ，カナダであり，また，2000年の韓国の農産物市場における比率は，それぞれ34.1パーセント，16.4パーセント，11パーセント，3.1パーセント，3パーセント，2.9パーセントであった（Korea Trade Association 2001）．総輸入対畜産物輸入率は，時間の経過とともに穀物輸入率を犠牲にして増加した．2000年の時点で，前者は24.8パーセントで，後者は75.3パーセントであった（表9-6）．穀物とその他の主要輸入品目には，小麦，トウモロコシ，大豆，豆類，脂肪種子，タバコ，果物，野菜が含まれている．これらのうち，飼料用穀物の輸入は，総農産物輸入のかなりの部分を占めている．

畜産物の輸入は，1990年代に急速に増加し，2000年には総額で17億ドルに達した（表9-6）．2000年の韓国への主要な牛肉輸出国は，アメリカ，オーストラリア，カナダ，ニュージーランドで，それぞれの市場シェアは，55.3パーセント，29.6パーセント，7.8パーセント，4.7パーセントであった（Korea Meat Trade Association 2001）．牛肉の輸入と外国産牛肉の卸売と小売に関する量的規制が，2001年1月時点で廃止されたので，畜産物の輸入が今後さらに増加すると予想される．

韓国農産物の輸出は，主に菓子類，アルコール飲料，ヌードル，コーヒーなどの加工食品と飲料に限定されている．食料品加工のための原料の大部分は輸入されている．このことは，韓国農産物の輸出の増大を制限している．したがって，農産物輸出は農産物輸入よりもはるかに後れをとり，結果として農産物の貿易赤字をもたらしている．表9-6に示されているように，農産物輸出額は，1990年代中に農産物輸入額のおよそ5分の1であった．農産物輸出は，1990年代に増加したが，1年当たり平均4.8パーセントずつ増加した．これは，農産物輸入の6パーセントの平均成長率よりも低かった．その結果，農産物の貿易赤字は，1990年の30億ドル弱から2000年の55億ドル強に増大した．この持続的に増大する農産物の貿易赤字は，韓国農業政策の主要な懸念のままに残っている[3]．

表 9-6 農産物の貿易, 1990-2000 年

	1990	1991	1992	1993	1994	1995	1996	1997	1998	1999	2000
輸入高 (100 万 US$)	3,751	4,420	4,767	4,571	5,425.7	6,899.0	8,152.0	7,609.1	5,419.9	5,926.5	6,783.3
穀物およびその他 (%)	88.1	84.4	85.3	88.0	82.8	82.3	84.8	82.6	86.1	79.0	75.3
畜産物 (%)	11.9	15.6	14.7	12.0	17.2	17.8	15.2	17.4	14.0	21.0	24.8
輸出高 (100 万 US$)	795	756	800	810	951.8	1,242.2	1,424.1	1,507.8	1,390.7	1,411.2	1,277.2
果物, 野菜, 加工商品 (%)	91.4	92.2	89.5	87.5	87.8	87.5	81.7	78.8	72.1	71.1	88.7
畜産物 (%)	8.6	7.8	10.5	12.5	12.2	12.5	18.3	21.2	27.9	28.9	11.3
貿易収支 (100 万 US$)	−5,956	−3,664	−3,967	−3,761	−4,473.9	−5,656.8	−6,727.9	−6,101.3	−4,029.2	−4,515.3	−5,511.1

出所：Ministry of Agriculture and Forestry, *Major Statistics of Agriculture and Forestry 2001*, Seoul : Ministry of Agriculture and Forestry.

3．挑戦と戦略

　韓国の農産物市場は，農業に関するWTO協定の下で漸増的に自由化された．2000年に市場における11,036品目の農産物のうち，11,012の品目が自動承認製品になったという意味で，市場は，99.8パーセント自由化された（MAF 2002）．それにもかかわらず，農産物を輸出する国々は，韓国の農業部門がまだ非常に保護されているとみなし（Fisher et al. 2001），農業市場をさらに開放させるような外圧が韓国に対してもなお存在していることを示唆している．

　韓国の農業は，多くの難局に直面している．韓国は食料品需要の増大に対応するために，ますます農産物輸入に依存しなければならない．国内農産物市場のさらなる自由化は，国内農業部門とすでに衰退した農村社会に悪影響をもたらすであろう．農産物輸入の増加による有害な影響を最小にするために，韓国は，苦痛ではあろうが，農業部門において構造的な再調整に取りかかる必要があろう．構造改革は，現在きわめて弱体化した伝統的な部門を経済の競争力と活力のある部門へ変換するために利用される．これらの挑戦に対応する際に一連の特定の戦略が，提唱され，実施されるべきである．現在実施されている確認されたいくつかの戦略は，以下のものを含んでいる（KREI 1999a : 6）．

3.1　農産物の競争力の増進

　農産物の競争力を増進する努力は，特に1990年代初め以来進んでいる．主要な農産物の生産費の上昇は過去数年間抑制されており，いくつかの製品の生産費は下落した．たとえば，米の生産費は1980年代よりも1990年代の増加がはるかに少なく，そして，肉牛の生産費は実際に1990年代後半に減少したのである（MAF 2000）．これは，農業生産の構造改善に対する大規模な政府投資の影響に起因しているかもしれない．そして，それは，農業に関するウルグアイ・ラウンド協定の当時の差し迫った決着で農産物に対する市場開放の圧力に直面した1990年代初めに始められた．しかしながら，農家は規模が余りにも小さいので，生産で規模の経済を実現することはできない．これは，たとえ農

家の数が減少し，また政府が農家を大きくする計画を支援し続け，米の生産の規模を増大させたとしても，特に米の生産にあてはまっている（Kwon and Kang 2000）．肉牛，乳牛，豚，鶏などの畜産物のその他のカテゴリーにおいて，農家の数が1990年代に著しく減少し，そのいくつかは大規模農業へ発展した．この過程では，市場で輸入品と価格で競争ができるくらい低価格ではなかったけれども，生産費はかなり減少した．それにもかかわらず，国内で生産された製品のいくつかは，輸入されたノーブランド商品よりも一部の消費者に受け入れられ，その品質の割には高い価格で売ることができた．

　価格競争の不利益を相殺する方法として，農産物の品質を高めることが，1990年代初め以来「生き残り」のための戦略となった．その戦略は，一部の農業生産者が彼らの製品に対してハイエンドのニッチ市場を開拓することができたことによって成功の兆しを明らかに示した．この傾向は，高品質製品に焦点を合わせるさらなる取り組みが，さらにハイエンドのニッチ市場を開拓できることを示唆している．品質の競争力は，大部分新鮮さ，風味，安全性というような製品特性からなる．市場で製品を差別化し，高価格で高品質製品のニッチ市場を開拓することの現実的な取り組みとして，政府は，国内生産者が同じ一般的な他の製品とは差別化するために彼らの製品にブランド名を付けるように奨励した．ブランド名は，消費者を引きつけるために生産者の名前，生産地域，または高品質を意味するその他の特性を含むさまざまなところからつけられた．その他のブランド名としては，人の健康に役立ち，またはある健康問題を軽減させる「機能上の」利益があるとされる，おそらくは製品に含まれた若干の成分から決めたものもある．その適切な一例としては，さまざまな乾燥ハーブや商業飼料に他の原料を補った混合飼料で差別化することによって生産された高価格の高品質の肉牛がある．

　1998年以来政府による品質証明書のシステムは，「高品質」製品の市場の開発を促進した．ある生産者は，特許庁を通じて彼らの製品に対する特許を獲得した．2000年の時点で，農産物には4,082のブランドがあった．これらのうち，868ブランドが米やじゃがいものような農産物であり，426ブランドは野菜，768ブランドは果物，380ブランドが畜産物であった（MAF 2001a：14）．これら

のブランド品の半分以上は，特許を登録する過程を終っていなかった．畜産物は，登録率が61パーセントともっとも高く，農作物は27パーセントの登録率で，もっとも低かった．製品差別化を強化する政府の他の方策は，農産物に原産国表示を付けることを強制し，輸入された農産物を国産品として不当表示することに対する厳重な取締りを含んでいる．製品差別化を促進し，強化するためのこれらの方策は，外国の農産物を犠牲にして国産品の消費を促進するキャンペーンの一部とみなすこともできる．

3.2 農地の有効利用を制限する規制の改革

農業部門は，この部門を保護する多くの規制を維持してきた．とりわけ，食用穀物以外の穀物用農地の転換に関する規制は，住居および工業用のための土地の需要増大にもかかわらず長い間制限されていた．さらに，農家1軒当たり3ヘクタール以上の農地を所有することも長い間禁止されていた．これらの過度に制限のある規制は，この部門の競争力を高めるための緊急の必要性を認識して最近の10年間に継続して改革されてきた．また，農地所有の上限は，規模の経済性の利益が得られるような農業経営の拡大を促進するために1990年代に廃止された．

1994年の農業に関するウルグアイ・ラウンド協定の決着以来，韓国政府は，農地使用におけるものを含んだ既存の国内法と規制を検討し続けており，その部門の競争力を制限している多数の規制を廃止または緩和してきた（Lee 2000）．しかしながら，農業の競争力を高める可能性を実現するために廃止されるべき多くの規制がまだ残っている．農地の代替利用を制限する1つの典型的な例は，一部の指定された水田地域で米以外の作物を育てることと，穀物の貯蔵用納屋を建てたり家畜の飼育用小屋を建てるというような農業目的以外へ水田を転用することの両者の禁止である．

3.3 製品基準の実施および製品の国内基準と主要な貿易相手国の基準との適合性の増進

国内で生産される農産物の標準化は，さらに促進され，実施されるべきであ

る．農産物の標準化は，農産物の競争力を高めるのに寄与する．それは生産者から消費者へ農産物をマーケティングすることに関連するコストを減少させる．パッケージの表示と一致した品質等級，重量，容量の適切な表示は，さらに消費者の福利を増進させることに寄与する．それによって，消費者は購入時に適正な選択を行うことができる．

　1999年の農産物品質管理法によれば，韓国の農産物のマーケティングにおける基準は，品質等級，パッケージング，ラベルなどに対して制定された．しかしながら，全農産物に対して標準化の実施が遅れた結果から混乱を生じ，国内市場でさえ商品の取引における非効率を引き起こした．主要な果物や野菜の場合は，単一商品でさえ農家から小売店に至るまでの取引単位はマーケティングの段階毎で異なり，再包装と再計量が求められる（Jeon 1996）．いくつかの農産物の品質等級の実施が遅れているのは，消費者に非がある．消費者は，自分たちの認識不足のせいで，品質の等級とパッケージングに対して現行の基準を信じない傾向がある（KFRI 2002）．農産物品質管理法の実施によって，ペースは遅いものの，状況は改善してきている（MAF 2001b：15）．

　農産物の輸出を促進するために，標準化の努力は国境を越えて拡大されるべきである．その適切な一例は，1990年前半に始まったカナダへのタンジェリン・オレンジの輸出である．国内基準に合っているのにもかかわらず，輸出業者はパッケージ単位およびラベルというような項目においてカナダの取引基準に従うために製品を詰めなおすことを要求された．製品の輸出販路は増加してきたが，製品の国内基準と貿易相手国の基準との適合性を増進することも必要である．

3.4　食品の安全性の基準の強化

　国内で生産された農産物に対する食品の安全性に関する基準の強化の問題は，農業部門の継続した成長のために取り組むべき重要な領域の1つとして生じた．さらに，食品の安全性に対する消費者の関心は，近年高まっている．彼らは，製品の原産国にかかわらず，安全性が保証された商品に対しては快くより高い価格を支払う．

食品の安全性に関する基準を高くするために，政府は，1990年代以来，農産物における農薬，獣医薬，その他の許容残留量（MRL）を設定するに当たって，国際食品規格委員会の指針（Codex Alimentarius Commission's guidelines, http://www.codex.org）の立案過程に積極的に関与している．この指針は，肉と乳製品を含む農産物に対する食品の安全性に関する基準の向上に寄与してきた．1997年の環境にやさしい農業振興法や1999年の農水産物の品質管理法の制定によって，さまざまな政策が，国内で生産された農産物に対する安全基準を高めるために実施された．これらには，概して，異なった基準の施用化学農薬および肥料を基に育った製品に関する差別化されるラベリングの導入が含まれている．このラベリング・システムによって，同じノーブランド製品は，「通常」品や輸入品とは区別される．このラベリング・システムは，レタスやトマトなどの新鮮な商品を生産する農業者によってますます採用されてきた．肉と乳製品の安全性に関しては，ハセップ（HACCP : the Hazard Analysis Critical Control Point）システムが，適用される（1997年畜産物加工処理法第9条）．

　しかしながら，農薬のMRLsを超えた農産物が検査当局によって卸売市場のような場所で検出されるが，およそ報告されるその発生が示唆することは，生産者が食品の安全性に設定された指針に従っていないということである．また，ハセップの採用に関する調査報告によると，2001年後半までにハセップ・システムを採用した屠殺場は174軒のうち26軒を数えるのみであった（http://www.maf.go.kr）．屠殺場でこのシステムの採用を促進するために，政府は2003年までに強制的に採用させる計画である（MAF 2001b）．食品の安全性対策の採用の遅れは，農業者と加工業者の教育というようないっそうの活動が要請されることを示している．

3.5　研究開発投資の増加

　韓国農業部門の継続的な発展およびそのまさに生き残りを確保にするために，投資は，付加価値の高い農産物を生み出すためのコスト節約の技術と生産技術の開発へ向けられるべきである．グローバル化の影響が国内農産物市場へいっそう及ぶにつれ，農産物生産における競争力を強化する要素は，土地など

の従来の生産要素の規模というよりは，むしろ全国的レベルの農業技術になると思われる．農業技術水準を高めるために，本部門の研究開発（R＆D）の資金は増加させるべきである．

　本部門のR＆Dにおける増額された投資資金の必要性は，1994年の農業に関するウルグアイ・ラウンド協定の決着を進める期間中と期間後に認められた．この部門に対するR＆D資金は，その部門のリストラクチャリングへ融資するために徴収された特別税を流入させることによって1990年代初めに増加し始めた（MAF 1999）．この部門に対するR&D資金は，1993年のGDPの0.49パーセントから1997年の1.12パーセントへ増加した（KREI 1999a：6）．しかしながら，韓国のこの部門のR＆D資金は，まだアメリカ，EU諸国，日本というような他の先進国よりもはるかに後れている．GDP対当該資金の比率は，1994年にオーストラリアでは4.4パーセント，日本では3.9パーセント，1995年にオランダでは4パーセントであった（KREI 1999a：6）．

　バイオ技術における最近の発展は，高収益作物品種の開発を含め，農業生産性を向上させる多くの分野の応用にとり，良い兆候である．農業部門の可能性を実現するバイオ技術を開発するためのより多くのR＆D資金を動員するために，努力の結集が求められるであろう．

3.6　農産物輸出を増加させる取り組みの強化

　農産物の輸出を増加させる取り組みは，新しい輸出品の継続的な開発を含め，続けるべきである．韓国の農産物の輸出入は，金額で1990年半ばまで増加し続け，1996年にピークに達した（表9-6）．1997年の金融危機に反応して，韓国の農産物輸入は，1年間の減衰の後に増加し始めたが，その一方で韓国の農産物輸出は，停滞した．

　多くの問題が，韓国の農産物輸出を拡大する際に明らかになった．よく言及されている1つの問題は，製品の国内価格の変動が幅広く，予測不可能なことである．それは，輸出業者の信頼のできる輸出販路を維持する能力を損なうことである．いくつかの製品は，輸出の初期段階に典型的な問題であったパッケージング，ラベル表示，標準化という問題をかかえている．重要性が増してい

る別の問題は，輸出食品の安全性に関する水準を改善することである．確かに，これらの問題を克服することは，農産物輸出を増加させる今後の主要な動きであろう．このために，政府は，農産物に対する表示基準と食肉加工に適用されたハセップ・システムを強制するような多くの政策を実施した．

農産物輸出に関する別の問題は，国の食品の安全である．その目的は，取引関係者間の農産物貿易を制限する口実として悪用または，隠蔽されるべきではない．これらのセンシティブな問題を考えると，食品の安全の原理は，制限された貿易範囲を評価する客観的な方法がある貿易国間の(諸)製品の重要性について相互の認識に基づいて，適切に理解されるように，明確に表現するべきである．この目的のために食品の重要性を評価する基準は，以下のことを含む．

1. 予想可能で安定した価格で，いつでも世界市場における製品（ノー・ブランドの意味ではなく）の入手可能性．
2. カロリー摂取量，または，その他の基準に基づいた平均的食生活における製品の割合．
3. 一定期間に製品の供給と需要の不均衡によって引き起こされる社会経済的混乱の頻度と程度．

農産物輸出を促進する別の方法は，他の国々と自由貿易協定（FTAs）を確立することである．FTAsは，協定に関与する諸国間の貿易障壁を除くことによって，域内貿易を拡大するための効果的な取り組みとみなされる．2002年に，自由貿易協定のためにチリとの交渉が続いている．主にチリから低価格の果物や畜産物の流入を恐れる韓国の農業部門からの猛烈な反対のために，進展がここで後れている．チリだけではなく，日本と中国との三者間自由貿易協定を含む他の国々との自由貿易協定の問題は，農産物を含む韓国の輸出を拡大する方法として真剣に対処しなければならない．農業のロビー団体が主張するようなFTAsに対する潜在的損害を考慮すると，この部門が蒙るであろう損失を補償するための信頼できる仕組みがFTA交渉を促進するために設けられる必要がある．

3.7 活力のある農村の整備

　農村は今もなお多くの韓国人の安息所である．これらの農村社会は，韓国社会において本来備わっている高い価値観をもっており，都市地域における社会的問題や公害問題を軽減するために役立っている．したがって，農村の活力を高めることは，農業政策と同様に韓国の社会開発政策の重要な事項であるべきである．このために，政府は1970年代初めのセマウル（新しい町）運動を含む，多くの革新的なキャンペーンを試みた[4]．

　確かに，セマウル運動は農村と同様に国民経済の発展に貢献した．それは，農家の所得を増加させることによって都市と農村間の所得格差を減少させることに役立った．しかしながら，時間がたつにつれて，その効果は減少した．村人の自発的参加という基本原則にもかかわらず，その運動は中央集権的で，権威主義的になり，村人の参加と協力に水を差した．その運動は，政府の出張所のように振舞う中央集権的な官僚制に変形し，多くの政府関連機関だけではなく，主要な業界にも影響を及ぼした．それは，腐敗の原因となり，1980年半ばに事実上自己崩壊した．

　セマウル運動の崩壊以来，農村の活力を向上させる重大なキャンペーンはまったくなかった．1990年代初め以来，市場の自由化が進むにつれて，人々にとっての農村の状態の悪化を示すさまざまな兆候が現れた．それらには取引条件悪化に伴う農業からの所得減少，農村地域における荒廃した家屋の増加，非耕作地の増加が含まれている．これらの問題は，農村の活力と今後の農業の展望について深刻な懸念を与えている．農業が長い間，韓国社会において農村に結びついた本来備わっている高い価値観と合わせて考えると，国の土台となる産業および食品安全のもっとも信頼できる提供者としてみなされてきたので，農村の悪化は，もし阻止しなければ，社会安定に深刻な影響を与えるであろう．農村の活力を高めるために，農村のインフラと社会的アメニティを都市地域のものに匹敵する水準まで改善することは非常に重要であろう．ダイナミックな企業家的農家は，インフラと社会的アメニティの改善を通じてのみ，農村に留まるか，または戻るようにひきつけられるであろう．このために，韓国の1つ

の緊急の農業政策は，農村のために財政援助を増加することである（Yoo 2001）．政府は，農村に住んでいる人々のためにさまざまな所得のセーフティ・ネット・プログラムを実施しており，農村に住んでいる人々のために社会的アメニティに対する資金を増大させている．それらは，農村におけるさまざまな農業災害のための保険契約の導入，稲作に対する直接支給，健康管理施設の設立を含んでいる（MAF 2001b）．

4．WTOドーハ開発アジェンダに関する農業問題と韓国政府の提案

農産物の自由貿易交渉が最初にゆっくりと進展してからは，1994年の農業に関するウルグアイ・ラウンド協定第20条を順守する動きと2001年11月のカタールのドーハでの新しいWHOの始まりによって，これらの交渉に弾みがつくと期待されている[5]．ドーハ開発アジェンダの農業部門は，WTOは関税の引き下げ，事実上段階的縮小を目的とした輸出補助金の削減，貿易を歪める国内補助金の実質的な削減を考慮すると述べている．すべてのWTO加盟国からの最初の要請は，交渉のために2004年12月の締切り期限に間に合わせる2003年6月30日までに集められるであろう．

農業交渉は，新しい交渉ラウンドにおいて韓国の最大の関心事である．対外経済政策研究院（KIEP）によって準備された報告書は，もし韓国が外国からの国内向け製品に30パーセントの減税を強いられると，韓国の農業生産は，2.9パーセントまで縮小し，農産物輸入が19.4パーセントまで増加すると予想している（KIEP 2001）．

農業交渉のドーハ・ラウンドにおけるWTO加盟国の立場は，確かにさまざまであり，ほとんどの加盟国はこれらの交渉の結果にかなり賭けている（McNiel 2001；KIEP 2001）．アメリカ，ケアンズ・グループ，EUなどの主要な加盟国によって明らかにされた立場は，農業交渉のこのラウンドで，「物議をかもした」問題の大部分に関して決着に達するには，加盟国間できびしいギブ・アンド・テークを含むと示している（MAF 2001c：16）．

特に韓国に関係のある農業に関するドーハの交渉の2つの重要な分野は市場

参入と国内援助である．これらの問題に関する韓国の立場は，韓国によって提出されたWTO農業交渉の提案に示されている（WTO 2001）．次にこれらの2つの分野を考えてみよう．

4.1 市場参入

このカテゴリーの中では，3つの問題に特に関心がある．すなわち，関税化，非貿易的関心事項，セーフガードの措置である．

第1に，韓国は，一貫した改革プロセスを促進するためにウルグアイ・ラウンドで採用された関税化のフレームワークを維持することが重要であると考えている．韓国政府は，ウルグアイ・ラウンド以来，ほとんどの輸入制限を撤廃し，実質的に関税レベルを下げた．これによって残りの関税が韓国の主要な国境保護対策として残されることになる．韓国はこのような立場にあるが，実質的な関税引き下げはさらに農業部門におけるすさまじい混乱を引き起こすであろう．このような理由で，韓国の立場は段階的に少しずつ関税を引き下げることが適切であり，柔軟性を確保するさまざまなタイプの関税とともにウルグアイ・ラウンド公約に最終的に基づくべきである．関税割当（TRQ）管理の主な目的は，二層の関税制度で起こる市場不安のリスクに対処することであるので，柔軟な方法でTRQを取り扱う必要がある．

第2に，韓国にとって交渉が非貿易的関心事項を考慮することは重要である．本章の初めに議論したように，韓国にとって特に重要な1つの非貿易的関心事項は，食糧安全保障である．食糧安全保障の理由で，一国の重要な主要作物の——韓国の場合は米——市場参入の約束を決定する際には特別な配慮が払われるべきである．

第3に韓国にとっての重要な関心事は，特別セーフガード（SSG）を発動する基準と手続きを緩めることである[6]．理由を十分に説明しなかったために，韓国は1994年の農業に関するウルグアイ・ラウンドで肉や乳製品などのいくつかの製品にSSGを発動することが認められなかったので（Park 2000; Yoo 2000b : 24），特に酪農業は，1996年に乳製品の市場開放によって海外から低価格の製品が流入したため乳製品の高く積み上げられた在庫という継続的な問題

に直面した．したがって，韓国は，セーフガードを実行可能にするために措置の効率性を高める透明な方法で，現在の厳しい基準を緩和する必要があると主張している．韓国は，進行中の交渉が，肉や乳製品と同様に腐敗しやすい商品あるいは季節的な製品の安定した成長という点については特に重要であると考えている．また，このことは，輸入品の急増から生じる極端な市場不安に韓国のようなWTO加盟国が効果的に，またすばやく対処することを可能にさせるであろう．

4.2 国内援助

また，ここで，韓国にとっては特に重要な多くの考慮するべき問題がある．第1に，農業改革の問題について，韓国は，農業改革が一貫して実行されることを保証するために，「アンバー・ボックス（Amber Box）」（削減される補助金），「ブルー・ボックス（Blue Box）」（生産統制という条件での直接支給），「グリーン・ボックス（Green Box）」（認められた補助金）の現在のフレームワークを維持する必要性を認識している．補助金が認められる「グリーン・ボックス」の問題に対して，韓国で実際に使用された補助金の水準は，ウルグアイ・ラウンドで認められた水準よりも低く，韓国政府が補助金の水準を上げるためにより多くの資金を配分することができることを示している（KREI 2001）．同様に，補助金のその他のカテゴリーで実際に支出された政府資金の低い水準は，政府の資金不足を示している（KREI 1996b：7）．韓国の立場は，「グリーン・ボックス」の範囲と基準が，「農業の多機能性」と表現される農業のさまざまなプラス機能を提供するのにいっそう柔軟にする必要があるということである．この概念は，国内の食糧安全保障を確保することを援助することに加えて，農業がさまざまなプラスの役割をもっていることを意味している．すなわち，農業は景観を造り，国土保全，再生可能な天然資源と生物多様性の持続可能な管理，農村地域の社会経済的活力を強化するような環境利益を提供することに寄与する（MAF 1998）．農業の多機能性の概念は，全般的に農業部門への悪影響を最小にするために農業補助金の段階的廃止の速度を緩めることを，最終的に食糧輸入相手国によって支持された．

第2に，韓国は削減の約束に従って，段階的基準と総額の基準で農業部門に対する国内の援助水準の縮小を受け入れている．しかしながら，農業に関するウルグアイ・ラウンド協定の下で削減コミットメントから除外されている既存の施策における可能な変更は，徹底的に検討する必要がある．それらは，「グリーン・ボックス」のカテゴリーの下でさまざまなプロジェクトの援助を含んでいる．たとえば，食糧安全保障，自然災害，収穫保険，環境保護，農地保護などである．

　第3に，韓国は，国内の援助の形式として所得のセーフティ・ネット・プログラムの範囲を拡大することが重要であると考えている．これらのプログラムの拡大は，特に農村における農業生産の基盤である小規模な家族的農業の生産性を高めるのに適用されるであろう．したがって，これらのセーフティ・ネット・プログラムの基準の柔軟性を増加させることは重要であり，アノマリーや価格変動があろうと，市場の自由化によって高くなる所得リスクを減少させる必要性を認識した場合は特に重要となろう．

　第4に，韓国は国内援助の取り扱いにおける柔軟性の増大について議論するであろう．韓国の立場の基本的要素は関税化に関する現行の枠組みの下で体制を維持することであるが，これは韓国が「ゆるやかな」関税引き下げを支持し，さらに「実質的」な関税引き下げに強く反対する基礎となっている．この立場は農産物を輸出する国々からの反対に直面するのは確実である．なぜならば，これらの国々にとっての現ラウンドにおける交渉の主な目的というのは，関税水準の引き下げと貿易を歪曲させる国内援助における「実質的な削減」の両方を確保することによって農産物の貿易を拡大することにあるからである．国内援助のより柔軟な取り扱いを述べているが，韓国の立場としては，国内援助のより柔軟な取り扱いに賛同しているが，実質的な削減をすることなく国内援助に関する既存の協定を変更する必要を認めている．

　第5に，韓国は最低水準の状態を維持しようと努めているが，それは商品毎に認められた金銭的補助金の上限であり，1994年の農業に関するウルグアイ・ラウンド協定に従って発展途上国のために認められた現在の価格表示で商品生産額の10パーセントにのぼる．OECD加盟国としては韓国を発展途上国と考

えていないので，農産物輸出国は韓国の立場に対してほぼ確実に猛烈な反対を示すであろう．韓国は，韓国の農業部門の構造が脆弱であり，発展途上国の水準に匹敵するという理由で最小限水準を与えられる現状にあると主張するであろう．

　これらの交渉の最終的な関心は，韓国の立場ではなくむしろ韓国政府がどのようにこの立場を示すかに関係する．ある研究者は，交渉について韓国政府の気構えに過去の問題を指摘している．初期のWTO交渉で韓国は，交渉を担当していた政府官僚の頻繁な交替，交渉を行う上での専門知識の不足，農業関連部門と農業組織の両方における農民や人々というように，その結果に直接利害関係をもった人々から協調的見解を引き出すことの失敗などを含むいくつかの理由で厳しく批判された（Park 2000）．

5．おわりに

　韓国の農業部門は，1970年代からの急激で集中的な工業化の影響によってすでに弱められた国民経済のこの部門に対してグローバル化がいっそうの打撃を与えているため，生き残りを賭けた継続的な苦難に直面している．活力のある農業部門を維持しようとする上で，山のごとくある困難を経験しているのは韓国だけではない．全世界に及ぶ農産物市場の強制的自由化により，各国政府は同調して新しく，より開放的な段階へ移行する農業政策を考えるよう強いられている．これは，農業のグローバル・スタンダードの理想を求めている．すなわち，それは，1990年代初頭のGATTウルグアイ・ラウンドと現在進行中のWTOドーハ・ラウンドの両方において国際的農業交渉を推し進める理念に取り込まれたコンセプトである．

　この重大事に，あらゆる国における国内農業部門の生き残りは，国内農業部門がさらに当該国内市場への進出を可能とする農業強国との競争に耐えうるよう，これまで保護されてきた農業部門を改革する国策がいかに効率的に競争力を促進することができるかに依存する．農業におけるグローバル化のこの傾向によって正常な状態ではなくなった政策体制は，この部門の沈滞や破壊を恐れ

ている．しかし，農業のグローバル化を推進する考え方に従って，この分野を再構築することは，国民経済の活力があり，繁栄する部分として農業部門を発展させる有望な機会を与えている．

　これらの流れに沿った再構築は，経済を自由化する際に農業部門の条件や能力と他の部門のものとを効果的に編み合わせる創造的な政策を要求している．またそれは，農業部門の競争力を増大させるためにそれらの努力を強めることをこの部門に従事している人々に要請している．その上，それは，直接蒙った農業部門の犠牲によってばかりでなく，経済のすべての部門にわたってグローバル化から費用と利益を広げた再分配政策措置によっても引き受けるべきで避けられない犠牲として，リストラクチャリングから蒙る社会経済的損害を全国規模で受け入れることを要求している．このために，本章で概説された，いくつかの体制は，きわめて競争力の高いグローバル市場で韓国農業の将来の有用な戦略として役立つであろう．従って，それらは精力的に追求されるべきである．

（訳・金　貞　明）

注

1)　1990年から2000年に，韓国の人口は10.3パーセント増加して4,730万人となった．また，世帯数は26.1パーセント増加して1,430万世帯となった（MAF 2002）．
2)　農業所得の水準と都市の収入を直接比較することは難しいが，農業世帯の収入は一般に都市世帯の収入よりもかなり低かった．1998年までの1990年代に，前者は後者の約80パーセントであった．Kwon and Kang（2000）を参照されたい．
3)　農業の貿易赤字は，1990年から1998年の間に，35パーセントから100パーセント以上に及んでおり，韓国の全般的な貿易赤字の大部分を占めていた．Kwon and Kang（2000）を参照されたい．
4)　セマウル運動の詳細な考察は，Moon and Sul（1997），Park（1996）を参照されたい．
5)　2000年初めから，加盟国は，交渉の目的に関する提案を行い，その後，事業計画および技術的な詳細について続いて同意した．
6)　SSGは，特に非関税障壁を関税障壁と同等なものに変換する危険を減らすためにウルグアイ・ラウンドの参加国を激励して関税化を行うように意図していた．しかしながら，たとえ農業協定が改革過程の継続を明確に規定しているとしても，それは制限的な利用がなされるという理由で，数ヵ国はウルグアイ・ラウンド後の継続についての質問を提起した．

参考文献

Fisher, B. S., J. Penn, T. Greeson, and S. Turner (2001), 'Prospects of Australian agricultural exports to Korea,' a paper presented at the Conference on Australia-Korea Economic Cooperation in the 21st Century, Griffith University, Brisbane, Australia.
Jeon, Chang-Gon (1996), *A Study on the Marketing System Analysis and Its Change of the Vegetables and Fruits*, p. 139, Table 4-8, Unpublished Ph. Dissertation, Seoul : Korea University (in Korean).
KFRI (Korea Food Research Institute) (2002), *Studies on Standards of Agricultural Fresh Produces*, Research Report Series GA 0288-0201, Seoul (in Korean).
KIEP (Korea Institute for International Economic Policy) (2001), 'Prospects of new round after WTO Doha meeting,' a mimeograph, Seoul, Korea (in Korean).
Korea Meat Trade Association (2001), *Meat Trade Information*, February, no. 65, Korea Meat Trade Association, Seoul, Korea (in Korean).
KREI (Korea Rural Economic Institute) (1999a), *21st Century Agricultural Vision and Policy Tasks*, Research Report Series C99-31, Seoul, Korea (in Korean).
KREI (1999b), *Study on the Prospects and Countermeasures for the Next Round WTO Agricultural Negotiations*, Research Report Series C99-36, Seoul, Korea (in Korean).
KREI (2001), *Study on the Strategy for WTO By-Agricultural-Commodity-Basis Negotiations*, Research Report Series C2001-8 (in Korean).
KTA (Korea Trade Association) (2001), *International Trade Yearbook 2001*, KTA, Seoul, Korea (in Korean).
Kwon, Oh Yul and Chang Yong Kang (2000), *Recent Developments in Korean Agriculture : Implications for Australia*, Brisbane, Australia : Griffith University.
Lee, Dong-Phil (2000), 'Evaluation of performance in the efforts for reform in the agro-fishery sector and tasks,' a paper presented at KREI (in Korean).
MAF (Ministry of Agriculture and Forestry) (1998), 'Non-trade concerns in net food importing countries,' a paper submitted to the 16th WTO Committee on Agriculture on 22 September, MAF, Seoul, Korea.
MAF (1999), *A History of Korean Agricultural Policies in 50 Years*, Chapter 12 : Agricultural Tax Policy, pp. 946-9, Seoul, Korea : MAF (in Korean).
MAF (2000), *Livestock Production Cost*, Seoul, Korea.
MAF (2001a), *Annual Report of Agricultural Policy for 2001*, Seoul, Korea : MAF (in Korean).
MAF (2001b), *Brand Labelings for Agricultural and Livestock Products*, MAF Bureau of Agricultural Marketing Data Series 2001-24, Seoul, Korea : MAF (in Korean).
MAF (2001c), *WTO Negotiation Proposals by Countries*, MAF Bureau of International Agricultural Cooperation Data Series 2001-15, Seoul, Korea: MAF.
MAF (2002), *Major Statistics of Agriculture and Forestry 2001*, Seoul, Korea: MAF.
Mc Niel, D.E. (2001), 'Further regorm of agricultural policies in the WTO negotiation,' a paper presented at KREI.

Moon, Pal Yong and Sul, Kwang-Eon (1997), 'Agricultural policies and development,' in Dong-Se Cha, Kwang Suk Kim and Dwight H. Perkins (eds), *The Korean Economy 1945-1995 : Performance and Vision for the 21st Century*, Seoul: Korea Development Institute.

NACF (National Agricultural Cooperatives Federation)(2001), *Materials on Price, Supply and Demand for Livestock Products 2001*, Seoul : NACF.

NSO (National Statistical Office)(2001), *Major Statistics of Korean Economy*, Korea: NSO.

Park, Jin-Hwan (1996), *The Saemaul Movement: Korea's Approach to Rural Modernization in the 1970s*, Research Series S22, KREI.

Park, Jin Do (2000), 'Prospects for the next round of the WTO agricultural negotiations and our response,' a paper presented at the Training Center of the National Livestock Cooperatives Federation, Anseong, Korea, January (in Korean).

Song, Yoo-Cheul, Ji-Hyun. Park, Tae-Gon. Kim, Song-Soo. Lim and Jeong-Bin. Im (2001), Agricultural Policy Changes in Major Countries and their Implications for the WTO Negotiations, Joint-Research Series on WTO Issues, no. 01-02, KIEP (in Korean).

WTO (World Trade Organization)(2001), 'Proposal for WTO Negotiations on Agriculture,' Submitted by the Republic of Korea,' G/AG/NG/W/98, Seoul, Korea : MAF.

Yoo, Chul Ho (2000a), 'Liberalization of the beef market and prospects of the Korean beef cattle sector,' *Journal of Rural Development*, 23(2), December, pp. 183-208, KREI.

Yoo, Chul Ho (2000b), 'The new round and a development strategy for the Korean livestock industry,' a paper presented at the Symposium Commemoration the Launching of a New Academic Association for Korean Animal Scientists, Seoul, Korea (in Korean).

Yoo, Chul Ho (2001), 'Preparing for a change in the paradigm of agricultural policy,' *The Korea Agricultural Policy Weekly News*, 1 November, Seoul, Korea (in Korean).

第10章　韓国におけるエネルギーおよび資源調達戦略

バン・キヨル（Ki-Yual Bang）
チョン・ウジン（Woo-Jin Chung）

1. はじめに

　韓国では相対的にエネルギー資源が乏しい．そのため，工業化が強力に推進された1960年代から80年代の30年間，そして現在に至るまで韓国ではエネルギーの供給をほとんど輸入に頼ってきた．その結果として，韓国政府は，エネルギー資源を渇望している自国経済に対して，安定したエネルギー供給を確保すべく，この分野への積極的な関与を続けてきた．いま1つの緊急課題は，マクロ経済的な管理を包含したものであり，国のエネルギー供給に関して政府が深く関わることであった．すなわち，インフレを抑制するという側面である．政府は，エネルギー資源価格の高騰がインフレを誘発する強力な引き金になるという認識の下，インフレを管理する1つの方法としてエネルギー資源価格をしっかりとコントロールする施策を続けてきた．つまり政府は，社会厚生の増大のためにエネルギー資源価格を社会経済のツールとして用いてきたのであり，経済成長を阻害したり，インフレもあおることがないように，価格上昇に対するいかなる要求に対しても慎重に精査してきた．

　エネルギー資源の戦略的な重要性は，現在においても依然として大きい．しかしながら，あらゆる市場の自由化を求める圧力により一段とグローバル化が進展するなかできており，政府の政策は，エネルギー供給の確保は競争的な市場の力を通じてなされるのが最善の方策であるという認識に変わってきている．こうした変化には，エネルギー分野内での競争の欠如が助長され，韓国経

済の広範な改革という枠組みのなかでのエネルギー分野の構造改革に対する要求が早計になされるという，望ましくない効果についての認識も含まれている．韓国のエネルギー分野では，市場の力により大きく依存した形で経済効率の改善を図ることを目的とした大規模な構造改革の準備が進んでいる．

　本章では，国際的なエネルギー政策が規制緩和と競争的な市場を目指す方向へ転換している状況のなかで，韓国のエネルギー産業の構造的な変化を考察する．我々は，こうした変化が何を意味し，何故引き起こされたのかについて一般的な考察を行う．我々はまず，海外のエネルギー供給業者に非常に大きく依存することで形成されてきた韓国のエネルギー事情についての検討から始める．次いで，エネルギー産業を市場志向型構造へ転換させている進行中の変化と，韓国政府が発表した改革計画を考察する．そして，韓国企業のエネルギー調達戦略に目を転じ，こうした進化を続ける環境が，市場の規制緩和の時代に韓国にエネルギーを供給してきた海外の業者にどのようなインパクトを与えているかについて考察する．

2．韓国におけるエネルギー事情

2.1　海外の供給業者への多大な依存

　韓国経済は1970年代から急速な成長を続け，1985年から2000年の間の年平均成長率は7.2パーセントに達した．その間，エネルギー消費は，この高い経済成長をはるかに上回るペースで拡大を続けてきた．すなわち，この期間の国のエネルギー消費の年平均成長率は8.6パーセントに達し，これは同時期における世界でもっとも高い数値である（表10–1）．こうしたエネルギー消費の高い成長率は，主として石油化学，鉄鋼，造船といったエネルギー多消費型産業への多大な投資に因るところが大きかった．しかしながら，最近のエネルギー多消費型産業における投資の急激な落ち込みと経済成長の鈍化が予想されていることにより，過去と比べエネルギー需要の伸び率のかなりの減少が見込まれている．

　エネルギー資源のなかで，石油は韓国にとってもっとも重要な燃料である．

表10-1 韓国における主要なエネルギーおよび経済指標

	1985	1990	1995	1997	1998	1999	2000
エネルギー消費（100万toe）	56.3	93.2	150.4	180.6	165.9	181.4	192.9
エネルギー消費の伸び（％）	5.2	14.1	9.6	9.3	−8.1	9.3	6.4
経済成長率（％）	6.5	9.6	8.9	5.0	−6.7	10.7	8.8
１人当たりエネルギー消費（toe/1,000$）	1.38	2.17	3.34	3.93	3.57	3.87	3.31
基要エネルギー資源（％）							
石　　油	48.2	53.8	62.5	60.4	54.6	53.6	52.0
石　　炭	39.1	26.2	18.7	19.3	21.7	21.0	22.3
液化天然ガス	—	3.2	6.1	8.2	8.4	9.3	9.8
水力発電	1.6	1.7	0.9	0.7	0.9	0.9	0.7
原子力	7.4	14.2	11.1	10.7	13.5	14.2	14.2
その他	3.6	0.9	0.7	0.7	0.9	1.0	1.0

注：toeはオイル1トンに当たる．
出所：KEEI, *2001 Yearbook of Energy Statistics*, 2001.

表10-1に見られるように，1990年以降，石油はエネルギー全消費の半分以上を占めている．次に重要なのが石炭であり，軟炭ほとんどが国内で生産されないのである．それに続くのが，核燃料や天然ガスであり，水力発電が全体に占める割合は非常に微小（約1パーセント）である．

韓国は天然資源に乏しい．韓国で唯一生産されてきた化石燃料である無煙炭は，輸入燃料に比べて生産コストが高く，非効率的であるため，1990年以降，生産，消費とも急速に減少している．こうした事情から韓国は，外国の資源でエネルギー需要のほとんどすべてを満たさなければならず，結果として海外の供給業者に多大な依存をすることになっている．韓国経済の強さの根源である，エネルギー資源のこの高い海外依存は，しばしば経済を束縛する要因にもなっており，エネルギーは韓国の国際貿易収支におけるもっとも重要な要素の1つとなっている．必然的に外国の供給業者へのこうした依存が生み出す脆弱さが，エネルギー供給が韓国の国家安全保障にとってとりわけ重要な要素であるとの認識を確固としたものにしている．エネルギー輸入は，輸入額や国際価格の動向によるが，韓国の総輸入コストのおよそ13〜21パーセントを占めている．1990年以降のエネルギー輸入の顕著な増加は，韓国で唯一生産されてきた化

表10-2 韓国の海外エネルギー資源への依存

	海外のエネルギーへの依存率（％）	エネルギー輸入額 輸入額（百万ドル）	全輸入に占める割合
1985	76.2	7,144	26.8
1990	87.9	10,759	16.9
1995	96.8	18,445	14.8
1996	97.3	24,018	18.5
1997	97.6	26,747	19.3
1998	97.1	17,836	13.5
1999	97.2	22,286	15.2
2000	97.2	37,099	21.1

出所：KEEI, *2001 Yearbook of Energy Statistics*, 2001.

石燃料である無煙炭の消費が急激に落ち込んだことによるものだといえよう．

表10-2において，我々は韓国経済がほぼ完全に海外のエネルギー供給業者に依存している実態を確認することができる．それは，たとえば依存率が1996年以降，97パーセントを超えているという数字に表われている．韓国がそのエネルギー供給のちょうど3/4を輸入した1985年に，国全体の輸入額に占めるエネルギー輸入の割合が1/4を超えたという事実は興味深い．その後は，海外の依存率および輸入額が増加したにもかかわらず，総輸入高に占めるエネルギーの割合は減少した．このことは，エネルギー価格の下落により，エネルギー輸入額よりも総輸入高が急速に増加したためであった．

2.2 海外のエネルギー供給業者

2.2.1 石　油

1970年代後半の第2次石油危機当時，韓国は中東の3ヵ国から原油のほとんどすべてを輸入していた．3ヵ国とは，サウジアラビア，クウェート，イランである．1970年代の石油危機に対する韓国の対応は，海外の供給国だけではなく，輸入するエネルギーの種類を多様化することであった．この戦略は結果として，石油輸入全体の減少をもたらした．とりわけ中東からの石油輸入の減少は顕著であり，1980年には中東からの石油輸入は全体の97パーセントを占めていたが，1985年には55パーセントまで低下した（表10-3）．

表10-3 韓国の原油輸入国

(単位:%, 百万バレル)

年	サウジアラビア	クウェート	イラン	UAE	他の中東諸国	インドネシア	オーストラリア	その他	総原油輸入
1970	31.7	36.2	32.1						100 (69.2)
1980	61.2	27.1	8.5			0.1		3.2	100 (182.9)
1985	6.9	8.8	17.2	10.1	11.9	10.2		34.9	100 (198.3)
1990	12.8	5.5	11.1	16.2	22.8	6.2	0.2	25.1	100 (308.4)
1995	36.3	4.0	10.9	11.3	14.7	5.0	0.8	16.9	100 (624.9)
1999	27.7	6.1	9.4	13.4	12.7	4.8	1.8	24.2	100 (874.1)
2000	29.6	7.5	9.1	14.3	12.5	4.1	3.9	18.9	100 (893.9)

注:カッコ内の数値は,原油の総輸入額を示す.
出所:Korea National Oil Co. (2001).

それにもかかわらず,韓国の石油消費は国際的な石油価格の下落と運輸部門の石油需要の急激な増大により,1980年代の半ばより増加した.その結果,韓国の中東諸国に対する原油依存度は,着実に増加し,2000年には総原油輸入に占める中東の割合は73パーセントに達した(表10-3).サウジアラビアは,韓国にとって最大の原油供給国であり,全体に占める割合は約30パーセントである.石油供給国を分散させることを含めた多様な政策は,中東への石油の高い依存を減らすことを意図したものであったが,中東からの輸入コストが他の地域からのそれに比して安いため,これらの政策は現在までのところ,ほとんど成功しているとはいえない.

2.2.2 天然ガス

天然ガスは,1986年10月にピョンテック(Pyongtaek)発電所にLNG(Liquefied Natural Gas,液化天然ガス)の供給という形で韓国に導入された.LNGは通常,20〜25年間という長期契約に基づいて供給される.LNGの輸出設備および輸送船舶は,建造するのに4〜5年の歳月を要し,LNGの生産業者は,買い手との契約が成立後,輸出設備の建設に着手することになる.それ故,LNGは売り手と買い手のプロジェクトに基づいて供給されるといえる.しかしながら,例外もある.たとえば,既存の輸出業者でLNGの余剰ストックを持っている場合,あるいは買い手の側で予期せぬ需要の増大があり,緊急にLNGの獲得が必

216　第Ⅳ部　第1次産業戦略

表10-4　韓国の液化天然ガス供給契約（供給国別）

（単位：1,000トン）

年	2000	2001	2002	2003	2005	2008	2010
需　要（A）	13,806	15,986	16,650	16,818	18,300	21,064	20,971
契約済							
液化天然ガス（B）	16,220	16,712	16,980	16,980	16,980	14,680	14,680
インドネシア	6,308	5,300	5,300	5,300	5,300	3,000	3,000
マレーシア	2,168	2,000	2,000	2,000	2,000	2,000	2,000
ブルネイ	700	700	700	700	700	700	700
カタール	3,420	4,320	4,920	4,920	4,920	4,920	4,920
オマーン	2,000	4,000	4,060	4,060	4,060	4,060	4,060
A－B							
（需給不均衡）	＋1,238	＋726	＋330	＋162	－1,320	－6,384	－6,291

出所：Unpublished internal data of Korea Gas Co., 2001.

要な状況が生じた場合には，短期もしくはスポット契約が結ばれることがある．こうして1983年から1990年代の終わりまで，韓国政府は主として東南アジアの天然ガス産出国（インドネシア，マレーシア，ブルネイ等）との間に天然ガスの供給に関する長期契約を結んだ．しかしながら，東南アジア地域における天然ガスの輸出能力は，供給能力が需要の急激な伸びに追いついていけず減少した．そのため，韓国政府はこれらの地域に代わる天然ガスの供給国を捜し求め，カタールやオマーンといった中東地域の供給国を確保した．韓国政府は，インドネシアやマレーシアとも短期契約を結び，オーストラリア，インドネシア，ブルネイとの間ではLNGのスポット購入をいくつか実施した．表10-4からもわかるように，韓国の天然ガス需要は2005年以降もすでに契約されている供給量を上回ることが予想されている．韓国ガス公社（Korea Gas Corporation）は，予想される需要量とすでに契約されている供給量のギャップを埋めるために，LNGの新しい供給業者を探している．

2.2.3　石　　炭

韓国では1970年代の石油危機以降，石炭の使用が大きく伸び，第1次石炭消費量は石油危機以降7倍以上に増加した．こうした増加の大部分は，工業お

表10-5　2000年度 韓国の石炭輸入先国および用途

(単位：1,000トン)

	鉄 鋼	電 力	工 業	全 体	率（％）
南アフリカ		2,151	352	2,503	4.2
アメリカ	1,419			1,419	2.4
ロ シ ア	395	1,973	198	2,565	4.3
タ イ			60	60	0.1
インドネシア	209	3,372	12	3,593	6.0
中 国	2,781	13,466	5,195	21,442	36.0
カ ナ ダ	4,097	1,647		5,744	9.6
オーストラリア	10,641	9,715	1,882	22,238	37.3
日 本			3	3	
その他	33			33	0.1
全 体	19,575	33,324	7,702	59,600	100.0

出所：KEEI, *Internal data of Korea Coal Association*, 2001.

よび発電関連によるものである．その一方で，居住部門においてはガスや電気が概ね石炭の使用に取って代わっている．電力に対する石炭の需要は引き続き増大することが見込まれ，2010年までに石炭による発電が全体の約35パーセントに達すると予想されている．

韓国政府は引き続き，動力のための蒸気炭（steaming coal）や発電，鉄鋼生産および他の産業のためのコークス（coking coal）といった軟炭の輸入に努めている．石炭の主たる供給国はオーストラリアと中国である．オーストラリアは韓国にとって最大の石炭供給国であり，2000年において韓国の全石炭輸入量の40パーセント以上を占めた．コークスの場合は，50パーセント以上がオーストラリアからの輸入である．中国からの輸入は1995年以降，オーストラリアからよりも大きくなっている．オーストラリア，中国，カナダ，南アフリカの4ヵ国で韓国の全石炭輸入量のおよそ90パーセントを占めている（表10-5）．

3．エネルギー政策および産業構造の変化

3.1　エネルギー調達と配分におけるエネルギー政策の影響

韓国政府はこれまで海外からのエネルギー資源獲得に関するほとんどすべて

にわたって関与してきた．同様に，エネルギー資源の配分に関しても政府系エネルギー企業や他の規制の形態を通じて，規制や補助を実施してきた．政府は，エネルギー資源の安定した調達と厳しく規制された配分はエネルギー資源の確保，そして，このことは国家安全保障にとって重要であるとの理由で，この分野に対する政府の強力な介入を正当化してきた．政府はまた，その大きな介入は独占ないしは寡占化されたエネルギー企業によるマーケット・パワーの乱用から消費者を保護することであると主張してきた．

しかしながら，今日の経済のグローバル化の流れのなかで市場の自由化という現在正統派的である考え方が，政府に公益事業の民営化を迫るとともに，できる限り競争原理を導入して市場の力で資源配分を決定することを強いるようになってきている．韓国政府も経済改革政策が示しているように例外ではない．それ故，政府は長い間とってきたエネルギー供給に対する中央の介入を止めて，その役割を市場に委ねようとしている．

エネルギー産業に影響を与える政府の多様な戦略のなかで，市場メカニズムを強化するための後押しは，エネルギー資源調達にもっとも大きなインパクトを与えることになるだろう．今日では，長年にわたって，過度に規制された価格や供給は，市場や資源配分を歪めてきたと見られている．こうした歪みや不適切な配分を是正するために，政府は市場メカニズムを通じてエネルギー市場において競争が促進されるような政策をとっており，それによってエネルギー産業が民営化と競争原理に基づいて運営される方向に向かうことを後押ししている．電力および天然ガス産業の構造改革計画は1999年に発表されており，電力産業においてはすでに構造改革に向けてのプロセスが始まっている(Ministry of Commerce, Industry and Energy 1999年)．

市場メカニズムを強化する手段として韓国政府がとっているもう1つの方法は，価格統制の撤廃である．このことは，エネルギー企業が価格設定する際に政府が介入しないことを意味する．エネルギー価格の設定は多くの場合，社会的な目的やその他の理由で行われてきた．たとえば，コスト的な理由よりもむしろ貧困層の保護や輸出産業を促進するためといった具合である．しかしながら，価格統制あるいは価格補助は社会的な目的を果たすために用いられるため，

効率的な資源配分に逆行する影響を与えることになる．

　別の手段として，エネルギー税制度の改革という方法も挙げられる．現在のエネルギー税制度は一貫性に欠けている．エネルギー税の多くは，社会的，経済的，政治的配慮に立って課されてきた．こうした税制は市場を歪めており，税制改革なしに価格規制の撤廃が効率的なエネルギー資源の配分を実現することはないであろう．言い換えれば，仮に価格が競争原理に基づいて設定されたとしても，市場での歪められた税制度のままでは公正な競争市場は確立されないということである．

　政府は現在，エンタルピー$^{訳注1)}$に基づいたエネルギー資源に対する課税制度を検討している．また別の計画として，エネルギー使用の際に発生する炭素の量に応じて課税する税制度の導入も検討している．エンタルピー税や炭素税といった新しい税制度の研究は，政府のシンクタンクである韓国エネルギー経済研究所（Korea Energy Economic Institute）で行われている．同研究所は，自由市場における公正な競争の実現や汚染エネルギーの使用を減少させることを目的として設立されたものである．こうした新しい税制度は，さまざまなエネルギー資源において価格の差別化を進めるという構造変化を期待されており，エネルギー産業や消費者の行動にきわめて大きな影響を与えることになるであろう．

　韓国経済全体を通じて，市場メカニズムが強化される一方で，エネルギーの安定的な供給は依然として政策の重要課題であり続けるであろう．外国からの継続的なエネルギー資源の確保は，韓国で新しいエネルギー資源が発見されない限り，政府にとって恒久的な政策目標であり続ける．しかし，仮にこうした政策目標が不変であるとしても，エネルギー資源の安定的な供給のためにこれまで政府がとってきた方法は，市場開放という経済のグローバル化に伴う圧力の下で変更せざるを得ないであろう．政府の介入を排除した自由な市場環境の下で，エネルギー供給の安定性は，エネルギー市場における政府の直接的な介入ではなく，むしろ市場の力によって達成されることになる．それ故，韓国は今後，エネルギーの供給，需要，価格設定において政府の介入を排除し，市場メカニズムを通じてエネルギー供給の安定を確保するという課題にチャレンジ

することになる．以下において，主要なエネルギー産業の状況を考察することにしよう．

3.2 特定なエネルギー産業における構造変化

3.2.1 石油産業

石油産業では，国内市場における規制や政府の統制の多くは撤廃されてきている．ほんの数年前までは，石油の輸入，新しい精油所の建設または既存精油所の拡張は，たとえそれらが民間企業の事業であったにしても政府認可が必要だった．前述したように，価格の統制も存在した．ほとんどの石油製品の価格は政府当局によって認められなければならなかった．政府は，石油の輸入業者や精製業者の利益に関しても，流通のあらゆる段階で発生するマージンも含めて規制した．石油産業の規制緩和が始まったのは1995年からで，その後徐々にこれらの規制は撤廃された．2002年の時点で残っている規制は，緊急時の備えとして石油の備蓄を確保しておくこと，石油売買に関して政府に報告すること，および公共の安全確保のための産業統制等に関するいくつかの規制のみである．現在，民間企業は自由に石油を輸入し，精油所を建設し，販売する石油製品の価格を設定することができる．外国人でさえも韓国内で石油の輸入や精油所の建設，運営に携わることが許されており，政府の厳しい規制を受けることなしに小売事業を営むことができるのである．

3.2.2 ガス産業

KOGASは，100パーセント政府所有の企業であり，天然ガスの輸入と卸売のみを事業内容としている．同社はLNG受け入れのターミナルと主要なパイプラインのネットワークを保有している．可能な場合には，政府はガス産業においても電力産業で行ったように競争原理を導入することを望んでいる．1999年11月に発表された再構築計画では，政府がガス産業のかじ取りをし，KOGASを含む公営企業の多くを民営化するという方向性が示されている．同計画の主要な内容は以下の通りである（Ministry of Commerce, Industry and Energy, 1999）．

- KOGAS が営んでいる輸入と卸売業務を，2002年よりパイプラインと貯蔵設備業務に分離する．
- 輸入および卸売業務に対して行われてきた3つの子会社が，KOGAS 内に作られる．また既存の LNG 購入に関する長期契約はそれらに割り当てられる．
- これらの子会社のうち2つは，民間の投資家に売却される．残りの1社については後に売却されるまで，KOGAS の管理下に置かれる．
- 政府が保有する KOGAS に関する利害の大半は売却される．しかし，同社の公共性を鑑み，一定の株式は保有し続けることになる．
- 民間部門が利用するための LNG の輸入は2001年から許可される．輸入ターミナルへのアクセスや送ガスのネットワークは，公平に開放されることになる．
- 独立した統括機関が既存の統制の仕組みを新たに意義づけるために設立される．

こうした措置が実施された場合，政府の統制下にあったガス市場は競争的市場へと移行し，輸入ターミナルやパイプラインのような LNG の卸売や輸送設備がすべて民間企業に開放され，ガスの価格や供給に関する統制は高いレベルで減少することになる．競争的市場の下では，いかに公正に市場を運営するかということが重要になる．したがって，政府の役割はこれまでのようなガス市場の統制者から公正な競争の監視者へと移行することになろう．

小売サービスにおける競争は，卸売業における競争が成功裏にスタートした後の段階で導入されることになるだろう．第1段階は，大口の顧客に対して小売業者や卸売業者による競争的供給が許可されることである．第2段階は，小売業のガスサービスを設備の運営とセールス業務に分割することである．そして第3段階において，完全な競争が導入され，小口の顧客に対する競争的供給が実施されることになる．政府は細部の問題を詰めた後，近いうちに天然ガス産業の構造改革のための詳細な実施計画とスケジュールを示すことになろう．

3.2.3 電力産業

韓国商工エネルギー省（The Korean Ministry of Commerce, Industry and Energy）は，電力産業の構造改革のあらゆる側面に関わっている．この構造改革の目的は，資本インフラとエネルギー資源の両方に関するより効率的で持続可能な使用を実現することにある．このことはまた，エネルギー消費を最小化し，エネルギー確保と環境目標を達成する方法として，開かれた電力市場を追求することでもある．電力供給の実体コストに反映される価格の実施を促進することでもある．さらには，社会基盤に資金を供給するための障害を積極的に取り除き，資本の流れを助長することでもある．

こうした原則と一貫して，政府は電力産業を規制緩和と民営化の方向に導いている．韓国商工エネルギー省（MOCIE）は1999年1月に電力市場民営化の青写真となる「電力産業再構築計画（the Electric Power Industry Restructuring Plan）」を発表した．同計画は表10-6に見られるように4つの段階に分かれている．

表10-6 電力産業再構築計画における各段階

段　　　階	計　　　画
段階Ⅰ： 　準　備 　（1998年12月－1999年12月）	・KEPCO資産（発電，送電，配電）に関する法律制定，評価，分離を含む準備 ・発電における複数の子会社（Gencos）の形成 ・大規模電力共同利用施設開発の開始
段階Ⅱ： 　電力発電における競争原理の導入 　（1999年10月－2002年12月）	・KEPCOの発電子会社の民営化もしくは売却 ・大規模電力共同利用施設においてGencos間での競争の発生（一方通行の入札） ・新しい販売企業の設立 ・この段階の終わりまでに，配電企業の民営化および双方向の入札制度の導入
段階Ⅲ： 　卸売の競争 　（2003年－2009年）	・小売の競争のための準備期間
段階Ⅳ： 　小売の競争（2009年以降）	・供給フランチャイズの漸進的な排除

出所：Ministry of Commerce Industry, and Energy (MOCIE), *Restructuring Plan of Electric Power Industry in Korea*, 1999.

そのなかには，効率性，顧客による選択，供給の信頼性を通じたエネルギーの確保を促進させるために垂直的に統合された電力産業を個々に分離売却するという内容も含まれている．

　表10-6が示しているように，計画では1998年から2002年の4年間で卸売分野に対して徐々に競争原理を導入し，卸売分野の競争原理が定着した2009年以降は小売分野に競争原理を導入させるという構想になっている．この計画，すなわち，段階Ⅰの重要な特徴は，KEPCOを発電，送電，配電という3分野に分割することであった．これに関しては，計画通りに実施された．その結果として，発電分野は原子力発電所を除いた民間の発電業者（IPPs）に対して開放されることになろう．このことは，電力産業における競争原理の導入，効率性の改善，資本負担の軽減等にとって必要なことである．

　この再構築計画によると，発電は2001年4月にKEPCOから分離された．そして，6つの子会社（Gencos）が発電施設の規模を考慮の上，作られた．そのうちの5社は民営化されるが，1社だけは原子力および水力発電の企業としてKEPCOの傘下に残ることになっている．KPX（The Korean Power Exchange）は，6つの子会社とKEPCOの間で行われる電力取引を管理する半官半民の組織であるが，民営化が完了した後，小売および卸売市場において自由な電力取引を守るための基幹団体として2001年4月に設立された．政府から独立した民間の規制団体も民営化された電力市場での公正な競争を守るために設立されることになろう．

4．エネルギー調達のための将来戦略

4.1　エネルギー調達戦略の将来的な変化

　前節で議論したように，韓国のエネルギー産業は，政府が主導する中央計画システムから分権化した市場志向型のシステムへの移行過程にある．政府所有の公益企業は民営化され，垂直統合された独占構造は分解され，産業は可能である場合には競争原理を導入して規制緩和されている．換言すれば，政府はこれまでがっちり掌握してきたエネルギー分野の手綱をゆるめ，市場の力を奨励

しようとしているのである．

　競争的市場においては，コストを最小限に抑えることが，企業が生き残っていく上で決定的に重要な要因である．それ故，新たに民営化されたエネルギー企業は，コスト削減に努めることになろう．民営化以前は，外国からエネルギーを獲得するコストは通常，エネルギー供給の総コストの60～80パーセントを占めていた．このことは，エネルギー企業の経営戦略において，調達コストを減らすことがもっとも優先度の高い課題であることを意味している．長い間続いた独占的な，あるいは高度に規制された市場においてはエネルギーの調達業者は，海外のエネルギー供給業者と契約する価格を消費者に転嫁することができた．それは，たとえその価格が閉鎖的な韓国市場の外で活動している他の企業の調達コストよりも高い場合であってもである．しかしながら，規制緩和が進むと，ライバル企業よりも調達コストが高い企業は，競争市場から出ていかざるを得ないであろう．

　民営化されたエネルギー企業は，エネルギー調達の際，発生するリスクの低減もしくは回避にも努力することになろう．以前の規制されたもしくは政府主導の市場におけるコストの場合，国内市場へのエネルギー供給の際に発生するリスクは，韓国の消費者に転嫁することができた．たとえば，国有のエネルギー企業は，供給業者との契約時の為替レートと国内市場への販売時の為替レートの差額による損失の大部分を調達コストに含めていたが，一方で政府は消費者価格を規制していたのである．民間企業であれ，公益企業であれ，ほとんどのエネルギー企業はエネルギー購入においてスポット市場での購入よりも長期契約に基づいた購入を好んでいた．長期契約は国内市場に対してより安定したエネルギーの供給を保障し，たとえスポット市場での価格が契約価格よりも安かった場合でも，国内のエネルギー企業の契約価格を消費者価格に反映させることができたからである．

　しかしながら，規制緩和された競争的市場においては，エネルギー調達におけるリスクはエネルギー供給企業が担うことになる．これまでエネルギー企業を保護してきた政府のような介入組織はなくなり，国際市場においてエネルギーを調達した際に発生する損失は，他のエネルギー企業が新たに創出された競

争的な国内市場において同様の行為をした場合のみ，消費者に転嫁することが可能になる．このことは，韓国におけるエネルギー企業の将来的な調達戦略に非常に大きな変化をもたらすことになろう．これらの企業のエネルギー購入に関する意思決定は，安定した供給確保よりも安い価格とリスク回避の方を優先してなされることになる．これらの企業は，もっとも安い価格でエネルギーを供給してくれる相手を探すことにより熱心になり，彼らとの契約の際に柔軟な条件を求めることになるだろう．それとともに，企業は，国際市場で短期契約やスポット市場でエネルギーを購入することを選ぶことになるであろう．このことは，外国の供給業者に柔軟な供給システムの構築を迫ることにもつながる．

　韓国のエネルギー企業は，価格リスクを分散させるためにエネルギー調達において先物取引や掛つなぎといった高度な金融手法をもっと積極的に取り入れることが期待されている．こうした動きは，エネルギー市場を多様化し，仲買業務，オークション，ネット取引等の高度なエネルギー取引が，金融市場が発展するにつれて国内のエネルギー市場において進展することになるだろう．

4.2　エネルギー調達のための地域間協力

　前節で述べたように，エネルギー調達においてより安い価格やリスク回避は韓国企業のトップ・マネジメントの果たすべき役割となる．垂直統合された独占的な公益企業の古い枠組みにおいては，国家のエネルギー供給の確保に対する責任の所在は明らかであった．しかしながら，分権化した競争的エネルギー産業では，こうした責任は分散され，不明瞭である．このことは，短期的にエネルギー価格が激しく変動し，エネルギー供給に悪い影響を及ぼす可能性が起きた場合，韓国のエネルギー供給の安定性に関して新たな心配を生み出すことになる．それ故，こうした移行段階で韓国が直面している課題は，市場志向型の枠組みのなかでいかにして効率的に安定したエネルギー供給を確保するかということである．

　こうした状況下において，国家の安定した，かつ効率的なエネルギー供給確保に向けての解決策は，地域の協力にあるのかもしれない．北東アジア域内の諸国間でのエネルギー協力は，中東諸国への大きなエネルギーの輸入依存を減

らし，エネルギー供給システムを連結することでの補完的な効果からの利益を享受できることになろう．北東アジアは，域内諸国に利益を与えることができるエネルギー資源開発と貿易の大きな潜在力を持っている．ロシアの東部は未開発の天然資源が豊富にある．日本，中国，韓国といった多くのエネルギーを消費する国々はこの地域に位置しており，さらに日本や韓国では天然のエネルギー資源がほとんどない．

　北東アジア域内諸国を包含するエネルギー輸送ネットワークについてはこれまで多く議論されてきたにもかかわらず，実行は困難な状況にある．何故なら，これらの地域では市場経済の基礎が十分確立されていないからである．それに加えて，ロシア東部の厳しい気候，最終使用地までの長距離の輸送，社会基盤の不整備，それに高い投資リスクがロシア東部における資源開発プロジェクトの採算面での可能性に疑問を投げかけている．

　にもかかわらず，北東アジア諸国によるエネルギーの共同プロジェクトから得られると見られる利益は巨大である．エネルギー輸送ネットワークの構築は，これらの諸国にエネルギーの消費パターンやエネルギー産業の構造の相違からの補完性を得ることを可能にし，エネルギー消費効率の改善や高価な供給設備のさらなる有効利用につながるだろう．エネルギーの開発や輸送のための安定したシステムの確立は，投資や貿易における効率性も高めることになるだろう．さらに，気候変動に関する国連会議（UN Framework Convention on Climate Change）が出したような，環境保全のための圧力が大きくなるなかで，ロシア東部におけるエネルギー供給開発のメリットは増している．とりわけ大きなメリットとしては，天然ガス資源の開発や，北東アジア諸国に対してロシア東部の水力発電資源を使用した電力供給を行うプロジェクトが指摘できる．

4.3　外国のエネルギー供給業者にとって韓国の構造改革がもたらすインプリケーション

　韓国のエネルギー調達制度の変化は，韓国にエネルギーを供給してきた外国の業者に輸出戦略を再考させることになるであろう．新たなビジネス・チャンスとして韓国市場の開拓を狙っている国内外の供給業者に相互利益をもたらす

潜在的可能性がある．石油，ガス，電力産業の市場改革は，韓国のエネルギー企業に規制緩和された市場での競争を迫ることになる．規制緩和された市場では，値動きの激しい国際的なエネルギー価格の変動分を国が負担してくれるというようなことはもはやあり得ず，不確実性のレベルやリスク要因は規制された市場における場合よりも格段に大きくなる．それ故，リスクをコントロールし，創造的に競争優位を獲得するための戦略は，エネルギー供給業者にとって成功のための鍵となろう．

　天然ガス分野においては，天然ガスを輸入している民間企業や天然ガスの潜在的な輸入業者となっている発電業者は，資源調達の決定の際にコスト削減やリスク管理を行うことが優先度の高い項目となろう．LNG供給の弾力性は，ガス供給企業に対してコストやリスクの低減機会が与えられることから，重要な考慮すべき要因となっている．ガス生産者からの弾力的な供給がない場合には，韓国の供給企業は，年間を通じて等しく輸入する一方で，需要の高い季節変動に対応するためにLNGの供給を調整できるように貯蔵タンクを建造しておく必要が生じるだろう．このことは，天然ガス生産者がLNGに対する需要変動がある韓国に対してアピールできることを意味している．年間を通して一定の規則的な供給をすることよりもむしろ，不規則な需要に応じた供給をすることで，韓国の供給業者は貯蔵タンクの建造や維持に関わるコストを抑えることができる．韓国のガス企業は，国内市場が著しく変化することが予想されており，また長期的に多くの不確実性を有するため，LNGの購入に際して長期契約よりも短期，中期の契約を好むことになるだろう．

　韓国がアジアのLNG市場で相当の影響力を持っていることは留意されねばならない．アジアではLNGの輸入国は数が限られている．アジアのLNG市場での輸入国は日本，韓国，台湾の3ヵ国である．その他の国では中国が2006年までにLNGの輸入国になる可能性がある．韓国はこれまで日本に次いで2番目のLNG輸入国であったが，天然ガスの将来的な追加需要量（輸出国との新たなLNG購入契約に関する潜在的な量）は，日本の追加需要量を上回ると予想されている．台湾のLNG市場は相対的に小さい．オーストラリアのようにアジア市場に天然ガスを輸出することを望んでいる国々にとって，アジア以外の市

場に輸出することは距離的な問題があって容易なことではない．

　外国の供給業者と韓国の輸入業者もしくは流通業者と消費者との間の戦略的提携もまた，LNGの貿易力を高めるものと期待されている．高度に規制された韓国のガス市場では，輸入業者，流通業者，消費者の役割は政府によって制限されているように，独特の排他性を持ったものであった．しかしながら，構造改革後の規制緩和された競争的市場においては，市場の参加者は以前よりもより多くの役割を果たすことができる．たとえば，輸入業者は流通業者になることもできるし，消費者は外国から直接天然ガスを調達することも可能である．こうした規制緩和された環境の下で，LNGを調達する韓国企業は，国内市場にLNGを供給する活動も含めて他事業に天然ガスを供給するといった活動を超えた事業展開を図りつつ，利益追求の下で事業を多様化させるであろう．それ故，いくつかの大口の顧客は，2つの目的で天然ガスを調達することになる．たとえば，1つは工業生産の場合のように，彼ら自身が天然ガスを消費することによって，もう1つは，大口であろうと小口であろうと，他の顧客に販売することによってである．それ故，LNG生産業者にとっては，韓国のガス企業との戦略的提携は，韓国の卸売や小売市場での天然ガス販売のようなLNG輸出事業以外の分野への参入というビジネス・チャンスを得ることになる．一方，韓国側からするとLNG生産者との提携は，韓国の顧客に安定的なガスの供給を確保することができ，また韓国のガス供給企業に調達コストの低減の機会を生み出し，国内のガス事業において他企業に対する競争力を高めることになるだろう．

　韓国の関心は，本章の最初で議論したように北東アジア地域での多国間協力を通じてパイプラインを建設することによって，ロシア東部から天然ガスを調達することに向けられている．この試みはLNG生産者の間に競争的利害をいっそう高めることになるであろう．しかし一方で，この試みは韓国のガス供給者を北東アジア地域のPNG（Pipeline Natural Gas）プロジェクトにおける戦略提携でLNG生産者と結びつけることにもなろう．LNG生産者は通常，ガス・パイプラインの建設と同様に天然ガスの採掘に関しても相当の経験と技術を持っているのが普通である．さらに彼らは，こうした投資のために必要とされる

莫大な資金も出している．韓国自体が，天然ガスの大規模な市場であり，安定した購入者でもある．また，こうしたプロジェクトでの投資家でもあり，したがって韓国企業は北東アジアの天然ガス・プロジェクトにおいて重要な役割を果たすことが期待されている．豊富な経験，技術，資金を有しているLNG供給業者による北東アジア地域のPNGプロジェクトへの参画は，韓国のガス供給企業との提携によって，双方に多大の利益をもたらす機会を生み出すとともに，プロジェクトをより実現可能なものにすることができる．

石炭の調達もまた，市場における規制緩和により顕著な変化が期待されている．政府は，2つの大企業であるKEPCOとPOSCO（Pohang Steel Company）に対する規制を緩和した．政府はコークスの輸入企業であるPOSCOの株式の多くをすでに売却し，政府所有の株式はわずかに4パーセントとなっている（政府系金融機関の韓国企業銀行（The Industry Bank of Korea）が所有）．また外国人株主の割合はほぼ半数に達している（2000年末の時点で49パーセント）[1]．蒸気炭を輸入している発電企業は，電力産業の構造改革計画に基づいてまもなく民営化されるであろう．より競争的な市場は，民営化された輸入企業に石炭調達に関する戦略の変更を迫ることになり，コスト低減，安定した供給のための弾力的な購入には好都合である．

石炭のコストは，韓国における電力企業の総発電コストのおよそ30～50パーセントを占めている（KEPCO 2000）[2]．この数字は，コストの非常に大きな部分を占めているため，石炭調達におけるコストや価格リスクの低減は発電企業の経営にとって優先度の高い問題となろう．

石炭の調達に関わる韓国企業の大きな変化はすでに始まっている．そのなかには，外国の石炭供給業者との長期契約からより短期の契約へと，あるいはスポット市場での契約へとシフトする動きも含まれている．1990年代後半の市場改革が始まるまでは，KEPCOは石炭の大部分を外国の石炭供給業者との長期契約で輸入していた．1998年以降，KEPCOは電力産業の構造改革の導入により，長期契約から短期契約へシフトしてきた．1998年までは，KEPCOの長期契約による総石炭輸入量は，全体のおよそ80～97パーセントに達していた．しかしながら，この数字は大きく下がり，一方1年契約とスポット市場での短

表10-7　KEPCO石炭調達方法の変化

(単位：1,000トン)

	1996	1997	1998	1999	2000
長期契約	19,011	20,587	19,848	14,634	14,090
	(97%)	(93%)	(80%)	(55%)	(43%)
年間契約	616	625	113	5,420	8,110
	(3%)	(3%)	(1%)	(20%)	(25%)
スポット	—	40	4,824	6,663	10,240
		(4%)	(19%)	(25%)	(32%)

出所：Korea South-East Generation Co., The direction of coal procurement in new generation company, April 2001.

期購入の割合が50パーセントを超えるようになった（表10-7）．民営化された発電企業においては短期契約による石炭購入は，将来的にさらに拡大することが見込まれている．

　石炭輸出業者にとっては，韓国における電力産業の構造改革が実施された後，電力市場の変化するトレンドを注意深く観察することが望まれる．彼らはさまざまな戦略を持って，たとえば輸入業者に対して供給期間をフレキシブルに設定するとか，変化する石炭市場の要求を満たすべく韓国の顧客や輸入業者と直接提携するといった方法で，こうした変化に迅速に対応する準備をしておくことも必要である．

　韓国へのエネルギー輸出を拡大するために外国の供給業者がとるべきもう1つの戦略は，韓国内のエネルギー市場に直接参入することである．韓国政府は，1998年に外国企業に対してエネルギー市場を開放した．エネルギー産業においてかつてあった外国人の株式所有や外国企業の操業に関する制限のほとんどは廃止された．政府はエネルギー産業への外国企業の直接投資を奨励しており，すでに多くの外国企業が石油精製，都市ガス，地区暖房といったエネルギー市場に投資している．これら外国企業のうち数社は，エネルギー市場の構造改革と民営化が完了した後を睨んで，発電分野や天然ガスの卸売販売といった分野への投資を準備している．

5．おわりに

　エネルギー産業は過去30年間，エネルギー資源を渇望してきた韓国の重工業の渇きをいやす存在として，韓国の経済発展の大黒柱であった．2001年時点で，韓国が使用した総エネルギーの実に97パーセント以上が外国からの輸入であった．それ故，韓国にとって外国からエネルギーを調達する重要性は強調してもし過ぎるということはない．いくつかの伝統的な手法が，安定したエネルギー資源の確保のために用いられてきた．そのなかでもっとも顕著な手法というのが，政府がエネルギーの輸入や国内市場への供給に直接関与する手法である．輸入するエネルギー資源を十分確保できないか，あるいはエネルギー価格が高騰するといった予期せぬ地域上のエネルギー問題への準備として，輸入国を分散させ，外国のエネルギー資源開発に韓国企業が直接投資することを奨励するといった手法も追求されてきた．石油のような貯蔵できるエネルギー資源に対しては，政府は韓国のエネルギー企業に強制的な貯蔵プログラムを求めてきた．そうしたことは，エネルギー確保を高めるもう1つの手法である．

　しかしながら今日，韓国政府はエネルギー分野の統制を緩め，可能な場合には販売業者と購入業者の間の競争を促進することで市場メカニズムが機能する政策をとっている．こうした手法をとることで，韓国政府はエネルギー供給確保の役割を市場の力に委ねている．このことは，電力産業やガス産業の構造改革計画やすでに始まっている石油産業の規制緩和において見られるように，政府による介入からの決別である．韓国のエネルギー輸入業者は競争的な市場で生き残るために調達戦略の最優先事項として，低コストとリスク回避の戦略をとることになるだろう．急速に変化する市場において，彼らは安定したエネルギー供給のために長期契約よりも短期でフレキシブルな供給契約を好むようになるだろう．こうした変化は，外国の輸出業者に韓国の輸入業者との間にフレキシブルな契約を締結させ，戦略提携を考慮させることになろう．

　北東アジアにおける主要なエネルギー消費大国は，エネルギー資源調達のための地域間協力について考慮している．これらの諸国は，エネルギー供給と輸

送の安全性を高め，エネルギー供給業者に対する交渉力を強化するために，エネルギーに関するアジア共同市場の設立を模索している．またロシア東部の豊富な天然ガスを採掘するために中国，日本，韓国を含む北東アジアの国々は，その地域での天然ガス開発を検討している．

韓国のエネルギー市場の構造改革を貫徹させるためには，外国のエネルギー供給業者が従来の長期契約に代わって短期で，フレキシブルな契約を締結する準備が必要となるかもしれない．彼らは，韓国向けエネルギー資源の輸出を増加させるために，韓国のエネルギー・ユーザとの戦略的提携や韓国エネルギー産業への直接投資といった問題について真剣に検討すべきである．

訳注1) 熱力学特性関数の一種．

(訳・所 伸之)

注

1) 民営化後のPOSCO，第18回エネルギーおよび鉱物資源に関する韓国・オーストラリア合同委員会，2001年4月．
2) 発電コスト，KEPCO，2000年．総発電コストに占める石炭コストの比率は，石炭発電の稼動率に依存している．

参考文献

ABARE & Korea Energy Economics Institute (1996), Energy Trade and Investment Between Australia and Republic of Korea, August, Seoul.

Chang, Hyun-Joon (1999), *a*, Prepared for 20th Annual Conference of the USAEE/IAEE, Washington, DC.

Chang, Hyun-Joon (2001), *Energy and Environment*, Korea Energy Economics Institute, Seoul.

Chung, Woo Jin (1999), *Economic Cooperation in Northeast Asia : A Study on Regional Energy-resource Cooperation*, Seoul : Korea Energy Economics Institute.

Chung, Woo Jin (2000), *National Energy Futures Analysis and Energy Security Perspectives in the Republic of Korea*, Seoul: Korea Energy Economics Institute.

Doh, Hyun Jae (2000), *Introducing Competition and Natural Gas Pricing Practice in Korea*, Prepared for APERC mid-year workshop on research themes, Japan.

KEEI (Korea Energy Economics Institute) (2001), *2001Yearbook of Energy Statistics*, Seoul.

Korea Gas Corporation (1997), *Feasibility of Northeast Asian Natural Gas Pipelines and Cooperation among Regional Nations : Study on Efficient Strategy for Northeast Asian PNG Projects*, Seoul : Korea Gas Corporation.

Korea South-East Generation Co. (2002), *The Direction of Coal Procurement in New Generation Company*, Seoul.

Korea National Oil Corporation (2001), *Korea Petroleum E & P Actives*, Prepared for 18th Korea-Australia Joint Committee on Energy and Mineral Resources Consultation and Cooperation, Seoul.

Ministry of Commerce, Industry and Energy (1999), *Restructuring Plan of Natural Gas Industry and Privatization of KOGAS*, Seoul.

Ministry of Commerce, Industry and Energy (1999), *Restructuring Plan of Electric Power Industry in Korea*, Seoul.

Seung-Jin Kang (2001), 'Long-Term Energy Demand Forecast in Korea', *Korea Energy Review Monthly*, Seoul : Korea Energy Economics Institute.

Soga, Masayushi and Dae-Hee Lee (1998), 'Future Developments on the Asian Oil Market and Japan-Korea Tie-up Option', *Energy in Japan*, Japan : Institute of Energy Economics.

第 V 部
労使関係と社会福祉戦略

第11章　韓国における労使関係と労働基準

イ・ウォンドク（Won-Duck Lee）
イ・ビョンフン（Byoung-Hoon Lee）

1．はじめに

　1990年代の中頃から韓国の労使関係制度はダイナミックな変容を経験してきた．この期間を通して，民主化，グローバル化，そして1997年の経済危機が，韓国の労使関係や労働基準に大きな変化をもたらした．1987年以降の民主化の進展は，経済成長を推進し，政治の民主化を抑圧してきた独裁政権を解体した．このことは，1980年代後半の労働運動の爆発的な増大をもたらしたのである．組織化された労働運動は個別企業および全国レベルの労使関係において，この団結力を強化した．労働者は団体交渉や制度改革を通じて労働条件，賃金，労働基準を改善するために雇用者や政府に圧力をかけた．
　1990年代の初めから，グローバル化は韓国の労使関係や政府の労働政策に対してかなりの影響力を及ぼしている．拡大するグローバル競争に直面して，政府や雇用者は労働市場における賃金抑制とフレキシビリティの維持を模索してきた．労働組合は，国際標準に合わせるべく労働者の権利強化を要求した．1996年には政府は雇用者と労働者を加え，既存の労働法を改革しようと全国規模の三者協議を開いた．国を挙げた激しい論争を経て，労働関連法の広範な改定が1997年の初めになされた．
　1997年12月に突然起こった経済危機は，韓国の労使関係に大きな衝撃を与えた．1998年1月に，政府は大量失業，経済再建，労働基準の見直しといった一連の緊急課題を討議するため三者委員会を招集した．当委員会は労働者の

諸権利の改善ならびに労働市場におけるよりいっそうの柔軟性を確保するための法改正についての協約を含んだ歴史的な「社会契約」を1998年2月に誕生させた．政府はすぐに韓国経済を改善するための主要なプロジェクトを立ち上げた．このことは，公共部門，民間部門を問わず大規模な人員整理に反対する労働組合との間に激しい対立を引き起こすことになった．同時に政府は，失業者や女性労働者を保護するための法律や社会プログラムを設けた．

　本章では，1987年以降の韓国の労使関係や労働基準の歴史的展開を検討する．さらに，労働者，雇用者，政府という主要な三者ならびに利害，代表，対立解消に関する制度的な構造を含めた現在の労使関係制度についても概観する．そして結論として，今日の韓国が直面している社会的な対話や労働基準における未解決の問題を明らかにする．

2．韓国の労使関係

2.1　最近の展開

　1987年まで韓国の労使関係は，韓国経済の成長政策の一部として政府によってコントロールされていた．上記の期間，政府による干渉主義的政策で労働組合を結成したりストライキをするための労働者の団体行動は厳しく統制されていた．個別企業のレベルでも，政府による労働者排除政策が労働組合の活動を制限していたなかで，雇用者は賃金や就業規則の決定において彼らの経営上の特権を自由に行使することができた．1987年まで厳しくコントロールされた労働組合の力は余りに弱く，組合員の不満や要求を声高に主張することができなかったため，労使関係は政府当局や雇用者の利益が優先されるという状況下において概して安定しており，静態的であった．

　1987年6月に躍進する市民運動は，かつての軍事政権に対して「民主化宣言」をするように圧力をかけた．それは結果として，韓国政治を民主化するための決定的な力となった．民主化宣言に続く「偉大な労働闘争」は，経営者と独裁的な政府によって支配されてきた既存の労使関係の解体を実現した．

　1987年以降，韓国の労使関係は表11-1に要約されているように，(1) 組織

表11-1　1987年以降の韓国における労使関係の展開

	第1段階 (1987～89) 組織化された労働の拡大	第2段階 (1990～92) 政府による介入への回帰	第3段階 (1993～97) 労働改革に向けての三者間の取り組み	第4段階 (1998～) 経済・労働市場の再構築
経済環境	・好況	・不況	・グローバル化	・経済危機
組合活動	・飛躍的発展	・衰退	・一定した後退	・停滞
労働争議	・劇的な増加	・急激な減退	・総体的な安定	・着実な増加
労働政策	・政府からの労使の自律性を認識	・社会的な安定と賃金統制のための介入	・労働改革のための参加的対話	・三者委員会と労働市場弾力化の促進

化された労働の拡大，(2) 新干渉主義に基づいた政府の政策，(3) 労働改革への三者間による取り組み，(4) 経済および労働市場改革という要因によって特徴づけられる4つの段階を経験した．

2.1.1　組織化された労働の拡大（1987年～89年）

この段階は，1987年の下半期から始まった労働争議のドラマティックな急増のなかで始まった．表11-2に示されているように，記録されている労働争議の件数は1986年の276件から1987年には3,749件へと急増しており，さらにその後の2年間での件数は1,600件以上に上った（1988～89年）．表11-3に見られるように，労働組合の数は1986年の2,742団体から1989年には7,883団体へとほぼ3倍に増加した．この期間に労働組合員の人数も105万人から193万2千人へとほぼ2倍に増加しており，また組合の組織率も11.7パーセントから18.6パーセントへと急上昇している（表11-3）．

こうした組織化された攻撃的な労働に直面し，また強烈な民主化要求に負け，政府はこれまでの干渉主義的な政策を放棄し，企業レベルでの労働問題に対処する上での労働組合と経営者の自律性を公に認めることになった．

この時期の労働運動の飛躍的な進展は，企業レベルでの労使関係を労使間の力の均衡という方向へ変質させることにもなった．その過程において，労働者に対する経営者の強固なコントロールは実質的に衰退し，多くの大企業におい

表11-2 記録された労働争議に関する主たる指標の変化

年	争議の件数	争議に参加した労働者の人数 (1,000人)	失われた労働日 (1,000日)
1986	276	47	72
1987	3,749	1,262	6,947
1988	1,873	293	5,401
1989	1,616	409	6,351
1990	322	134	4,487
1991	234	175	3,271
1992	235	105	1,528
1993	144	109	1,308
1994	121	104	1,484
1995	88	50	393
1996	85	79	893
1997	78	44	445
1998	129	146	1,452
1999	198	92	1,366
2000	250	178	1,890
2001	234	89	1,083

出所：Korea Labor Institute (2001).

表11-3 年毎の労働組合に関する主要な指標の変化

年度末	年度末 (E／A)	労働組合員 (1,000人)	組合の組織率* (％)
1987.6	2,742	1,050	11.7
1987	4,103	1,267	13.8
1988	6,164	1,707	17.8
1989	7,883	1,932	18.6
1990	7,698	1,887	17.2
1991	7,656	1,803	15.9
1992	7,527	1,735	15.0
1993	7,147	1,667	14.2
1994	7,025	1,659	13.5
1995	6,606	1,615	12.7
1996	6,424	1,559	12.2
1997	5,733	1,484	11.2
1998	5,560	1,402	11.5
1999	5,637	1,481	11.8
2000	5,698	1,527	11.6

注：＊組合の組織率＝(組合員数／雇用労働者の総数)×100
出所：Korea Labor Institute (2001).

て労働組合が労働者側をコントロールするようになった．経営者は賃上げの受け入れや労働条件の改善，福利厚生プログラムの策定に関して圧力を受けるようになった．1987年から1989年の間に，名目賃金の平均はあらゆる産業において年間で12パーセント以上上昇した．製造部門では，同時期に名目賃金の平均は前年比で18パーセント増加した（Lee and Choi 1998）．

この時期，顕著な変化が労働組合の構成において起きた．まず第1に，もっとも労働組合の組織率の高い産業分野が女性労働者が多い繊維産業から圧倒的に男性労働者の多い金属，化学産業へと移ったことである．このシフトは，1980年代に起きた韓国の経済構造の変化を反映したものである．1987年以降，重化学工業を代表する男性主体の労働組合は全国レベルで労働運動をリードした．金融，マスメディア，医療といったサービス産業でホワイトカラーが多く加入する労働組合もまた同時期に急速に成長した．

第2に，新たに組織された労働組合の多くは，政府の専制的な労働政策に対して従属的な姿勢をとっている韓国労働組合総連盟（FKTU：Federation of Korean Trade Union）に批判的であり，それゆえ，FKTUに加盟することを拒否した．いわゆる「民主的な労働組合」は独自の連合を形成し，以来好戦的な組合主義を支持している．

2.1.2 政府による介入への回帰（1990年〜92年）

ポスト1987年の第2段階の期間は，韓国経済が景気後退にあった時期である．政府は，経済回復を促進する狙いで企業レベルでの労使関係に再び介入し始めた．1991年と1992年に政府は労働コストの上昇を抑え，企業競争力を高めるために賃金コントロール政策を実施した．政府は，また好戦的な組合活動に対しては強硬姿勢で臨み，非合法的な組合活動には重い罰則を課した．この時期に，政府は労働者にストライキを思いとどまらせるために「働かない者には賃金を支払わない」という方針をとることを経営者に要請した．

労働組合の組織率および労働争議の件数は，表11-2と11-3に見られるように，この期間に下落し始めている．組合行動主義の失速は，(1) 経済の低迷，(2) 政府による新たな介入主義に基づいた労働政策，(3) 過去数年間にわたって

行われた賃金を含む労働諸条件のかなりの改善,(4) 1980年代の後半から1990年代の前半にかけて共産圏の崩壊の後,闘う労働組合に対する世論の支持の減退という4つの要因に起因している.その一方で,全国レベルの組織として2つの独立した組合が設立された.製造業を代表する全国労働者組合協議会(NCTU: National Council of Trade Unions)とサービス業を代表する全国業種労働組合会議(COTU: Council of Occupational Trade Unions)の2組織である.

　第2段階において,雇用者は職場におけるマネジメント・コントロールを再び取り戻すために柔軟な賃金プラン(たとえばメリット・ベースの報酬)や個人に対する業績評価といった新たな人事政策を実施し始めた.しかしながら,こうした政策は組合からの強い抵抗にあって多くの企業において定着することがなかった.労使関係の制度的枠組みの再構築に関する関心の高まりを受けて,1992年4月に政府は労働大臣の諮問機関として学識経験者,労働者,雇用者の代表から成る労働法検討委員会を結成した.委員会は,労働法改正に関する広範囲な研究を行った.1993年2月に就任した金永三(Kim Young-Sam)大統領は,1996年に従来の労働法の全面的改定に着手するためPCIRRを設けた.彼の政権は,労働改革を国家改革の最後の仕事として考えており,また韓国がOECDに加盟するための前提条件と見ていた.

2.1.3 労働改革に向けての三者間の取り組み(1993年〜97年)

　この時期までに韓国でグローバル化の複雑な力が明白に表出するようになり,韓国の国際的競争力を改善するための不可避の問題も増大していた.政府は労使対決を解決するために新たな取り組みを行った.新たな政府の政策において不可欠の内容は,労働組合,雇用者,政府の主要三団体が国家レベルで協議を実施する「社会的対話」モデルを導入することであった[1].

　政府による協議進行の下,2つの主要な団体—FKTUと韓国経営者連盟(KEF)は,1993年と1994年に賃金上昇と雇用政策に関する国家レベルでの合意に達した.このFKTUとKEFの合意は,個々の企業レベルでの賃金交渉のガイドラインとして用いられた.しかしながら,1995年には労働者はFKTUが政府の賃金コントロール政策を支持しますます信用できなくなったとして,

この協議を停止した.

　1996年5月に設立された労使関係改革に関する大統領委員会（PCIRR）は，三者協議をさらに推し進めた．この委員会は大統領の諮問機関として結成され，労働組合，雇用者団体，公共利益団体，学者の代表者で構成されていた．PCIRRは，労働法改正に関してさまざまな利害関係者が参加する社会的対話のための公開フォーラムを準備した．PCIRRには，民主的な労働組合としては第2の全国組織である韓国民主労働組合総連盟（KCTU：Korean Confederation of Trade Unions）の代表者も含まれていた．KCTUは，NCTUとCOTUが1995年10月に合併して誕生した団体であり，当時はまだ法的認可を得ていなかった．政府はPCIRRには直接参加しなかったが，労働者と雇用者の2つの核となる団体間の協議や交渉には深く関与していた．

　数多くの公聴会，分科会のワークショップ，総会の後で，PCIRRは労働法制度改正に関する1つにまとめた答申書を金永三大統領に提出した[2]．しかしながら，1996年12月26日に政府と与党は野党議員が欠席するなかで現行労働法を改定した独自の法案を可決した．政府の一方的な改正は，労働者の権利や組合の組織化よりもむしろ労働市場の柔軟性に力点を置いたものであり，1996年の末から1997年の初めにかけて起こった全国規模のストライキや反政府運動の引き金となった．労働組合や国際社会からの高まる圧力を受けて，政府は労働法の継続的な見直しを約束し，結局，1997年3月に野党との協議の末，労働法のさらなる改定を行った[3]．

　この期間を通じて労働争議の顕著な減少が見られただけでなく，労働争議のテーマ自身も変化した．表11-4に見られるように，1994年までの労使間のもっとも重要な争議のテーマは賃上げ要求に関するものであった．しかしながら，その後，賃金問題は労働争議の主たる原因として労働協約にその地位を取って代わられた．より多くの労働組合が労使間の紛争を解決するに当たって，ストライキを実施する前に事前に告知し，「冷却期間」を設定するという法的手続きに従ったのである．合法的なストライキの割合は，1980年代末の20～30パーセントから1990年代中頃には70～80パーセントまで上昇した．

表11-4 労働争議の主な要因

(単位：%)

年	賃上げ要求	労働協約	賃金支払い遅延	解雇	その他＊
1988	50.5	24.8	3.2	5.9	15.6
1989	45.9	27.7	3.7	5.0	17.7
1990	51.9	15.8	3.1	5.6	23.6
1991	56.4	24.8	2.1	3.0	13.7
1992	54.7	20.0	11.5	1.7	12.1
1993	45.8	36.1	7.6	0.7	9.8
1994	42.1	34.7	5.0	2.5	15.7
1995	37.5	55.7	0.0	1.1	5.7
1996	22.4	72.9	1.2	0.0	3.5
1997	23.1	65.4	3.8	0.0	7.7
1998	21.7	44.2	17.8	2.3	7.8
1999	20.2	44.9	11.1	0.0	23.7
2000	18.8	66.8	2.8	0.8	10.8

注：＊この数字には工場閉鎖，ロックアウト，不公平な労働慣行，事業再構築が含まれる．
出所：Korea Labor Institute (2001a).

2.1.4 経済再編（1998年〜現在）

1997年11月の外国為替危機は労使関係に深刻な影響を与えた．大統領に就任した金大中はこの経済危機を乗り越えるために，政府，労働組合，雇用者の三者協力を推進すべく1998年1月に三者委員会を設立した．1998年2月9日に，当委員会は90項目から成る広範なアジェンダを網羅した歴史的な社会契約を締結した（表11-5）．この社会契約は，外国の金融機関によって評価されているように韓国の信用度を改善することで，経済危機を乗り越えることに重要な貢献を果たした．

しかしながら，社会契約に署名した後すぐに，KCTUのリーダーシップは余剰労働者の解雇を可能にした法律の通過に同意したことで，その組合員からの強い批判に直面することになった．その結果，KCTUは当委員会への参加を取り止めることになり，委員会の第1目の協議は中止になった．三者諮問委員会の第2ラウンドは1998年6月に再開された．ここでの主要な目的は，最初の諮問委員会で得られた合意の実行を監視することであり，経済再建，とりわけ金融，財政，公的部門に関する三者協議を推進することであった．第2ラウンド

表11-5　社会契約の重要な内容

---

(1) 経営の透明性と企業再編の促進
(2) 消費者物価の安定
(3) 雇用の安定と失業を緩和する施策
　・雇用保険制度の改善と適用範囲の拡大
　・失業者の支援
　・職業斡旋サービスの拡大
　・職業訓練の拡大
　・雇用創出
(4) 社会的なセーフティネットの拡大と強化
　・健康保険制度の統合とその適用範囲の拡大
　・労働者賃金要求法の立法化
(5) 賃金の安定と労使協調の促進
　・労働協約の効果の保障
(6) 基本的な労働権の向上
　・教員組合の合法化
　・政治活動に従事するための労働組合の権利保障
　・1999年1月から政府公務員のための評議会の設立
　・部門別労働組合に参加する失業者の権利の承認
(7) 労働市場弾力化の向上
　・労働者派遣スキームの導入
　・経営上の理由による解雇規制の緩和

出所：KILF（1998）．

の委員会は，教員組合の合法化や二層になっている健康保険制度の統合を含む詳細な政策提案に関する三者間の合意が得られたことで，実質的な進展をみることができた．こうした成果にもかかわらず，第2ラウンドの委員会もまた三者間の相互不信や政府主導で進められる経済再建に対する労働組合の反対——後にKCTU主導の全国ストライキに発展することになるが——といった障害に直面した．結局，委員会は1999年初頭にKCTUが2度目の脱退を表明したことで結局行き詰まることになったのである．第3ラウンドの委員会は1999年9月に再開されたが，三者間の対話を促進する委員会の役割はKCTUと政府の間に横たわる絶え間ない対立によって大幅に弱められた．

　表11-2に見られるように，1998年には記録された労働争議の件数は再び増加に転じた——1998年の129件から2000年には250件と倍増した．このこと

表11-6 賃金契約の変遷，1998-2000年*

(単位：％)

	1998年		1999年		2000年	
	総賃金	基本給	総賃金	基本給	総賃金	基本給
全 部 門	−2.7	0.0	2.1	2.1	7.6	7.2
民間部門	−2.6	0.1	2.3	2.2	7.7	7.2
公共部門	−3.1	−0.7	−0.5	0.0	7.2	6.9

注：＊これらのデータは従業員数100人以上の事業所に関するものである．
出所：Korea Labor Institute, Quarterly Analysis of Labor Trends, 1998-2000.

は，労働争議の平均件数が100件を下回った過去3年間（1995〜97年）の傾向が反転したことを意味する．この期間の多くの争点は，賃金支払いの遅延，事業の縮小および再構築（表11-4の「その他」に該当）に関するものであった．とりわけ，いくつかの大規模な争議が現代自動車（Hyundai Motor Company），大宇自動車（Daewoo Motor Company），韓国通信（Korea Telecom），その他商業銀行といった大企業で起こった．これは，労働組合が公共部門や金融業の再建に対する政府の政策と経営者主導で進められた雇用調整計画の両方に反対したことによるものである．

労働組合は経済危機の期間に前例のない譲歩をした．とりわけ，賃金の凍結，ボーナスや福利厚生の削減に彼らが同意した．表11-6に見られるように，1998年度の全体的な賃金の上昇はマイナス2.7パーセントであった．全体として，労働組合の戦略の優先順位は，1998年から1999年にかけての大規模な雇用調整や労働需要の減退を経験した後，組合員の福利厚生や労働条件から雇用保障へと移った．1999年の下半期に韓国経済が経済危機からの回復兆候を見せるようになると，労働者は以前の合意についての再交渉を要求し，2000年度に7パーセント以上の賃金上昇を獲得した．

労働組合が組織化されている企業での事業縮小の動きの広がりは，1997年から1998年における組合員の減少をもたらした．しかしながら，労働組合と組合員数の総計は1999年にはわずかながら増加した．これはそれまで組合活動をする権利を与えられなかった教師や非正規従業員といった新しいグループが労働組合を組織したことによるものである．この時期はまたいくつかの産業

同盟——その大部分はKCTUに加盟している団体である——が合併した時期でもあった．医療および健康産業労働組合（1998），銀行労働者組合（2000），金属産業労働組合（2001）を含むいくつかの産業同盟は産業別労働組合モデルを適用するために構造改革を行った．

2.2 現在の労使関係の概観

2.2.1 主要な行為者

韓国の労働組合は，近年，産業別労働組合が現れてきてはいるものの依然として企業別労働組合が支配的である．こうした企業別労働組合主義は脱中央集権化された団体交渉の実践に寄与してきた．産業別労働組合の企業支部もまた，組合管理や団体交渉において実質的な自治を実践している．

韓国の労働運動は近年，FKTUとKCTUという2つの全国団体に分かれて展開されている．2000年末現在，FKTUは3,754の個別の労働組合と87万2千100人の組合員から成る28の加盟団体（産業同盟もしくは産業別労働組合）を擁している．一方，KCTUは1,362の労働組合と61万5千人の組合員で構成される15の加盟団体から成っている（Ministry of Labor 2000）．1999年11月に法的に認められたKCTUは，闘う行動主義をとっているのに対し，FKTUは政府や雇用者に対して協力的なスタンスを示している．KCTU加盟の労働組合（452組合）の平均的な規模はFKTU加盟の労働組合（232組合）のほぼ2倍である（Ministry of Labor 2000）．1987年以降組織化された大企業の労働組合の多くはKCTUに加盟している．

2つの全国規模の組織が経営者の利益を代表している．韓国経営者連盟（KEF）と全国経済人連合会（FKI）の2組織である．FKIが主にチェボル・グループで構成され，経済政策に関する問題を扱うのに対して，KEFにはチェボルだけではなく小さな企業も含まれ，労使関係の問題が主として扱われる．KEFは1970年に設立され，傘下に13の地方の経営者協会，20の経済貿易協会，そして製造業，建設業，運輸業，金融・保険業，サービス産業におけるおよそ4,000の企業を包含する全国規模の組織である（KEF 2000）．

KEFはPCIRRや三者委員会における代表としての役割で示されたように，

労使関係問題に関わる全国レベルでの交渉や協議において韓国の経営者の公式の意見を表明してきた．実際，労使関係における主要な行為者として KEF の役割が大きくなってきたのは，1980年代後半における労働運動の高まりや1990年代の政府主導で進められた三者委員会の努力によるものである．

労働省は労働政策を取り仕切る政府機関である．労働省内では労働政策局と労使協力局が労使関係問題に関する政策立案と運営を担当する組織である．労働政策局は3つの課から構成されている．労働政策課，労働組合課，労使協議課の3つである．

労働省は主要都市（ソウル(Seoul)，釜山(Pusan)，仁川(Incheon)，大邱(Daegu)，大田(Daejun)，光州(Gwangju)）に置かれている6つの地域管理事務所を含む46の地方事務所を所管しており，それ以外に40の地域事務所が置かれている．各地域事務所の労働監督官は，労働基準法に基づき労働条件を監督することを任務にしている．これらの労働監督官は，所管地域での不公平な労働慣行を取り上げたり，労働争議解決のために行動することに対しても責任を有している．

2.2.2 団体交渉および協議のシステム

組織化された労働組合を有する大部分の企業での団体交渉は，企業別労働組合の構造に応じて個別企業レベルで主として行われる．しかしながら，いくつか例外もあり，特に運輸業界（たとえばタクシーとバス）や繊維業界では地域もしくは産業レベルで団体交渉が行われる．1997年の労働組合および労使関係調整法は，いかなる団体交渉の合意も2年後には無効になると規定している．一般に，賃金に関する団体交渉は毎年行われるが，その他の労働条件に関する交渉は1年おきに行われる．

韓国の団体交渉の構造は脱中央集権化されているが，個別企業レベルでの交渉に対する全国レベルの団体の影響力は無視できないものがある．表11-7に見られるように，FKTUとKCTUは毎年，年度初めに賃上げやその他の契約変更（たとえば最近では，労働時間の短縮や雇用保障の改善）について全国レベルで交渉を行うが，これが個別企業レベルで交渉する際に影響力があるガイドラインとなっている．全国レベルの労働組合によるこうした提案を受けて，KEFは，

表11-7 労使によってなされた賃金交渉に関する提案

(単位：%)

	最終的な賃金契約	KEFの提案	FKTUの要求	KCTUの要求
1988	13.5	7.5 − 8.5	29.3	—
1989	17.5	10.9 (8.9 − 12.9)	26.8	37.3
1990	9.0	7.0	17.3 − 20.5	23.3
1991	10.5	7.0	17.5	22.2
1992	6.5	5.7 (4.7 − 6.7)	15.0	25.4
1993	5.2	4.7 − 8.9	FKTU − KEF	18.0
1994	7.2	5.0 − 8.7	全国レベルでの合意	16.4
1995	7.7	4.4 − 6.4	12.4	14.8
1996	7.8	4.8	12.2	14.8
1997	4.2	賃金凍結	11.2	10.6 ± 3
1998	0.0	20％労働コスト削減	4.7	5.1 − 9.2
1999	2.1	賃金凍結	5.5	7.7
2000	7.6	5.4	13.2	15.2
2001	—	3.5	12.0	12.7

出所：Korea Labor Institute (2001 a).

表11-8 労使協議会が設置されている企業

	1993	1994	1995	1996	1997	1998	1999
有資格の企業	14,583	14,661	14,961	15,243	28,735	27,453	27,643
労使協議会	14,490	14,606	14,782	15,197	24,411	26,249	26,172
設 置 比 率	99.3	99.6	98.8	99.6	85.0	95.6	94.7

出所：Ministry of Labor, *Yearbook of Labor Statistics*, various years.

加盟企業に交渉に関する独自のガイドラインを提供している．

労使協議会は，労使間の対話と協力を推進するためのもう１つの組織である．労使協議会の法的根拠は，労働者参加および協力促進に関する法（APWPC）[4]であり，同法は従業員数30人以上のすべての企業に対して協議会を設置し，四半期ごとに定期総会を開くべきことを規定している．表11-8に示されているように，APWPCの下で協議会を設置している企業の割合は，1996年から1999年の間に72パーセント上昇した．

労使協議会は労使同数の代表者で構成され，通常労使双方から３人〜10人

の代表者が選出される．APWPCは，労働組合の指導者が労働者の多数が組織化されている企業において労働協議会で，労使協議会における労働者側の代表者になることを規定している．さらに同法は，労働者の教育訓練や福利厚生計画が実施されるまでにそれらの問題が協議会に是認されることを求めている．労使協議会は，多くの労働組合にとって拡大された団体交渉を進めるための有効な手段となっている．

労使関係委員会（LRC）は韓国における労働争議の公式の仲裁組織である．そのメンバーは労働組合，経営者，公的な利害関係者の3つの代表者から成っている．公的な利害関係者の代表するこの委員会のメンバーは労使の代表者によって選ばれる．LRCは，13の主要都市に地方事務所を構えている．LRCの本部である中央労使関係委員会は，2つ以上の都市や地方を巻き込む重要な労働争議を仲裁する責務を負っている．

公益事業部門における労働争議の仲裁は，1997年に制定された労使関係調整法（TULRA）が適用される．公益事業部門における仲裁の条件は，民間産業部門のそれに比べると相対的に厳しいといえる．TULRAは，公益事業部門を「一般」と「必要不可欠」の2つに分けている．水道，電力，ガス，石油精製と供給，テレコミュニケーション，鉄道，病院等を運営している企業は公私企業ともに「必要不可欠」のサービスを提供する企業として分類される．これらの産業部門で発生した労働争議のすべては，公益事業を代表する3人のメンバーで構成される特別調停委員会（Special Mediation Committee）の勧告ありしだい，LRCによって仲裁されなければならないことになっている．

3．韓国の労働基準

3.1　基準の歴史的展開

労働基準法（LSA）は韓国の労働基準の基本的な枠組みを示している．LSAは朝鮮戦争中の1953年に公布された．同法には，日本の労働法の労働者保護に関する多くの規定が取り込まれており，当時の韓国の経済状況からするとかなり進歩的な内容の法律であると見られていた．LSAはこれまでに数次の改定

を重ねている．改定は，1961年の軍事クーデター，1974年の国家非常事態宣言，1987年の民主化運動といった政治的に大きな動きがあった時に行われてきた．最近の包括的な改定は，PCIRRの下での三者協議の結果として1997年に行われた．同法は経済危機の只中にあった1998年にも，三者諮問委員会により決定された社会契約に基づき部分的に改正されている．

LSAの制定に続いて，1980年代および90年代を通じて労働者の権利や労働基準をさらにはっきり定義したさまざまな労働法が制定された．表11-9は，これらの法律を主要な対象という観点から3つのグループに類型化したものである．

- カテゴリーA：女性，高齢者，身体障害者，派遣労働者，失業者を含む対象者の雇用保護および促進
- カテゴリーB：賃金，労働条件，福利厚生の改善
- カテゴリーC：職場の安全と健康の促進

表11-9 韓国における労働基準法制化の歴史的展開

法　律　名（カテゴリー）	法制化の時期	1997年以降の主要な改正
労働基準法	1953.5	1997.3　1998.2
塵肺症防止および塵肺症労働者の保護に関する法（C）	1984.12	1999.12
最低賃金法（B）	1986.12	2000.10
雇用平等法（A）	1987.12	1999.2
職場の安全と健康に関する法（C）	1990.1	2000.1
身障者の雇用促進および職業復帰に関する法（A）	1990.1	2000.1
従業員福利厚生基金法（B）	1991.8	2001.3
高齢労働者雇用促進法（A）	1991.12	1997.12
雇用保険法（A）	1993.12	2000.12
中小企業労働者の福利厚生促進に関する法（B）	1993.12	1998.2
労災保険法（C）	1994.12	1999.12
建設労働者の雇用等に関する法（A）	1996.12	
労働者の生活改善および雇用保障支援法（A）	1997.8	1998.2
派遣労働者の保護等に関する法（A）	1998.2	
賃金請求法（B）	1998.2	2000.12
ジェンダー差別禁止法（A）	1999.2	2001.1

出所：Ministry of Labor, *Labor White Paper*, various years.

3.2 韓国における労働基準の枠組み

韓国の憲法は，第32条3項において「労働条件に関する基準は人間の尊厳を保障する法の精神に基づいて決定されるべきである」ことを規定している．憲法の規定により制定されたLSAは，労働者の尊厳を保障するために必要とされる最低限の労働条件を示しており，また労使関係のあらゆる側面をカバーする基本的な労働基準について規定している．LSAは以下の12の章から成っている．すなわち，(1) 一般的な規定，(2) 労働契約，(3) 賃金，(4) 労働時間および休憩時間，(5) 女性と年少者，(6) 安全と健康，(7) 徒弟制度，(8) 労災補償，(9) 就業規則，(10) 寮，(11) 労働監督官，(12) 罰則規定である．同法は，従業員数5人未満の企業に対する規定を含め，労働が行われているすべての事業所に適用される[5]．ここでは，LSAによって規定されている労働基準に関わるいくつかの重要項目，すなわち，基本的な労働の諸権利，解雇，補償，労働時間の問題に焦点を当てる．さらには労働法に関わる問題についても議論することとしたい．

3.2.1 従業員の基本的権利

労働基準法は，同法において規定される労働条件は全くの最低水準に過ぎず，いかなる団体も同法に従うことを口実にして，労働条件を揺るがしてはならないことを謳っている（第2条）．同法で規定された基準を満たさない労働契約は無効であることが宣言されている（第22条）．同法は，差別的な扱い（第5条），強制労働（第6条），暴力（第7条），法律で認められていない悪徳業者や仲介業者による労働者の搾取（第8条）を禁止している．労働者は彼らの市民権を行使する権利が保障される（第9条）．労働基準法以外にも，雇用平等法やジェンダー差別禁止法において職場における女性の保護が規定されている．

労働基準法はまた，パートタイム従業員の労働条件は同種の経済活動に従事しているフルタイム従業員の労働時間と比例して決定されることも謳っている（第25条）．1998年の初頭には，派遣労働者保護法が派遣労働者の権利を保護するとともに，派遣労働を促進することを目的として立法化された．

3.2.2　経営上の理由による解雇

労働基準法第30条に従って，経営者は正当な理由なしに労働者を解雇してはならないことになっている．1998年の労働基準法の改定において，企業の合併や買収などを含む緊急の経営上の必要性から解雇するための，付加条項として第31条が採択された．経営上の理由により合法的に労働者を解雇するためには，経営者は以下のことをしなければならない．すなわち，(1) 解雇を避けるためのあらゆる努力をする，(2) 解雇する従業員を選別するための合理的かつ公平な基準を作る，(3) ジェンダーを根拠とした差別をしない，(4) 労働組合と従業員の代表に対して60日前に解雇計画を知らせる，(5) 大統領令によって指定された人数以上の労働者が解雇される場合には労働大臣に報告する．第31条2項は，従業員を解雇した経営者に対して，2年以内に新たな従業員を採用する場合には解雇した従業員を再雇用する努力をするように求めている．第32条は，解雇された労働者には30日前に解雇通知をするか，もしくは通知の代わりにこの期間の労働日数に相当する賃金を支払わなければならないとしている．

解雇に関する規定は三者委員会の協議を通じた社会的合意のなかから生み出されたものであったが，実際には経営者は会社の構造改革に当たっては，解雇よりも早期退職制度や退職金割増による自己都合退職の方により多く依存した．これは主として組合や労働者の強い抵抗によるものであった．労働組合は雇用保障について議論し，第31条の廃止を求めた．その一方で，経営者，とりわけ韓国で活動する多国籍企業の経営者はアメリカのように経営者の判断によって解雇できるようなより柔軟な制度を要求した．

3.2.3　補　　償

労働基準法は，賃金は毎月2回以上，決められた期日に現金で支払われなければならないことを規定している（第42条）．仕事が経営者側に帰せられる理由で停止しているならば，経営者は仕事の停止期間中の労働者の平均報酬の70パーセント以上を支払わなければならないことになっている（第45条）．倒産の場合には，労働基準法は税金，公的賦課，その他企業に対する財政的な要求

に関して労働者の賃金を優先的に返還することを保障している（第37条）．労働者が補償を求める第2の償還請求は，賃金請求法（Wage Claims Act）により設立された賃金請求基金（Wage Claim Fund）である．同法は，倒産した企業の従業員に賃金未払い分を支払う義務を政府に対して課している．労働基準法第34条は，経営者に対して退職手当制度の構築を求めている．すなわち，退職もしくは解雇された従業員に当該企業で雇用されていた期間に対して30日分以上の平均賃金を支払うことである．

第55条は，残業，夜間勤務，休日勤務をした場合においては従業員に正規の時間給の50パーセントを超える追加的な報酬を支払うことを明記している．夜間勤務は夜10時から翌朝6時まで働くことと定義されている．

労働基準法の第8章では，経営者は職務上の怪我，病気や死亡に対して法律で規定された補償額を従業員に対して支払わなければならないことを謳っている．労働基準法は，労災に関するさまざまな補償計画を作るよう命じている．たとえば，治療に対する補償，休業の際の賃金支払い，身障者保険，従業員が死亡した場合に残された家族に対する補償等である．すべての労働者は労災補償保険法に基づき労災保険に加入しなければならない．これによって，仕事上の怪我によって降りかかる不利益から労働者は守られている[6]．

1998年に施行された最低賃金法（MWA）は，労働者の基礎的要求を補償する法的基礎として有効である．同法に従って，最低賃金協議会（MWC）が毎年の最低賃金を決定する機関として設立された．NWCは，労働組合，経営者，公的な利害集団の三者から同数の代表者を選出し，27人のメンバーで構成される．1990年代から労働者の最低賃金は表11-10に見られるように一部の労働者の場合には増加を続けている．この時期を通じて，最低賃金の増加率は経済危機の時期（1997年9月～1998年8月）を除くすべての年において，消費者物価の上昇率を上回っていた．しかしながら，最低賃金法から得られる労働者の利益分は，1992年以降全体として下落する傾向を示している．とりわけ経済危機がピークに達した時期には0.4パーセントという驚くべき低水準を示した．こうした下落は，小規模企業を含めすべての企業の賃金水準の増加がこの期間にNWCによって設定された最低賃金の増加よりも高かった．さらに，この最

表11-10　最低賃金の傾向[a]

	1時間当たり最低賃金（ウォン）	最低賃金の増加（％）	消費者物価の上昇（％）	恩恵を受けた労働者の範囲[b]
1990	690	15.0	8.5	4.3
1991	820	18.8	9.3	8.6
1992	925	12.8	6.3	8.5
1993	1,005	8.6	4.8	4.5
1994.1-1994.8	1,085	8.0	6.2（1994）	2.1
1994.9-1995.8	1,170	7.8	4.5（1995）	2.1
1995.9-1996.8	1,275	9.0	4.9（1996）	1.9
1996.9-1997.8	1,400	9.8	4.5（1997）	2.4
1997.9-1998.8	1,485	6.1	7.5（1998）	2.3
1998.9-1999.8	1,525	2.7	0.8（1999）	0.4
1999.9-2000.8	1,600	4.9	2.3（2000）	1.1
2000.9-2001.8	1,865	16.6	4.3（2001）	2.1

注：a　この期間のほぼ全体を通して，最低賃金のガイドラインは従業員数10人以上の事業所に適用された．適用範囲は2000年11月にすべての事業所に拡大され，それに伴う変化はこの表の最後の年の数字に反映されている．
　　b　（最低賃金以下の労働者数／最低賃金法が適用される労働者数）×100
出所：Korea Labor Institute（2001b）；Minimum Wage Council, *Handbook of Minimum Wages*, various issues.

低賃金制度の恩恵を受ける労働者の統計は，正社員のみを対象としており，したがって，正社員以外も含めた労働力で見た場合，その比率はおよそ4～5パーセントに過ぎないという点にも留意しなければならない．2000年～2001年にかけて最低賃金の上昇から恩恵を受ける労働者が増えたのは，政府が2000年11月から最低賃金法の適用範囲をすべての企業に拡大したことによるものである．

3.2.4　労働時間

労働基準法は，1週間の最高労働時間を44時間と規定している（第49条）．1997年の同法の改正では労働時間に関して柔軟で選択的な制度が導入された．柔軟な労働時間の制度は，一定期間の労働時間，通常は2週間もしくは1ヶ月の労働時間を基準にするという特徴を有する．2週間の柔軟な労働時間制度は，2週間のトータルな労働時間が88時間を超えず，また1週間の労働時間が48

時間を超えない限りにおいては，労働基準法が定める1週間の最高労働時間を超えて働くことを認めている（第50条）．1ヶ月の柔軟な労働時間制度は，経営者と労働者代表の間の合意文書に基づいている．この制度の下では，労働者は1ヶ月を通じて1週間の平均労働時間が44時間を超えず，また1日の平均労働時間が8時間を超えない限り，1週間の法定労働時間を超えて働いても良いことになっている．しかしながら，1ヶ月内のいかなる週，および1日においても労働時間がそれぞれ56時間（週）および12時間（1日）を超えてはならない．選択労働時間制度は，出退勤の時間を労働者に任せるものである（第51条）．この制度を実践するに当たっては，経営側と労働者代表との間で合意文書が必要である．経営者は4時間ごとに少なくとも30分間の休憩，あるいは8時間ごとに最低1時間の休憩を労働者に与えなければならない．

　労働基準法第57条および第59条は，各々年単位，月単位で取得できる有給休暇に関する労働者の権利について述べている．経営者は欠勤がない限り，入社2年目から10日間の有給休暇を労働者に与えなければならない．有給休暇の総数は，毎年1日ずつ増えていくことになる．経営者は，入社初年度に出勤率が90パーセントを超える労働者に対しては，8日間の有給休暇を認めなければならない．経営者はすべての女性労働者に対して，月1日の生理有給休暇を与えなければならず（第71条），また妊娠している女性労働者には60日間の出産有給休暇を与えなければならない（第72条）[7]．生後1歳未満の乳幼児を抱えている女性労働者には，1日に2回，少なくとも30分間の育児時間が与えられている．

　韓国では，男女にかかわらず正社員に対して与えられる法的に保障された休日および休暇は，勤続年数に応じて付与される日数が加算されて全体で91日になるが（表11-11参照），他の諸国と比較するとこうした休日および休暇を労働者が実際に利用する割合は著しく低い．韓国の労働者が休日および休暇で仕事を休んだ日数は，1998年には平均78.8日であった．

　韓国の有給労働者の週当たり労働時間の総数は（47.9），他の先進工業諸国のそれと比較すると（アメリカ（34.6），日本（42.3），シンガポール（46.8））非常に多い（表11-12）．それ故，労働者，政府ともに韓国の労働者の生活の質を改善

表11-11 選択された諸国での労働者の休日および休暇の利用状況

(単位：日)

選択国	韓国[a]	アメリカ	日本	イギリス	ドイツ	フランス	台湾	シンガポール
週単位休日	52	104	104	104	104	104	78	52
国の祝日	17	10	15	8	12	11	22	11
月単位休暇[b]	12	—	—	—	—	—	—	—
年間休暇	10+	団体交渉による4週間	10-20	団体交渉による20-25	24	30	7-30	7-14
全体	91+	142	129-139	132-137	140	145	107-130	70-77
実際の使用	78.88 ('98)	126 ('95)	132 ('97)	136 ('96)	144 ('96)	139 ('92)	N/A	N/A

注：a 女性の生理休暇は韓国のケースに含まれていない．
b 労働基準法によると，すべての韓国の労働者は月1日の休暇をとる権利が与えられている．
出所：Japan Institute of Labor (1999); Ministry of Labor, *Facts on Hours of Work*, Holiday and Leave, 1999.

表11-12 選択された諸国における週当たり有給労働時間，1999年

(単位：時間)

	韓国	スペイン	フランス	日本	アメリカ	シンガポール
全産業	47.9	36.2	40.3	42.3	34.6 ('98)	46.8
製造業	50.0	36.3	39.6	42.7	41.7	49.2

出所：International Labor Organisation, *Yearbook of Labor Statistics*, 2000.

するために週当たりの正規労働時間の総数を減らすべきであると主張している．しかしながら，韓国の経営者は，韓国の労働法がすでに十分な有給休暇を保障しており，他の先進諸国に比べて高い労働コストに直面していると主張している．

4．おわりに：韓国の労使関係および労働基準に関わる未解決の問題

韓国の労使関係制度は，未だ1987年以前の権威主義的なモデルから交渉に基づくパートナーシップのモデルへの移行過程にある．1990年代後半の経済危機の数年間は，こうした変革へのチャレンジの時期であった．すなわち，三者間の関係は，企業が事業の再構築を強いられたため，全国レベルにおいても，また個別企業レベルにおいてもしばしば対立した．にもかかわらず，全体的にみて韓国の労働基準には，特に1987年以降，国際的な標準に向けて注目に値

する策が打たれてきた．これは，法的に労働条件の改善を保障するこの時期に可決された大部分の法律から明白である（表11-9）．

　本章を締めくくるに当たり，今日，白熱した社会的対話の核心部分をなすいくつかの重要な問題を指摘しておきたい．おそらく，もっとも議論の余地のある問題は，法律で規定された労働時間の削減に関する問題であろう．労働組合は，週の労働時間を44時間から40時間に減らすことが労働者の生活の質を向上させ，失業率の減少につながるものと確信している．労働組合は，すべての労働者に対して土曜日を休日にすることを提案している（現在は，企業によって異なる）．経営者は等しく，週休2日制は不可避的に労働コストを上昇させるという固定観念を持っている．経営者は，年間および月単位の有給休暇や女性の生理休暇に関する現在の規定についても見直すべきであると主張している．韓国政府は，三者委員会の協議を通じて，大きな隔たりのある2つの意見の間の妥協点を探ろうとしている．

　第2の論点は，増大する非正規の労働者の問題である．公式の報告書は，不規則的な労働に従事する労働者（臨時工および日雇い労働者）の割合は，1997年の45.9パーセントから2000年には52.4パーセントに増大していることを明らかにしている．労働組合と民事訴訟団体は，非正規の労働者の劣悪な労働条件と不安定な身分を問題視している．彼らは，こうした労働者の福利厚生や雇用条件を保護し改善するための法整備を実施する際の支援勢力となっている．FKTUやKCTUのような全国組織が非正規の労働者の組織加入のためのキャンペーンを展開する一方で，いくつかの企業の不規則的労働者は企業側との団体交渉を行うため，独自の労働組合を組織した．このような分離した動きはそれだけで論争の的となった．経営者は，非正規の労働者にまで社会的保護が拡大することには消極的であった．彼らは，正社員の雇用に関する既存の法規制が厳格であるため，パートタイムの労働者を採用すること以外に選択の余地がまったくないと主張している．労働市場の構成が変化し，その結果として正社員以外の労働が急速に増大していることは，現在の労働基準を継続的に改善していく必要性を予見するものである．

　第3の論点は，近年，韓国の労働組合の組織構造が企業別組合モデルから産

業別組合モデルへシフトしてきていることである．金属労働者連盟や医療健康労働者組合（2団体ともFKTUに加盟），銀行労働者組合（FKTUに加盟）といった強力な産業別組合は，団体交渉を産業レベルで集中化することを要求している．経営者はこうした見解に対してこれまでのところ拒否している．それ故，交渉メカニズムに関する不一致は，当分の間続きそうである．

最後に，組合主義自体を取り巻く問題が残されている．近年，公務員が職場協議会を組織化することは認められるようになったが，労働組合を結成することは依然として禁じられている．職場協議会のメンバーと労働組合の代表は，公務員が労働組合を作る権利を認めるよう政府に請願している．その他目の前の問題として，失業者の組合活動への参加，1つの事業所内に複数の労働組合を作ることに関する法的規制と罰則の廃止，組合専従者に対して経営者が給与を支払うことを要求する現在の政策の遵守がある．これらの問題のうち，複数組合主義と組合専従者に対する給与支払いの問題は，2001年の三者委員会での合意と同時に2007年まで棚上げにされた．このことは，複数組合主義の禁止と組合専従者に対する給与支払いの継続を別個に追求してきたKEFとFKTUの間で妥協が成立したことによるものである．

(訳・所　伸之)

注

1) 韓国における社会的対話に関して詳細な年代別分析を行っているLee (1999)を参照されたい．
2) PCIRRによって提案された修正案のなかで，148件中107件については合意されたが，複数の労働組合，余剰労働者の解雇，労働組合組織化に関する教員の権利，ストライキ中の労働者の配置換え等の問題を含む残りの41件に関しては，依然として未解決である．
3) PCIRRは1997年3月から1998年2月まで政策助言機関としての役割を続けた．しかしながら，1997年の初めに労働者と政府の対立が激化した後は，その勧告は組織化された労働者やメディアからの支持を取り付けるには至らなかった．
4) 労使協議会（LMC）は1980年の労使協議法（LMCA）の成立により導入された．1987年までにその数は約6,700に達した．LMCAは1997年にAPWPCにより取って代わられた．
5) LSAは1998年2月の改正までは，従業員数5人未満の事業所には適用されなか

った．今日，LSAの12章のうち9章までが5人未満の企業に適用されている．
6) 職業安全および健康法は，労働災害を防止し，職場での仕事上の安全を保証するための仕事と職場のメンテナンスの確保を求めたものである．同法に基づいて，すべての職場に管理者と労働者の代表から成る安全・健康委員会が設置され，職場の安全状況を監視，監督することになった．
7) 2001年7月のLSA第72条の改正により，女性労働者の有給出産休暇の日数は2001年11月からそれまでの60日間から90日間に拡大された．

参考文献

Choi Young-Ki (1998), *Labor Relations in the Restructuring Process : Prospects and Challenges (in Korean)*, presented in the KLI workshop on 14 April.

Choi Young-Ki, Kwang-Suk Chun, Chul-Soo Lee and Bum-Sang You (2000), *Revision of Labor Laws and Labor Relations in Korea: History of Labor Law Reforms since 1987 (in Korea)*, Seoul : Korea Labor Institute.

Federation of Korean Trade Unions (2000), *Report on Activities (in Korean)*.

Hyun, Chun-Wook (1999), 'The Labor standards act system', in Korea International Labor Foundation (ed.), *Labor Relations in Korea*.

International Lobour Organization (2000), *Yearbook of Labor Statistics*.

Japan Institute of Labor (1999), *Databook of Comparative International Labor*.

Korea Employers Federation (2000), *Report on Activities (in Korean)*.

Korea International Labour Foundation (1998a), *Current Labor Situation in Korea*, Seoul.

Korea International Labour Foundation (1998b), *Labor Reforms in Korea toward the 21st Century*, Seoul.

Korea International Labour Foundation (1998c), *Handbook of the Social Agreement and New Labor Laws of Korea*, Seoul.

Korea International Labour Foundation (ed.) (1999a), *Labor Relations in Korea*, Seoul.

Korea International Labour Foundation (1999b), *Handbook of Korea's Labor Standard Act*, Seoul.

Korea Labor Institute (2001a), *2001 KLI Labor Statistics (in Korea)*.

Korea Labor Institute (2001b), *The Profile of Korean Human Assets : Labor Statistics 2001*.

Korea Labor Institute, *Quarterly Analysis of Labor Trends (in Korean)*.

Korea Labor Policy and Information Center (1998), *Labor Laws, Seoul (in Korean)*.

Korean Confederation of Trade Unions (2000), *Report and Data on Activities (in Korean)*.

Lee, Byoung-Hoon (1999), 'Social dialogue and Labor union's involvement', Presented at *the ILO-KLI regional meeting on 'Organized Labor in the 21st Century*, 7-8 December.

Lee, Byoung-Hoon and Bum-Sang Yoo (1999), 'New experiments of Labor Politics in Korea : A comparative study of the PCIRR and the Tripartite commission' (in

Korean), *Korean Journal of Labor Studies*, 4(1), 83-116.
Lee, Won-Duck (1997), *Industrial Relations Reform ; Choice for the Future (in Korean)*, Seoul : Korea Labor Institute.
Lee, Won-Duck and Kang-Shik Choi (1998), *Labor Market and Industrial Relations in Korea : Retrospect on the Past Decade and Policy Directions for the 21st century*, Seoul: Korea Labor Institute.
Minimum Wage Council, *Handbook of Minimum Wages* (in Korean).
Ministry of Labor (1998), *Labor Administration*.
Ministry of Labor (1999), *Facts on Hours of Work, Holidays and Leave*.
Ministry of Labor (2000), *Current Organizational Status of Trade Unions*.
Ministry of Labor, *Labor White Paper* (for the years 1987-97, in Korean).
Ministry of Labor, *Yeabook of Labor Statistics* (for the years 1990-2000, in Korean).
Park, Jong-Hee, Chun-Wook Hyun, Scott Balfour, Gyeong-Joon Yoo and Ha-Nam Phang (1998), *Korean Labor and Employment Laws: an Ongoing Evolution*, Seoul : Korea Labor Institute and Kim and Chang Law Offices.

第12章　韓国における福祉政策：その課題と戦略

アン・チョンボム（Chong-Bum An）
チェ・クァン（Kwang Choi）

1．はじめに

　韓国社会における社会福祉と経済の重要性は，21世紀においても同様であろう．韓国では他の多くの国々と同様に，20世紀後半の急速な情報化によって不平等化が増大してきている．それは，いわゆる高所得者と低所得者間のデジタル・デバイドによるものであり，中間所得層は低所得層へと転落している．この展開はまた，急速な高齢化社会と結びついて，国民年金制度と健康保険制度の危機を生み出している．こうした理由から，韓国政府は社会福祉の新たなパラダイムを追求している．その動きは，同様の問題に直面する国々と類似している．

　1960年代以降，国家政策の力点は国民経済の成長にしっかりとおかれており，そのことが原因で，社会的弱者や高齢者を支援する，公的手段としての社会福祉を進めることができなかった．この政策方針は，1980年代まで維持された．高度経済成長の20年間に，一部の国民の福祉は経済成長の厳格な促進を優先する中で無視されてきた．しかし，1980年代後半の政治と社会の民主化が速やかに進展するのに伴い，生活の質を問うことが，突如として多くの国民の重要関心事になった．国民は今や，自由に政府に対して適切な福祉の提供を求めるようになっている．このような福祉に対する新しく，厳しい要求が政府を動かし，既存の福祉政策を向上させ，新たな政策の創造へ向かわせることになった．しかし，1997年の金融危機の到来は，根本的にこの方向転換を生

み出すことになった．失業問題や貧困，不平等といった1960年代以前の韓国が抱えていた問題が，再び表面化した．国の福祉に対する国民の要求や政府の対応は，ともに福祉政策の性格変更を早めることになった．

1997年以降，福祉に対する2つの要求が韓国には存在する．1つは福祉への短期的な要求であり，発展途上国にはよくあるものである．もう1つが長期的な要求であり，一般に先進国によくあるものである．前者の福祉への短期的要求は，金融危機に対応したもので失業，貧困，不平等を減らす政策を求めるものである．後者の福祉への長期的要求は現在ではさらに重要になっているが，生活の質の向上を目的にしたものである．仮にこれら2つの形態が福祉政策の適切な方法を検討する際に分けられていなければ，その結果は単なる福祉予算の増額に留まり，人々の福祉を向上させることはできないだろう．そのようなやり方では社会的なリスクを増大させてしまい，国全体の生産性を低下させることになる．したがって，本章では2つの異なった福祉への要求を分けて，効率的な基金増大の手段を発見し，福祉支出への資金提供を行う福祉政策を特徴付ける新たなパラダイム導入の必要性を論じる．

以下では，簡単に韓国における社会福祉政策の展開を振り返ることにする．3節では福祉への要求の形態を規定してきた，社会的および経済的環境を検討する．4節では最初に国際比較によって韓国の福祉予算の水準を検討する．次に福祉予算が福祉の範疇に従って，どのように配分されるかを検討する．次に，所得分配における福祉政策の機能を検討する．また金大中政権下での，この新たなパラダイムで作られた福祉政策の妥当性を検討する．その際，その政策が福祉に対する広範な時代の要求に対応する能力を持つか，どうかという視点で行う．5節では，韓国の新たな福祉パラダイムである「生産的福祉」(Productive Welfare) に戻り，福祉基金を引き上げる戦略を探索する．6節では，福祉制度の改革を行うための可能な政策手段を検討し，これによって現在の福祉政策の改善を目指す．そして最後に若干の結論で終える．

2．福祉政策の歴史的な展開

　「福祉」の意味は，国の政策を議論する際に，広範に解釈されている．福祉はあらゆる基礎的な欲求である成長，安定性，平等，そして生活の質に結びつけることができる．社会保障政策は福祉政策の中心に位置しているが，多くの他の政策，例えば経済の安定化，所得の分配，住宅政策，教育，環境，中小企業，そして農業に関するものすべてが福祉の提供の取り組みに含めることができる．あらゆる政策分野は独自の特徴を持っていることから，社会政策と福祉は，所得と富の分配に結びつけて検討することができるし，あるいは分けることもできる．

　韓国の福祉政策に対する本章での探究のためには，まず韓国社会における高度経済成長期に形成されてきた変化について検討する必要がある．全般的に言うと，福祉と国の開発政策は経済重視の色彩が強かったと言える．それは急速な工業化，高度経済成長，そして国際的な競争力を目的としていた．他方，この政策を実現する戦略の社会的底流には，伝統的な家族的儒教文化が存在した．そこでは，福祉と介護に対する家族の責任が明確に理解されていた．

　韓国社会は，20世紀後半期に過去に経験したことのない変化を経験している．この変化は，経済活動を遥かに超え，人口の増大と流動性，教育，家族と社会構造，住宅，そして国際地位の向上にまで及んでいる．1960年代に始まった急速な経済成長の後で，多くの貧困世帯の急速な減少があったが，所得の格差が拡大するのに伴い，新たな衝突が世代間，地域間，労使間，そして男女間で生まれるようになっていた．

　過去50年にわたり，政府はその社会福祉政策を事後対処的なものから，予防的なものへ転換してきている．これは政治，経済そして社会的な変化に対応したものであり，これらの変化が引き起こした社会的欲求を充足する，継続的な努力から生まれている．歴史的な発展のプロセスは，以下の4つの段階に分けて認識することができる．それは，1950年代，1960年代から1970年代半ば，1970年代半ばから1980年代末，そして1980年代末から現在までの4段階であ

る．1950年代，福祉政策は救済業務が中心であった．1960年代では社会サービス中心であった．1970年代は公的な支援が中心であった．そして1980年代は社会保険が中心となっていた．この点を見ると，政府の政策上の優先事項が各段階で大きく異なっていることが分かる．時間をかけて，政府は国の資金による福祉への支援を増大させてきている．実際，様々な経験や修正を経て，一般的に現在の福祉制度の基本的な構造が，1980年代半ばまでに完成していると言える．

2.1 国家の再建，再構築：1945-59

韓国社会は，1940年代後半と50年代には貧困にあえいでいた．1945年の日本の降伏とともに，韓国は占領国からの独立を勝ち取り，米国の軍事政権の時代に入っていった．1950年代には朝鮮戦争の内戦が始まった．この当時の社会福祉は，ほんのわずかの人権家たちの関心事でしかなかった．彼等は困窮していても平等を重視していたのである．ここでの関心は，朝鮮戦争の難民を援助することであった．しかしこの福祉業務は民間人による慈善活動と考えられており，欧米のキリスト教徒，富豪，そして独立運動の国家主義者による地方の文化運動のようなものであった．福祉問題はまだこの段階では，資本主義の分配や家族構造の変化による社会問題とはされていなかった．貧困と家庭生活の崩壊は植民地の略奪や戦争による半島分割の結果とされ，政府の政策で解決困難と考えられていたのである．

公的支援への要求が以前よりも大きくなったのは，これらの国家的な苦難と低い工業生産性のこの時期であった．人口の多くが貧しく，赤貧が当たり前であり，国自体が世界最大の援助対象国の1つであった．韓国の社会福祉制度の範囲は，私的な慈善団体，特に海外の支援団体によってその大方が決められていた．

この時期は，独立，戦争，国家の分割という歴史的な出来事が起きている．1948年の独立国政府の成立以降，国の分割，戦争，そして1961年5月の南朝鮮の軍事クーデターを通じて，韓国社会は絶えず変動を経験している．戦争孤児，戦争未亡人，戦争やもめになったその他の人々は，支援や保護を必要とし

ていたのである．貧困の水準は高いままで，社会福祉への政府の介入を求める声は高まっていたが，政府は混乱しており対応できなかった．公的な社会福祉制度は弱体で，十分な体制を持たない行政の下では効率的に機能できなかったのである．したがって1960年代までは，公的な福祉は極めて貧しい人たちへの施設に限定されており，そのほとんども海外の支援団体や慈善活動といった私的なものによって支えられていた．

2.2 高度成長期：1960年代

1960年代に，時の第3共和国政府は経済成長と福祉国家の建設を国家の主要目標として掲げた．しかし，これはある種の福祉国家を意味するものであった．というのは，公的な福祉を提供するのではなく，すべての韓国国民が急速な国家経済の成長に協力し，自らその収入を増やすことで，必要としているものを自らが充足できると政府が信じていたからである．したがって，1960年代を通じて政府は，その意識をもっぱら急速な経済の拡大へ向けたのである．政府は，福祉計画を与えることで，労働者の生産性を向上させたり，労働者の政治的なロイヤルティを確保することにはまったく関心を示さなかった．この時代の国家政策の風潮では，福祉への支出は非生産的な浪費とされていたからである．政府が提唱した生活保護政策は，憲法で保障された普通に生活をする権利とは関係なく，貧困世帯の救済政策であった．

しかし，国家ではなく福祉の仕事を，家庭もしくは市場の動きに委ねるという福祉の考えが支配的な中で，公的な福祉活動の多くは政府の資金提供や福祉計画の実行ではなく，法律の制定であった．この時期の憲法の修正が明らかにしているのは，人は普通に暮らす権利を持つことであり（1条30項），国家は貧しい人に福祉を提供する義務を負う（2項）ということであった．多くの社会福祉のための法律がこの時期に施行されたために，社会福祉の法律を議論する際，この時期を「大量形成期」と呼ぶことがある．

しかしこの法律の多くは，軍事政権が望む正当性を得るための宣伝文句に過ぎなかったのである．多くの成立した法律の中で，実際に実施されたものの中には，公務員と軍人の年金制度がある．これは特定の職業年金のための社会保

険制度であった．産業災害の保障を目的とした保険制度は，基礎的な社会保険制度の手直しとして導入された．しかしこの社会保険は政府が通常の労使関係の下で労働者を保護するために介入するのではなく，この法律では国の責任ではなく，雇用主の慈善心と義務を強調していたのである．

　こうして政府の福祉行政が確立し，関連法が施行されるのに伴い，社会福祉制度は少なくとも表面的には韓国では形成されたのである．特に政府の法律制定という行為は，外に福祉の責任を求めるという考えを定着させるのに貢献した．これらの動きは，高度経済成長の時期に韓国の福祉の次の展開を形成するのに大きく影響し，国の経済的・社会的な管理を可能にし，効果的にすることになった．

2.3　構造変化と集中的な経済成長期：1970年代

　高度経済成長政策の結果が1960年代後半から現れるようになり，多くの人の所得が伸び，貧困世帯は減少した．これに伴い，これからの10年は社会福祉政策に対する「救済」もしくは「保護」から脱却できるという感触を政府は持つようになっていた．こうして，韓国社会における社会的弱者と見捨てられた人々への政策に目を向けるようになったのである．それは自主的な更生によって自立することを支援する政策であった．社会福祉事業法は1973年1月に施行され，この考えに則った基本的な社会福祉事業の要点を示していた．

　もっとも重大な福祉政策の1つが，1970年代に施行されたが，それは国民年金制度である．国民福祉年金法は1973年2月に施行され，この法律によって国民福祉年金制度とその基金の役割が明確にされた．この法律はその年の12月に施行された「国民福祉年金保険法」の先駆けとなるものであった．この年金法の目的は国民生活の安定確保であり，貧困に苦しむ人々に対する年金という手段による，公的福祉の促進を行うことであった．その中には，不治の病に苦しむ高齢者や，主家計取得者の死で生活費を頼らなければならない者が含まれていた．この国民年金制度は，1973年の可決した時に実施されていた第3次経済開発5カ年計画の一部ではなかった．社会保障審議会は1960年代初期以来，年金を含む社会保障制度を提案していた．しかし，この制度は国家開発

計画の策定プロセスでは検討されることがなかった．しかし，一旦中心となる政策立案者が国の経済政策の中心であった重化学工業を進展させる自国内資源活用の有効性を認識すると，1年以内に国民福祉制度が施行されることになった．

この新たな年金制度は，当初1974年から開始される予定であったが，修正され実施時期が1年延期されたのである．これは中東の石油危機の勃発による経済的不安定に対応したものであった．その後の一連の措置の中には，法律上の修正，「大統領緊急措置」があるが，大統領の命令で1986年まで政府はこの制度の実施を中断させることができ，1988年までこの「国民年金制度」は実施されなかったのである．

健康保険法は大幅な修正が1976年に実施された．その目的は社会保障を推進するものであった．国民医療保険によって韓国国民の健康を促進することが目的であり，保険の適用範囲は死亡保険の提供ばかりではなく，作業現場で負傷した労働者，疾病，負傷，出産に係わるすべての人に及んでいた．1963年に施行された国民健康保険制度は，試験的に導入されたものであった．1970年の修正でも，確固とした政策に転換できなかった．1976年の第2次の修正によって，健康保険法が法律化され，国民健康保険制度の一部として確固としたものになったのである．

2.4　確立と構造変化の時期：1980年代から現在

1962年以降の5カ年計画による急速な国家経済の成長は，20年に及び，所得と雇用水準を上げただけではなく，韓国の国家としての経済力拡大の基盤を作り上げた．この計画は経済成長に明確に焦点を当てた国家的な発展戦略であったが，社会福祉については除外されていた．韓国国民に平等な機会を提供することはこの戦略の一部ではなく，韓国政府は経済発展を促進する役割を拡充したことになる．20年に亘って，このアプローチのマイナスの結果が明らかになったのである．それは経済の2重構造，所得分配の歪み，基礎的な人間の必要性を満たす施設の不足，そして韓国社会内部での信頼関係の低下であった．経済発展のこのアプローチは，長期的に韓国社会にとって持続性あるものでは

なかったのである．こうして韓国政府は経済と社会発展のよりよい均衡を達成するために，経済成長への取り組みを変更しなければならないことを認識したのである．1980年代初めに，政府は新たな国家目標を打ち出している．それは福祉国家の建設，公正な社会の追求，教育の革新と文化の高揚であった．政策の方向はそれに伴い変更され，これらの目的を達成することになったのである．

第5共和国憲法は1980年10月に施行されだが，幸福の追求，適正賃金の要求，そして社会福祉に対し，安定した環境で生活するという国民の権利を拡大することで，福祉国家の思想を導入した．この憲法の経済の条文や項目には，特に社会的弱者を保護する法律も含まれていたのである．

第5次5カ年計画（1982-86）では，経済および社会の発展計画というタイトルで均衡ある成長への移行が示されていた．社会と経済の発展を総合することは国の発展のあり方について，その考え方の変化を示すものであった．それは数量を重視した成長戦略から，質を重視した成長戦略への転換であった．1982年から86年の第5次計画は，また年間の投資対象を設定するのではなく，その替わりに単にその姿勢を示すことで従来の計画からの変更を目的とするものであった．この計画は制度上の改革に焦点を当て，韓国の経済と社会の構造上の問題を解決しようとするものであった．

1986年の下半期まで，韓国政府は経済が広範な政府介入がなくても成長し続けると確信していた．そして1990年代の初頭には，1人当たりのGNPが4,000ドルに達するという予測に忠実に従っていた．そして，これに基づいて1980年代後半に社会福祉制度が確立したのである．この中には，国民福祉促進政策や基本計画が含まれており，韓国社会全体に富を広く配分することで，所得分配を改善することを目的としていた．制度の一部として1988年に，政府は1970年代以来停止していた国民年金制度，農林漁業の世帯を対象とした健康保険，そして最低賃金制度を導入した．最低賃金制度は低所得者の所得の成長率を国民の平均所得の成長率よりも高くすることで，平等を生み出すことを目的にしていた．特に貧困世帯を対象とした他の政策には，国の経済成長の恩恵を受けていない世帯を支援する福祉制度がある．その世帯には都市部の貧困者や肉体的・精神的な障害者が含まれていた．

1987年以来，3つの画期的な変化が社会福祉制度の構造を変えていた．それは，国家レベルの健康保険制度，国民年金制度，そして最低賃金法である．これら3つが，ともに韓国の社会福祉への大きな一歩を構成していたのである．政府はまた専門の社会福祉担当官を採用し，社会福祉サービス活動の改善も行ったのである．

1993年文民政府がようやく生まれた．この政府は既存の第7次の5カ年経済・社会開発計画（1992-96）の替わりに，5カ年新経済計画を1993年6月に打ち出している．しかし社会福祉政策の中身は，ほとんど変化していなかった．新政権の福祉政策の基本的特徴は，新たな制度の導入ではなく既存の制度を活用し，福祉の促進と経済発展を統合している点であった．そのために，福祉政策とその管理の効率性を改善したのである．

文民政府が福祉目的で導入した数少ないものの1つに，雇用保険法がある．雇用保険はより正確には「失業保険」と一般的に言われるものである．つまり，解雇され失業した場合に，一定期間を保険で所得保障を行うものである．しかし，この雇用保険では失業期間の所得保障だけではなく，失業の予防，雇用促進，そして未熟練者への訓練による雇用確保条件の改善も目的になっていた．新雇用保険制度は，1995年6月にすべての企業に適用された．特にその適用の対象は，30人以上の常勤労働者を採用する企業であった．雇用保険制度の導入は，韓国が国家的な社会保障制度では当たり前とされるものを備えるようになったことを意味していた．ただし，子供の手当ては含まれていない．この点で注目するべきは，社会保障制度の様々な構成要素が導入されたのが，極めて短期間であり，世界的にはこれに並ぶ国はない点である．

3．社会福祉への需要の変化

1990年代後半の金融危機が生みだした経済問題は，韓国の社会福祉への様々な要求の増加を生み出すことになった．人口上の変化も，この要求をさらに増加させることになった．本節では，近年福祉への要求を増加させ，なおかつ要求を拡大し続ける可能性のある3つの要因を検討する．その3つとは (1)

1997年の金融危機以来の失業，貧困，そして差別 (2)高齢化社会 (3)財政と公共部門の赤字の増加である．

3.1 1997年金融危機以来の失業，貧困，そして差別

数ヶ月前に東南アジアで始まった金融の悪化は，1997年末に韓国を直撃した．1998年には5.8％の成長とされていたのが，1997年の5.5％から11％も大きく後退することになった．経済危機とそのもたらしたものは韓国経済とその社会に致命的な影響を与えることになり，多くの韓国国民に厳しい苦難を与えることになったのである．当然，このことは社会福祉への劇的な要求の高まりを生み出すことになったのである．他方，雇用の減少はそれまで自立した生活をし，社会福祉の必要性のなかった多くの人の所得を減少させることになったのである．

表12-1は，金融危機以来の主要な雇用指標をまとめたものである．危機によって，失業率は1997年の2.6％から1999年2月の8.6％へと急増している．2000年9月までに，失業率はすばやい経済の回復によって3.6％まで低下している．しかしこの数値のプラスの兆候にもかかわらず，雇用の構造はダメージを受けていた．労働市場はまだ不安定で，雇用の不確実性はその臨時雇用者，長期の失業者そして若者の比率を増大させている．常勤雇用者の比率は1997年の54.1％から2001年の48.7％へと低下したのである．ほとんどの企業は 労

表12-1 雇用動向，1997-2001年

(単位1,000人，％)

	1997	1998	1999	2000	2001
就業可能人口	21,662	21,456	21,634	21,950	22,181
	(2.0)	(−1.0)	(0.8)	(1.5)	(1.1)
	62.2	60.7	60.5	60.7	60.8
就業者数	21,106	19,994	20,284	21,061	21,362
	(1.4)	(−5.3)	(1.4)	(3.8)	(1.4)
非雇用者数	556	1,461	1,353	889	819
失業率	2.6	6.8	6.3	4.1	3.7

注：カッコ内の数字は変化率を示す．
出所：Bureau of Statistics (2001c)．

第12章　韓国における福祉政策：その課題と戦略　273

表12-2　絶対的貧困化率の動向

（単位：1,000勤労者世帯）

	1997	1998				1999		
		1/4	2/4	3/4	4/4	1/4	2/4	3/4
貧困世帯数	183.2	391.2	374.9	410.1	426.1	381	380.3	379.1	308.6
全世帯数	6,110.4	5,741	5,824.5	5,775.4	5,673.8	5,690	5,490	5,562.8	5,573.6
率（％）	3	6.8	6.4	7.1	7.5	6.2	6.9	6.8	5.5

出所：H. Moon（2000）．

表12-3　所得分布，1990-2000年

	クラス毎の所得分配（％）					クラスVに対するIの比率	ジニ係数
	所得クラスI	所得クラスII	所得クラスIII	所得クラスIV	所得クラスV		
1990	8.4	13.2	17.2	22.5	38.8	4.64	0.295
1995	8.5	13.5	17.5	23	37.5	4.42	0.284
1996	8.2	13.3	17.5	23.1	37.9	4.63	0.291
1997	8.3	13.6	17.7	23.2	37.2	4.49	0.283
1998	7.4	12.8	17.1	22.9	39.8	5.41	0.316
1999	7.3	12.6	16.9	22.9	40.2	5.49	0.32
2000	7.5	12.7	17	22.7	40.1	5.32	0.317

出所：Bureau of Statistics（2001a）．

働への柔軟な対応を高めることで，経済的な不確実性への対応に取り組んだ．それは常勤者の替わりに臨時雇用や日払い労働で対応するものであった．長期の失業者の比率（2年以上）は1997年の10.6％から2001年の15.1％へと増えている．15から24歳までの失業率は，全体の失業率の約2倍になっている．

貧困世帯の傾向も失業率と酷似している．それは表12-2に記されている．1998年第3四半期までに貧困世帯の比率は頂点に達し，7.5％で金融危機前の2.5倍になっている．その比率は1999年第4四半期には，5.1％へと低下した．しかしまだ危機以前よりもかなり高いままである．

失業と貧困の傾向は，グラフではU字をひっくり返した形になっている．両方とも突然，危機の時から増加し，1998年の中ごろで頂点に達し，それから減少している．失業や貧困とは異なり，所得の不平等は危機の以前と比べて，さらに悪くなっている．その点は表12-3に記されている．2000年に最高所得グループは最低所得グループの所得比率の5.3倍を占めている．既に高所得を

得ているものは，その富を容易に利子の上昇で増大できたのである．それは危機以降2倍に増えている．しかもこの利子所得への課税は低くなっていた[1]．

3.2 高齢化社会

高齢化社会の問題は，まだ現実には韓国社会に大きな影響を与えていない．65歳以上の人の人口に占める比率は，まだ2001年時点で7.6％である．これは10％を超えるほとんどの先進国と比べて低い．しかし韓国の高齢者人口比は2019年までには14％以上になることが予測されており，世界で最も速く高齢化が進むことになる（表12-4）．予測どおりだと，高齢者の比率が7％から14％になるのに，韓国では僅か19年である．他方イギリスでは45年かかり，スウェーデンでは85年，そしてフランスでは115年かかっていた（表12-5）．高齢者への公的年金制度の今の方法を極めて寛大とする見方もあるが，それ

表12-4　韓国の人口に占める高齢者の比率

（単位：10億人：％）

	1960	1970	1980	1990	1999	2000	2001	2002	2005	2010	2019	2026
全人口数	25	32.2	38.2	42.9	46.9	47	47.3	47.6	48.5	49.6	50.6	50.6
65歳以上人口	0.1	1	1.5	2.2	3.2	3.4	3.6	3.8	4.4	5.3	7.3	10.1
65歳以上人口の占める比率	2.9	3.1	3.8	5.1	6.8	7.2	7.6	7.9	9	10.7	14.4	20

注：高齢者は65歳以上とする．
出所：Bureau of Statistics (2001b).

表12-5　高齢化社会の国際比較

	日本	米国	イギリス	フランス	ドイツ	イタリア	韓国
\multicolumn{8}{c}{特定高齢化率到達年（実際年と予測年）}
7％	1970	1942	1929	1864	1932	1927	2001
14％	1994	2013	1976	1979	1972	1988	2019
20％	2006	2028	2021	2020	2012	2007	2026
\multicolumn{8}{c}{年数の幅}
（7％−14％）	24	71	47	115	40	61	19
（14％−20％）	12	15	45	41	40	19	7

出所：Bureau of Statistics (2001b).

が急速な高齢化と合わさると，福祉制度の深刻な危機を今後30年にわたり生み出すことになるのである．

3.3 赤字財政と公的部門の赤字の増加

1997年の金融危機は，また国家財政の条件を大きく変更させることになった．1997年まで，韓国政府は国家財政の均衡を50年維持してきた．その基本原則は「収入内での支出」であった．均衡財政主義は公的部門の赤字を最小にしてきたのである．中央政府の総負債はGDPの10％以下で，その純粋な赤字は僅かであった．長期に及ぶ均衡財政は，1997年の金融危機から経済を救済するのに使用できる金融再建と失業対策勘定に収益があることを意味していた．

しかし，金融危機以降，財政赤字と公共部門の赤字は両方ともに急速に増大し，国家経済の安寧に関心を寄せる者にとっての主要な関心事になったのである．財政赤字の総額は，金融危機前の均衡財政からGDPの4％に増加した．公共部門の赤字もまた，1996年のGDPの12％から2倍以上増加している（表12-6）．さらに近年の石油価格の上昇，将来予測される経済の減速によって，今後の財政と公共部門の赤字の大幅な拡大が予想されている．このような財政状況は，また福祉財政への負の影響を与えかねない．具体的には，2002年の国家財政の中で他部門と比較しても，縮小されている．

表12-6　連結予算と政府債務

(単位：10億ウォン)

	1996	1997	1998	1999	2000	2001
予算総額	84,429	100,327	115,430	120,960	128,007	142,487
予算残高	1,099	−6,959	−187,57	−13,120	6,527	7,268
(GDP比)	(0.3)	(−1.5)	(−4.2)	(−2.7)	(1.3)	(1.3)
一般勘定	13,998	13,984	7,139	14,621	24,299	18,341
特別勘定	−12020	−14265	−18,697	−22,574	−19,820	−16,651
国　債	−436	871	−1,043	−3,615	3,081	8,546
その他	−443	−7,549	−6,157	−1,552	−297	−269
政府債務 (兆ウォン)	49.7	65.6	87.6	98.6	111.3	122.1
(GDP比)	(11.9)	(14.5)	(19.7)	(20.4)	(21.3)	(22.4)

出所：Ministry of Planning and Budget (2002).

4. 福祉財政と福祉制度

4.1 国際比較に見る韓国の福祉予算

OECD各国の福祉財政と比較して，韓国の福祉財政は20世紀後半には低い水準のままであった．特に生活保護と公衆衛生は福祉分野の最低限度の支援に留まっていた．小規模の福祉財政の原因は，1960年代以降の経済成長重視の国家政策によるものであった．この政策は，社会福祉を含む諸問題を軽視してしまったのである．

表12-7のとおり，1998年いくつかの先進国のGDPに占める社会福祉支出の比率は韓国の3倍以上であった．この比較から，韓国での社会福祉財政を大幅に増やす必要性が理解できる．しかし，この比較は福祉財政の増加の程度を決める際には，注意する必要がある．少なくとも，韓国の社会福祉の国際比較に影響する2つの重要な事柄を考慮する必要がある．

第1に，福祉支出を国際的に比較する場合，GDPに占める福祉財政の比率とともに課税負担率を考慮しなければならない．GDPに対する福祉財政比率の高いほとんどの国では，高い課税負担率になっている．このことは，政府がGDPに対する福祉財政の比較的高い比率を維持するには，高い税負担を国民に求めることを意味している．低い税負担率に伴う韓国の低い福祉財政の比率

表12-7 OECD諸国における社会福祉予算と税負担率，1998年
(単位：GDP比)

	韓国	日本	米国	英国	ドイツ	スウェーデン	フランス
社会福祉支出 (A)	5.94	14.66	14.59	24.7	27.29	30.98	28.82
年金支払い(高齢，障害，遺族) (B)	2.22	7.07	6.9	13.42	12	10.25	13.05
C (A−B)	3.72	7.59	7.69	11.28	15.29	20.73	15.77
税負担率 (D)*	21.1	28.4	28.9	37.2	37	52	45.2
A/D	28.15	51.62	50.48	66.4	73.76	59.58	63.76
C/D	17.63	26.73	26.61	30.32	41.32	39.87	34.89

注：＊社会保険料負担分を含む．
出所：OECD (1980-1998).

は，韓国国民が先進国よりも低い税金を支払い，低い福祉を受けることを意味しているのである．21.1％（表12-7）という低い税負担率を考慮すると，他国に比べた韓国の福祉財政の表面上の貧しさは減ることになる．

第2に，韓国の福祉財政の適切性を評価する際に，まだ支払われていない年金額を考慮しなければならない．韓国の国民年金制度は1988年に始まったが，年金の支払いは2008年まで通常の退職者には支払われず，それまで年金基金は積み上げられることになっている．したがって，支払われていないことから，年金支出額を福祉財政から除外する必要がある．年金支払いを除外した韓国の福祉財政比率は，それが含まれるよりも増えることになる．表12-7の最後の列は韓国の福祉財政を他の国と比較するより適切な指標を示している．表12-7で分かるように，韓国の福祉財政の比率はまだ他の国と比べてかなり低くなっているが，年金と税負担率で調整するとその差は減っている．

上で述べた点は，OECDの国々と比べた韓国の福祉財政が低水準であることを示しているが，以下の点に注意しなければならない．近年，従来と異なった国家政策方針の下でKim Dae-jung政府は，大幅に福祉財政を増やしているという事実である．表12-8は，この福祉財政の近年の傾向を要約している．一般会計に占める社会保障予算の比率は，1995年の5.64％から2001年の10.84％へと約2倍になっている．他方で，一般会計に占める厚生省の予算の比率は1995年の3.82％から，2001年の7.52％と約2倍になっている．

表12-8　一般勘定と社会福祉予算

（単位：100億ウオン：％）

	生活扶助 (A)	厚生省 (B)	社会保障 (C)	一般勘定 (D)	A/D	B/D	C/D
1995	273	1,984	2,925	51,881	0.5	3.82	5.64
1996	361	2,371	3,528	58,823	0.6	4.03	6
1997	436	2,851	4,207	67,579	0.6	4.22	6.23
1998	575	2,113	5,576	75,583	0.8	4.12	6.05
1999	1,135	4,161	6,150	83,685	1.4	4.97	7.3
2000	1,377	5,310	8,074	88,736	1.6	5.98	9.1
2001	1,680	7,458	10,746	99,118	1.7	7.52	10.84

出所：Ministry of Health and Welfare（2001）．

表12-9 カテゴリー別福祉予算

(単位：%)

	2000	2001
生活扶助と社会福祉	35.71	38.89
社会保険	32.14	33.68
退役軍人	16.67	15
勤労者福祉，職業訓練，雇用政策	9.52	7.28
公衆衛生，健康，福祉の一般支出	4.76	5.16
総　額	100	100

出所：Ministry of Health and Welfare, *Health and Welfare Statistics Yearbook*, 2001.

4.2　福祉の範疇ごとの予算

さらにもう1つ重要な要因が，韓国の福祉予算を評価する際，検討されなければならない．それは配分の方法である．福祉の予算は6つの範疇に分けることができる．生活救済と社会福祉，社会保険，退役軍人への対応，労働者福祉，職業訓練と雇用政策，公衆衛生と医療，そして健康と福祉の一般支出である．2001年の生活救済と社会福祉部分は福祉予算全体の35％以上を占め，社会保険は33.68％を占めていた．労働者福祉，職業訓練と雇用政策予算は極めて少なく，7.28％に過ぎない．公衆衛生と医療の予算は一般費を入れても少なく，5.16％である．

4.3　所得分配における福祉政策の役割

1991年から1996年の韓国国家統計局による家計調査を利用して，KimとLim（2000）は，所得分配において公的な移転よりも課税政策が重要な役割を果たしていることを明らかにした．公的移転の国民所得に占める比率は1991年には0.6％で，1996年は0.92％である．これらのデータはその増加傾向を示しているが，また公的移転が国民所得のほんのわずかな部分でしかなく，所得分配で重要な役割を果たしていないことを示唆している．課税については，別の側面から考えることが必要である．国民所得の中で税負担率は1991年9.07％，1996年7.81％でわずかな減少になっている．これは所得税政策がその控除額の下限を上げることで，税負担を下げる傾向があったためである．

所得再分配に対する政府の政策は，所得配分での福祉の役割についての興味ある指標を提供している．KimとLim（2000）によると，公的な所得移転の所得の再分配に対する貢献度は，1991年1.2％，1996年0.61％になっていた．このことは公的な移転の絶対額は極めて少ないが，所得の不平等を減らす上で決して小さな影響ではないことを示唆している．そうではあるが，公的な移転は5年間で約半分になっている．

　課税政策では，また異なった状況になっている．KimとLim（2000）によると所得の不平等を低下させる上で，課税政策の貢献度は1991年に2.2％，1996年に2.66％になっていた．KimとLim（2000）の結果では，1991-96年の間，課税政策が韓国の所得の不平等を削減する上で大きな影響を与えたことが示されており，約半分になった公的な所得移転とは違い，課税政策の影響は約1/5増加していた．

4.4　公的な支援

　「最低生活水準保障法」（MLSSA）は1999年8月に施行されている．この法律はあらゆる階層の国民からの要請への回答であった，当時の生活保護法では，貧しい人に対して福祉提供が不十分だと見られており，その改革をすることが目的であった．法に基づいて，2000年10月から政府は最低生活水準以下で暮らしているすべての国民に対して衣食住，教育，医療を含む基本的必要物の提供を保障することになった．4人家族で93万ウオンの最低生活費を認め，就労の能力のいかんにかかわらず，その最低生活費と家計所得との差額が貧しい人たちに現金支給された．最低生活水準保障法は貧しい人への福祉改善の第1歩であったが，2つの重要な問題があった．

　第1の問題は，低所得者が有給の仕事をする意欲を低下させる点である．それは一般的にマイナスの所得税とされるもので，低所得者はまったく働かない場合よりも，長く働くと税引き所得がより少なくなることになる．第2に，この制度は低所得者が家庭の収入を誠実に申告することを前提としているために，不誠実な申告する者に利するようになる点である．仮に福祉受給者がその実際の所得を低く申告すると，誠実に申告することで給付金が少なくなる受給者は，

やる気を失うことになる．結果として多くの人々は所得をより少なく申告するようになる．給付金は低い所得と最低生活費との差額を埋めるものであるため，所得の過少申告は不可避的に福祉予算支出の増加を生み出すことになる．

4.5 社会保険

韓国の4つの公的年金制度すべてが，深刻な財政上の問題を抱えている．表12-10に記されているように，軍人年金は，1977年にその積み立てた基金が枯渇していた．そしてその赤字額は，財政上の補助金で補塡されてきたのである．残りの3つの年金も，すべてその基金が枯渇することが予測されている．2001年に公務員年金，2030年には私学教職員年金，2040年には国民年金が赤字に転落する．

ほかの社会保険制度もまた，財政上の問題に直面している．国民健康保険（NHI）制度はさらに拡大しそうな赤字を抱えている．しかし勤労者と自営業者の制度を2000年7月以降統合することで，赤字増加の一部を克服するか，あるいは少なくとも歯止めをかけることになるだろう．失業保険制度の範囲は

表12-10 現行年金制度の概要

	国民年金	公務員年金	私立学校年金	軍人年金
年金支払い開始年	1988	1960	1975	1960
	生涯所得の60％が支払い可能．年齢は60[a]	退職前の最終給与額の76％が退職時から支払われる．（33年間就業した者が対象）[b]		
貢献比率	9％		15％	
年金基金枯渇の年	2040	2001	2030	1977
必要な貢献比率	17％		30-35％	
予算支援	漁民に対して1ヶ月2200ウォン	退職手当，公務災害への補償年金		
税金免除	年金所得は除外	年金所得は除外		
政策上の課題	財政上の不安定，自営業者，世代間格差	財政上の非持続性，世代間対立，軍人への特別取り扱い		

注：a. 2033年まで65歳までに拡大されている．
　　b. 60歳の人は1996年以降の就労者．
出所：Pension Reform Task Force (2000).

表12-11　失業保険制度の対象拡大

(単位：1000)

	1995年7月	1998年1月	1998年3月	1998年10月
対　　象	30以上	10以上	5以上	すべて
企 業 数	43	118	199	664
勤労者数	4,280	5,190	5,710	8,342

出所：Ministry of Labor（2000）．

1995年の開始以降，急速に拡大し，1998年の10月以降この制度はすべての労働者を対象とするようになっている（表12-11参照）．金融危機以降の増加する失業率に伴い，その範囲の急速な拡大はこの制度の財政上の問題を深刻化させることになった．「労働者保障保険」の範囲も順次拡大され，2000年7月までにはすべての労働者が対象になっている．現在，労働者保障保険制度は産業を67に分類し，保険料を決めている．これは，企業が労働災害を減らす目的で現場の安全へのさらなる投資を行い，その保険料を低下させるというインセンティブを持たないためである．

5．新しい福祉のパラダイムと福祉基金の原則

5.1　新たな福祉パラダイムとしての生産的福祉政策

2000年，金大中政府は新たな生産的福祉という福祉パラダイムを公表した[2]．この生産的福祉は，韓国の劣っている福祉制度を強化しようとして導入されている．生産的福祉は，過去の量的な経済成長政策の下で生まれた基本的人権の侵害を防ぎ，他方，成長とともに公平性を育む制度を展開するものである．生産的福祉が提唱しているのは，公正な市場による分配，政府による公正な富の再分配によってすべての人がその基本的欲求を充足できること，自助のための社会的な投資，そして韓国社会のすべての人が生活の質を向上できる投資の拡大である．

生産的福祉という考え方の基盤は磐石であるが，2002年まで生産的福祉を実現する政策手段は成熟していなかった．生産的福祉を国家政策として実施す

る上でのいくつかの問題が，2つのコア目標の間の潜在的な緊張から生まれていたのである．それは持続的な経済成長と，広範な民主主義である．この2つの目標を調和させる適切な政策手段を開発することは困難である．したがって，より注意深く現在の福祉政策の現状を検討する必要がある．2節で厳しい財政状況を検討した際に述べたように，短期と長期の福祉への要求が，両方とも増加しているのである．強力な考え方の基盤を持つことも必要だが現在，特定の政策手段を生み出し，効率的に実施する必要性も存在している．それによって，極めて限られた資金で，増大する福祉への要求へ対応することができる．

ひとつの答えが「目標効率性」という考えである．これは様々な福祉制度の費用効率性を測定するもので，具体的には福祉の受給者に対して貧困，失業，傷害，高齢化等による損失をこれらの制度がどれだけ補填しているのかを測定するものである．今まで，福祉制度の評価が福祉の受給者の視点からではなく，提供者の視点から行われてきた．1人の個人が最終的に福祉の受給者になるのは，様々なアセスメントの段階を通過してからになる．つまり損失を受けたのと，どのような福祉を受ける資格があるかの最終的な判定を得るまでの段階がある．そのため，福祉制度の目標効率性を個人の福祉の変更時点で測定することができる．個人が，損失に対し福祉の申請をする時点と実際に受給するまでの間の様々な関門を通過するためである．具体的には，多様な目標効率性は以下のように測定できる．「受給する福祉（所得）を，損害を受ける前の福祉（所得）で割る」．予測される損害前の福祉は，その個人が損害の発生していなかった時に得ていたものになる[3]．

目標効率性が，限られた福祉予算の結果を極大化するのに有効であるという前提で，この考えを生産的福祉パラダイムに導入することにしよう．現在の福祉制度を目標効率性の視点から再評価すると，様々な費用効率性を改善できるだけでなく，受給者の福祉レベルを改善する方法も明らかにできる．

5.2　異なる福祉政策

既に，短期と長期の福祉に対する2つの要求について検討し，その異なる要求を効率的に充足する政策手段が異なることを力説した．次にその要求に最も

適した,それぞれの手段を検討しよう.福祉への短期的要求は金融危機によって引き起こされたものだが,経済成長の潜在力を回復することで充足可能である.これは,多くの雇用と所得水準向上を生み出す経済の効果的な再編成で可能である.短期の失業の増加には貧困対策で対応するべきで,失業手当支給で対応するべきではない.つまり,失業したものには支援が必要となるが,その支援は所得水準が失業によって貧困の基準を下回った者に限定されるべきである.貧困政策は異なった焦点を持ち,インフラストラクチアーを再建して福祉制度を必要とする人への給付が,確実にできるようにするべきである.

　直接的な基本的欲求ではなく,生活の質に関する長期的な福祉への要求を満たすには,中央政府,地方政府そして民間部門の間での役割の再配分が必要である.地方政府は,社会福祉サービスで中心となるべきである.この政府レベルが,各地域の特殊性に最も適した福祉サービスを熟知しているからである.民間部門も福祉の資金提供に参加できる.政府は,民間部門の自発的な参加を促進する奨励制度を開発している.最後になるが,福祉への長期的な要求は社会保険制度の改革によって対応することができる.これは福祉という形態による再配分よりも,保険機能を強化でき,より多くの私的部門の参加の場を提供するものである.

5.3　社会福祉における資金調達の原則

　社会福祉制度の資金調達は,韓国では重要で緊急な課題である.以下では社会福祉資金の調達と,公正な分配を検討する4つの方法を見ることにしよう.

5.3.1　現在の福祉制度の効率性評価

　現在の福祉制度を目標効率性の視点から評価することで,実際に必要とする以上に多くの資金を支出している制度を特定することができる.目標効率性の評価結果に基づいて,様々な福祉制度の中で福祉予算を効率的に配分することが可能になり,それぞれの制度の欠点や問題を修正し,最終的に全体として福祉予算を節約することが可能になる.現行の制度を目標効率性の視点から評価することで,より効果的な支出が可能になるが,予算全体を増やすことはない.

そのため福祉資金を増やす追加的手段が必要である．

5.3.2　政府支出の構造改善

既述のとおり，福祉支出は政府支出のほんのわずかな比率でしかない．福祉予算を拡大する必要性は，この認識では暗黙の前提になっている．しかしこの政府支出比率の認識で実施するには，最初に，支出全体で本来よりも高い比率を占めている支出分野を特定することが有効である．当然，そのときの経済的・社会的環境，そして公共財への国民の要求が前提になる．例えば，国の防衛費の比率を減らすことが可能なのは，南北朝鮮の平和的関係が継続できるともっともらしく論じられるからである．当然に防衛費の削減部分は，福祉予算へ移されることになる．

5.3.3　関係する政策の支持確得

所得と富の不平等な分配は，福祉への要求を促進する重要な要因の１つである．社会における所得と富の分配が，より不平等化すると，貧困世帯や他の福祉受給者の福祉給付への要求は大きくなるだろう．富の不平等が大きい場合，絶対的貧困よりも相対的貧困のほうが重要になるからである．福祉への要求の程度が減らせるのは福祉と他の政策とを緊密に組み合わせる場合である．他の政策には教育，課税政策があり，これらの政策によって福祉の要求は減らすことができる．低所得者に対する教育補助金，もしくは職業訓練クーポンは福祉への要求を減らすことになる．つまり，教育と労働の予算が，福祉予算の肩代わりをしていることになるのである．課税政策も貢献できる．金融所得のグローバルな課税，株式取引からの資本利得課税，そして相続と贈与への重い課税は，一部ではあるが福祉への要求を充足しているのである．課税手段の効果が結局，福祉予算の大幅な節約になっているのである．

5.3.4　福祉政策と他の政策との同時実施

福祉政策がより強力に機能するのは，他の政策と効果的に同時実施されている場合である．福祉のインフラに関する限り，福祉行政と労働政策行政，税務

行政を同時に行うと効率的である．最近，自営業者の正確な所得が調査された．これは国民年金制度が彼等まで拡大され，また低所得の自営業者が，最低生活標準保障法の対象になったためである．真の所得を調査する業務は，より効率的に税務行政で行うことができる．したがって，税務行政は自営業者の所得を調査する際に，労働および福祉政策の両方を指導するべきである．これは効率的に福祉インフラを建設する重要な手段になり，福祉制度の行政費用を節約することを可能にする．

6．社会福祉制度の改革

6.1　福祉政策と課税政策の調和

　本章の始めのほうで，2000年10月に施行された最低生活保障制度の2つの重要な問題点を検討した．それは，多く働くと税引き後の所得が下がるという問題と，自営業者の所得の過少報告が福祉財政の大幅な支出拡大になりうるという問題である．この点で，最低生活標準保障制度は生産的福祉という考えに反するものである．現在，この制度を別の政策に取り替えるべきである，という要求がある．福祉と課税政策を結びつける1つの可能性は，所得税控除である．これは米国で導入されたものである．所得税控除は，得られた所得に対する払い戻し可能な控除であり，課税制度で低所得世帯に対する支援を行うものである．仮に控除の額が控除前の課税支払額を超えることがあれば，その世帯は差額を支援金として受け取ることができる．結果として，所得税控除は働く能力を持つ低所得者を対象とすることで，最低生活標準保障制度を部分的に代替することになる．働く能力を持たない低所得者は，最低生活標準保障法の対象になる．

　所得税控除制度の導入で政府の支出をその収入に結びつけ，不必要な支出を最小にすることができ，福祉支出をより効率的なものにできる．所得税控除はまた，税務機関に所得調査を必要とする他のすべての機関を指導させて，行政費用を最小化している．

　勤労所得への課税制度もまた，所得の維持に関するいくつかの問題を抱えて

いる．その控除水準が高いため，勤労者間での納税者の率は多くの先進国と比べて非常に低くなっている．我々は所得税控除の導入とともに，控除水準を現行のほぼ半分にすることを提案する．所得税控除を導入する際に，最低生活標準保障制度の基本的所得保障の水準と現行の勤労所得課税の控除水準を両方とも引き下げる必要があるだろう．これらの新たな枠組みとして，福祉と課税制度の両方の全般的改革が必要である．

6.2　年金改革

2本立ての年金制度は，1997年に，国民年金制度改革委員会と世界銀行によって推薦されたものであった[4]．しかし，国民年金制度法の1998年の修正では2本立て年金は導入されず，その替わり法律上の2つの大きな修正が行われた．修正では所得の補償額を40年間の勤労者を基礎にして，70％から60％へと削減した．また年金受給資格年齢を，60歳から65歳へと変更した．この修正は年金基金の枯渇を止めるのに十分ではなく，さらなる国民年金制度の修正が必要であった．

我々の考えでは，次の修正は2本立ての制度を実施するという，初期の案を採用するべきであると考えている．2本立ての制度は，現行の制度を基礎年金と所得比例型年金へと分けることになる．基礎年金制度は新たに設立され，国民年金制度の所得比例部分は国民年金の枠組みの一部として再編可能になる．基礎年金は一律の基礎年金枠であり，18歳以上のすべての国民を対象として「すべての人へ年金を」真に提供するものである．現在，公的年金の枠に加入する人々が基礎年金枠に参加することになる．国民年金の枠は，所得比例型の年金として機能するように再編され，その対象者は所得が査定されている参加者だけになる．

韓国では退職手当制度が企業年金と失業手当として機能してきたが，それは子の手当てが年齢に関係なく，仕事を離れる労働者に支払われるものであるからである．現在，失業保険制度が存在するため，退職手当制度は企業年金制度へと転換されるべきだろう．企業年金は，外部の十分な資金を持つ基金が運営できる．重要なのは雇用者と被雇用者を促し，新たな枠組みを採用させること

であり，2つの方法がこれには適している．それは，2本立ての制度での新国民年金制度における企業年金拡大の税上の奨励策と，所得比例型の部分の税上の奨励策である．

国によって許可が与えられる新たな企業年金は，そこから除外されている自営業者や農家の所得保護のために設定することができる．この新たな企業年金への税上の優遇は，既存の企業年金と同様である．

7. 結　　論

1997年の金融危機は，韓国の社会と経済の状況を大きく変化させた．旧来の福祉への要求が生まれる一方で，貧困，失業，不平等な所得分配が重要な社会問題になってきた．現在，2つの福祉への要求が韓国では共存している．発展途上国によく見られる短期的な要求の増加，それと先進国によく見られる長期的な要求である．前者のタイプの要求は金融危機によって生まれており，失業，貧困，不平等を減らす政策手段が求められるものである．他方，後者の要求は生活の質を向上させる政策手段を必要としている．仮にこの2つが本質的に大きく異なるために，福祉政策を検討する際に分けられなければ，福祉のための支出が無駄になるだろう．社会福祉予算は，福祉への要求を削減しなければ増大し続けることになるだろう．さらに，全体として社会的な危険負担の増加と生産性の減少が見られることになるであろう．金大中政府は新たな福祉パラダイムを導入しているが，本章で述べてきたように，この新たなパラダイムは再考する必要がある．そうすることで，福祉への2つの異なる要求が区分され，福祉資金の調達と真の福祉要求に対応する効率的な手段を工夫できるようになる．

社会福祉予算を増やす前に，以下の4つの方法がとられるべきである．

1. 現在の福祉制度を目標効率性の観点から評価する．
2. 福祉予算の国家財政の中での比率を拡大するが，政府支出の構造を微調整することで行う．

3．他の福祉関連の政策である教育，労働，課税政策等の支持を得る．
4．福祉政策と他の政策を調和させる．

　最後に，重要なのは現行の福祉制度を改革し，改善する政策手段を設計することである．しかも，2つの福祉要求を分けるという考え方に従って行う必要がある．特に，最低生活標準保障制度の対貧困政策や社会保険制度は再検討されるべきで，費用効率的で目標効率的な政策手段に置き換えるべきである．
　韓国では1990年代以降，明らかに福祉政策の展開で大きな進展をしてきている．その前の時期には極端に高い経済成長を目指し，事実上福祉は国家政策の対象外である時期が何十年かあった．しかし，金融危機は大きな出来事であった．韓国社会が急速に高齢化し，経済成長の条件が不透明である．今後福祉政策は短期・長期の福祉要求にうまく対応するために多くの課題がある．

（訳・芦澤成光）

注

1) 1998年以降，利子・配当所得へは20％の税率で，給与所得の率よりもかなり低くなっている．1998年までは利子・配当所得へは，最高所得層を対象とした世界的な税率の40％であった．
2) 詳細は生活の質に関する大統領諮問会議報告を参照されたい．大統領府「DJ Welfarism: A New Paradigm for Productive Welfare」2000年1月．金永三政府は金大中政権の前の政府だが，グローバル化時代に適した新福祉パラダイムを確立しようとしていた．2つの政権は新福祉パラダイムの必要性を認識し，長期的な均衡の取れた発展を達成しようとした．新パラダイムはまた画期的なもので，以前の成長と福祉を分ける考えからの離脱を示すものであった．
3) 本章の執筆者の1人であるアン・チョンボムは米国の主要な4つの福祉制度の目標効率性を測定しようとした．それは以下のものである．扶養児童家庭の支援，失業保険，労働者補償，そしてフードスタンプである．使用したのは所得変動の公開調査である．その中で，福祉制度が子供を持つ貧しい親に対して，過剰な補償を与えていることを発見している．多様な福祉制度の過剰な提供は，福祉受給者の労働供給にマイナスの刺激を与えるかもしれない．以下を参照『多様な福祉制度の目標効率性』第56回パブリックファイナンス国際会議報告，2000年8月，スペインのセビリア．
4) Comission on National Pension System Reform (1997) と World Banck (1994) 参照．

参考文献

An, Chong-Bum (2000), 'Target efficiency of multiple welfare programs', Presented at the 56th Congress of the International Institute of Public Finance, Seville, Spain, 28-31 August.

An, Chong-Bum, Suk-Hoon Kang, Chong-Hoon Rhee and Keonbeon Lee (2001), 'Globalization and income inequality in Korea', Presented at the Technical Meeting on FDI, Human Capital and Education in Developing Countries, OECD Development Centre, 13-14 December 2001.

Bureau of Statistics (2000), *Household Budget Trends of the Urban Worker Household*, March.

Bureau of Statistics (2001a), Annual Report on the Household Income and Expenditure Survey.

Bureau of Statistics (2001b), *Future Population Projection*, Seoul.

Choi, Kwang (2001), 'The Korean financial crisis and fiscal policy', O. Yul Kwon and William Shepherd (eds.), *Korean's Economic Prospects from Financial Crisis to Prosperity*, Cheltenham : Edward Elgar.

Commission on National Pension System Reform (1997), *The Improvement of the Korean National Pensions System Confronting the Expansion to the Entire Population*, Seoul.

Haveman, R. and B. Wolfe (2000), 'Welfare to work in the US : A Model for other developed nations ?', *International Tax and Public Finance*, 7(1), January.

Hoffman, S. and L. Seidman (1990), *The Earned Income Tax Credit : Antipoverty Effectiveness and Labor Market Effects*, Upjohn Institute for Employment Research.

Holzmann, R. (2000), 'The World Bank approach to pension reform', *International Social Security Review*, 53(1) 11-34.

Holzmann, R. and S. Jorgensen (1999), *Social Protection as Social Risk Management : Conceptual Underpinnings for the Social Protection Sector Strategy*, Social Protection Discussion Paper No. 9904, The World Bank.

Keane, M. and R. Moffitt (1996), *A Structural Model of Multiple Welfare Program Paricipation and Labor Supply*, Discussion Paper No. 1080-96, Institute for Research on Poverty, University of Wisconsin-Madison.

Kim, J. and B. Lim (2000), 'Tax equality ahd after-tax income inequality in Korea', *The Korean Journal of Public Economic*, 5(1), 3-31 (in Korean).

Ministry of Health and Welfare (2001), *Health and Welfare Statistics Yearbook*.

Ministry of Labor (2000), *Improving Unemployment Insurance and Workers' Compensation Insurance*.

Ministry of Planning and Budget (2002), 'The Present Status of Public Credit and Debt', April.

Moon, Hyungpo (1998), *Growth with Equity : Experience of the Republic of Korea*, Korea Development Institute, October.

Moon, Hyungpo (2000), *Policy Measures for Improving Income Distribution*, Mimeo, Kofea Development Institute, April (in Korean).

National Pension Corporation (1998), *Actuarial Estimates of the National Pension Scheme*, Seoul.

National Pension Corporation (1999a), *Guide to the New National Pension Scheme*, Seoul, January.

National Pension Corporation (1999b), *National Pension Scheme in Korea*, (Annual Report), Seoul.

OECD, (1980-98), *Public Social Expenditure by main category as a percentage of GDP*, (http://www.oecd.org).

OECD (1996), Ageing in OECD Countries : *A Critical Policy Challenge*, Social Policy Studies No. 20, Paris.

Palacios, Robert and M. Pallares (2000), *International Patterns of Pension Provision*, World Bank.

Pension Reform Task Force (2000), *Basic Plan for Pension System Reform*, September.

Scholz, J. K. (1994), 'The earned income tax credit : Participation, compliance and anti-proverty effectiveness', National Tax Journal, 47(1), 59-81.

US Government Accounting Office (1993), *Earned Income Tax Credit: Design and Administration could Be Improved*, Washington DC : GAO.

Ventry, D. J. Jr, 'The NIT: An intellectual history', (http://www.taxhistory.org).

World Bank (1994), *Aveting the Old Age Crisis*, Oxford University Press.

World Bank (2000a), *The Korean Pension System at a Crossroads*, Report No. 20404-KO, May.

World Bank (2000b), *World Report 2000/01 - Attacking Poverty*.

Yun, Sukmyung (2000), *Generational Accounting for Korea : With Special Reference to Public Pension Schemes*, Korea Institute of Health and Social Affaris, September.

第VI部
情報・知識型経済戦略

第13章　韓国経済の知識ベース化

ベ・クァンソン（Kwang Sun Pai）
パク・ホン（Ki-Hong Park）
チャン・スクイン（Suk-In Chang）

1. はじめに

　1966年から1996年までの30年間にわたり，韓国は世界の国々の中で最速の経済発展を達成した国の1つである．この期間では年平均1人当たり，6.8％の所得増加があった．この結果，1996年にOECDメンバー国になっている．しかし1997年末に，1950年代初めの朝鮮戦争以来の最悪の経済状況を経験することになった．その後韓国経済は，1997年の危機と1998年の景気後退からすばやく復活している．1999年には，生産額は約11％，2000年には9％増加したが，2000年第4四半期にはそれも止まる事態になった．

　急速な回復にもかかわらず，持続的な将来成長への展望に不安があった．1997年，98年の経済発展は，韓国経済の根本的な構造的弱点を明らかにするものであった．国の投資主義型の成長戦略の推進が，すでに1990年代の初めから，すべての分野の生産性低下を生み出していたのである（Kim 1999；World Bank 1999a）．将来成長への不安は，グローバル競争の急速な激化と，知識革命で推進されている製品とサービスの根本的な変化に対する認識の高まりに起因していた．

　こうして韓国は現在，大きくその発展戦略を転換せざるを得なくなっているのである．危機以前でも，分析家の中には韓国経済，そしてその他の東アジア経済の成長が持続的でないと予測する者もいた（Krugman 1994）．韓国経済の構

造的な弱点と知識ベース産業の重要性の高まりを認め，政府は3年のマスタープランを明らかにしている．これは2000年1月から，韓国経済を知識型経済へと転換するための設計図であった（NEAC 2000）．OECDによって確認されているように，知識集約分野の中には，金融・保険・その他のビジネスサービス，そして地域・社会・個人向けのサービス，さらに通信サービスが含まれている（OECD 1998b）．当然に，広範な技術力を持つ製造業やハイテクの製造業も含まれている．

この33カ年計画は，以下の5つの重点課題に的を絞っている．

1．国レベルの情報インフラを開発する．
2．知識型経済に対応する人的資源システムを育成する．
3．国の科学技術のイノベーション能力を改善する．
4．新たな知識ベース産業を発展させ，古い産業のデジタル化を行う．
5．デジタル化された知識の2極化への対応．

本章では韓国経済の知識ベース化を検討し，その移行上の重要課題を明らかにする．2節では知識型経済に必要な概念上および政策上の枠組みを検討する．これによって21世紀の韓国が置かれる状況を検討し，今後の先進的な知識型経済への移行促進の方法を提示する．3節では，韓国の位置を知識型経済の視点から綿密に検討する．そして最後の節で結論を提示する．

2．知識型経済の枠組み[1]

知識が，以前よりも経済と社会の発展にとって重要になってきたのは，急速な技術進歩，グローバリゼーション，情報通信技術（ICTs）の発展によるものである．この状況でのいわゆる知識型経済は，「直接に知識と情報の生産，分配，利用を基盤にする」経済として定義できる（OECD 1996）．この定義によると，すべての経済は知識ベースになる．歴史的な視点で見ると現在は，急速な経済成長がますます効率的な知識の利用に依存するようになっている．急速な

科学進歩とICT革命によって，さらに成長可能性が高められているのである．

しかし，知識は購入可能で，ただちに利益をもたらすような製品ではない．先進国，途上国にとっても知識型経済を創造し持続させる能力は知識を生み出し，伝えるグローバルシステム開発能力に左右される（例えば，インターネット）．この能力を開発するには，4つの前提条件が不可欠である．

1. 情報の効果的な伝達と処理を促進するダイナミックな情報基盤．
2. 知識を生産的に創造し利用する，教育を受け技能を持った人材．
3. 蓄積されたグローバルな知識を引き出し，ローカルなニーズに対応し，新たな知識を創造する研究センター，大学，シンクタンク，企業やその他の組織からなるシステム．
4. 既存知識の効率的な利用と，新たな知識の創造，そして起業家精神の高揚を奨励する経済的・制度的体制．

適切にこの条件に対応すれば，経済の効率性と回復力を高めることができ，新たな課題に対応する能力を高めることになる．それは新しい企業の出現を促進し，経済成長の利益を社会の全員へ配分することを確実なものにする．この4つの要因の根拠は，韓国の例を議論する上で重要である．それ故この根拠の異なる側面について，次に検討しよう．

2.1 ダイナミックな情報基盤

ICTsの急速な進展は，知識の取得，創造，普及と利用だけでなく，経済・社会活動にも著しい影響を与えている．これらの進展が製造業者，サービス供給業者，そして政府がどのように組織され，機能するかに影響を与えている．ICTsへのアクセスの増加は，人の仕事の仕方，学習，そしてコミュニケーションの仕方に影響を与えている．したがって，適切な情報基盤でこれらの新技術に対応することは，経済成長にとって重要である．つまり取引費用を削減し，市場の効率性を改善するからである．また新製品やサービス開発の促進を可能にしているからである．

情報基盤は通信ネットワーク，戦略的情報システム，関係する政策，法律上の枠組み，そしてこの基盤を開発し利用できる技能を持つ人的資源から構成されている．それゆえ，強力な情報基盤を開発するためには，この開発と利用に関係する多くの利害関係者を動員する必要がある．特に政府，企業，個人ユーザー，そして通信と情報の供給業者が重要である．彼等が協力して，情報基盤戦略を構築し，経済における情報と通信のビジネスチャンスと必要性を明らかにしなければならないのである．この中には，既存の情報システムを評価し，共通の制約と問題を明らかにし，情報基盤の目標とビジョンを明確にすることも含まれる．後者は政府の政策対象であり，社会の資源を効率的に集めることが可能になる．つまり政府は国民にビジョンを公表する重要な役割を果たし，ほかの直接的な利害関係者との対話で，効率的に資源集めを遂行できるのである．

2.2 技能を持つ創造的な人的資源

技能を持ち適応力を持つ人が，重要な役割を果たすのは，新たな知識の急増と技術変化の加速がもたらす可能性を活かす場合である．広範な情報技術全体にわたる研究者や技術者が必要だが，新技術を取り入れ適応できる労働者も必要である．また，効率的に電子製品や情報サービスを利用する一般人も必要である．このような要求に対応するためには，適切な人的資源に必要な教育と訓練の政策を開発，準備し，実行することが必要である．この点，教育への支出予算が効率的に配分され，一般大衆が基礎的知識と技能を持ち，知識化した経済へ参加できるようにすることに特に注意する必要がある．

特に，生涯学習の機会は不可欠である．継続学習の文化と，新しい考えへの理解力は知識化経済の発展に重要である．これは決して働く場所だけに限定されるのではなく，家庭や学校など，ほかの環境にも言える．学習方法の中には体系的な継続教育の課程，インターネットによる自己学習，そしてコンピュータ利用型の学習がある．新技術，特にすばやく進化するICTsを利用するには，労働者にも新しい特別の技能が必要である．韓国の多くの企業の不満は，大学新卒者の再訓練に，多くの資金投下をしなければならないことである．これが示していることは，高度の教育を行っても，その教育制度が知識化した経済の

要求に対応できていない点である．継続教育プログラムは，この要求に対応したものである．

2.3 効果的なイノベーション制度

技術的な知識の大部分が経済力を持つ先進国で生み出されている．調査によると，Ｒ＆Ｄ支出全体のおよそ88％が先進国によるもので，特許と科学技術論文の比率もほぼ同じものになっている（OECD―世界銀行 2000）．１人当たりで見ると，技術知識生産の相違は先進国と後進国の所得の相違以上に大きい．幸運にも，後進国は先進国のやってきたことを同じようにやる必要はない．つまり先進国の創造した知識を選び，利用する多くの方法が存在している．しかしそのためには，効率的な国家的イノベーション制度が必要である．それは諸機関のネットワーク，規則，そして手続きで構成されている．これは国家が知識を獲得し，創造し，普及して利用するそのやり方に影響を与えるものである[2]．

この創造的プロセスの重要な構成要因には大学，研究機関，政策シンクタンクが含まれる．新たな知識を生み出しているという点では，非政府組織，私企業，そして政府もイノベーション制度の一部である．農業および工業にわたるサービス，エンジニアリング企業や経営コンサルタント企業も，また知識普及に不可欠である．しかし，これらの組織が単に存在するだけでは十分ではない．重要なのは効果的に知識を創造，適応，普及し，企業，各組織，その他の人々が利用できるのかという点である．したがって，異なる組織，企業，個人間のネットワーク作りや相互作用が特に重要である．このネットワークの強さは知識の獲得，創造，共有化の奨励とともに，一般の経済的な奨励制度の影響を受ける．特に特殊な政策に影響されている．例えばライセンス取得による外国技術導入，海外からの直接投資，海外協力，知的財産の保護に関係する政策である．

2.4 効果的な制度上の基盤[3]

１つの国が効率的に，膨大で急速に増大する世界の知識を利用できるかどうかは，その経済的な奨励制度と制度上の仕組みに大きく依存する．競争的な制

度上の基盤は企業と個人が知識を求め，製品・サービスをより効率的に生産すること，もしくは新製品・サービスを生み出すことを促進する．つまり競争とその圧力は，より効率的な企業が成長し，効率的でない企業を縮小もしくは消滅させる．こうして，経済における知識の普及に直接関係しているのである．

以上の環境を創造するためには，マクロ経済でのよりよい競争と規制政策が必要である．さらに金融制度の存在も必要で，資源（ベンチャー資金を含む）を有望な新たな機会へ分配し，失敗した企業の資産を生産的に再配分するには必要である．また別の条件も必要である．それは起業家精神と危険負担，小企業の拡大，科学と産業との十分な情報交換，そして労働力の再配置を容易にする，十分に柔軟な労働市場の実現である．労働市場の柔軟性は，さらには適切な社会的セイフティネットの展開を必要としている．それによって新たな仕事への人の再配置や再訓練を継続的に行い，リストラで苦境に立つ人の支援が促進できるのである．

あいまいだが重要で効率的な制度基盤は，社会のルールや手続きを規定している規範である．それは，決定の仕方や行動の仕方を規定している．この中には法律上のルールと手続き，社会的な慣行，企業，政府，非政府組織と市場も含まれる．重要な要因の1つは政府の質であり，その誠実さと効率性が社会の基本的なルールを規定しているからである．もう1つの重要な要因は，法律の制度が財産権を保障している点である．例えば，知識の創造と普及は知的財産の評価とその権利の保護・施行の程度に大きく影響されるのである．

知識型経済の一般的な前提条件は以上であるが，その視点から次に韓国の前提条件充足状況を検討し，さらに注目するべき領域を明らかにする．また韓国経済にプラスの影響を与える，知識ベース活動を促進する重要な問題を若干示すことにする．

3．韓国の知識型経済への移行とその重要課題の検討[4]

3.1　ダイナミックな情報基盤の開発

韓国は，世界的な情報知識革命の重要性をすばやく認識し，国家があらゆる

表13-1 情報インフラストラクチュアへの投資

	投資／GDP（％）		公共投資（全体に対する比率）	
	平均 1991-95	平均 1996-99	平均 1991-95	平均 1996-99
ホンコン	0.58	0.98	0	0
日　　本	0.14	0.34	0	0
韓　　国	0.8	1.85	48	25
マレーシア	1.12	1.04	6	5
シンガポール	0.35	0.53	38	4
英　　国	0.23	0.35	2	2
米　　国	0.58	0.52	0	0

出所：OECD-World Bank Institute（2000：82）.

可能な利益をその進展から確実に得るための戦略立案を行ってきた．実際，韓国には多くの分野に情報基盤部門があるが，特にモバイル通信とインターネット分野で大きな成果を出している．

表13-1の各国比較は，各国の情報技術の重点を明らかにしている．これによって，1990年代に韓国がどれだけ重点的に情報基盤に投資しているのかが明らかである．90年代上半期の韓国の年平均投資額は，GDPの0.8％で下半期には2倍以上のGDPの1.85％である．その他のほとんどの国と比べて，この数字は驚異的である．GDP比では，90年代下半期の韓国の投資比率は香港の約2倍以上，日本の5倍以上であった．

GDP比で見ると韓国の情報基盤への公共投資は，90年代全体で増加しており，日本やイギリスよりも高くなっている．この傾向は持続しそうである．その理由は，2000年に公表された3カ年計画で大目標が掲げられ，情報基盤を世界のトップ10にするとしているからである．計画の一部としてインターネット利用者の数は，1997年の3百万人から飛躍的に伸び2001年に2千万人以上になっているが，2002年までには3千万人を目標としており，これは人口の約2/3である（MOCIE 2002a）．

人気が高まっているハイテク製品所有率の驚異的な伸びは，近年の情報基盤への多額な投資の証でもある．1つの例は携帯電話加入者の数で，1994年から98年までで百万人以下から1千4百万人（人口の30.2％）に増大している．

この数字は OECD 平均の 25％よりも高かった（OECD 200 b）．2001 年 12 月，携帯電話加入者の数は 2 千 9 百万人に達し，人口の 60％以上になった．もう 1 つの例は，インターネット利用者の数である．概算では韓国には，2001 年末に 2 千 4 百万人近いインターネット利用者がいた．この数字は 98 年（3.1 百万）の約 8 倍で，その数字自体も 97 年の 160 万の約 2 倍の数字になっている．第 3 の例は，CDMA 技術で韓国が現在世界のリーダーの 1 つになっている点である．SK テレコム社は世界最大の CDMA 供給企業であり，また多くの地方のベンダーが CDMA 設備，特に携帯電話機を輸出している．2001 年これらの企業は CDMA の電話機を 40 億ドル輸出しており，情報機器分野の貿易黒字が過去 4 年間の貿易黒字（842 億ドル）の 61％を占めている（1998-2001）(MIC 2002)．

新たなインターネットビジネスと e コマースもまた，この環境で生まれてきており，韓国では急速にその市場を拡大している．例えば，2001 年約 70％の証券取引がオンラインで行われており，1,800 以上のインターネットショッピングモールがあった（MOCIE 2002）．インターネット銀行，オークション，インターネットゲーム，そしてサイバー教育もまた主要なインターネットビジネスになっている．このような驚異的な発展の背景にある最も重要な要因は，通信ネットワークとサービスの継続的な改良である．これによって，韓国内のほとんどの主要都市が光ファイバーネットワークにつながり，ADSL とケーブルテレビ技術の融合で高速インターネットサービスの導入が可能になっているのである[5]．その結果，ブロードバンドに接続した家庭の数は乗数的に増大して，2001 年末に人口の 10％以上になっている．これは最も進んだ国の約 4％と比べても多い．またワイアレスの電話通信ネットワークも，新たなモバイルコマースやモバイルインターネットサービスに貢献している．

この強力な実績を維持するためには，韓国はさらに効率的な情報通信技術の提供とサービスへ向けて進歩する必要がある．明らかに回線とワイアレス両方のネットワークの質を持続的に高くすることが，韓国内でのインターネット利用者のさらなる拡大に不可欠である．特に顧客と企業が，「いつでも接続できる」インターネットの環境を求め始めているのである（長時間オンラインの状態にできること）．

その進展がなければ，この分野への高い投資を持続できる見通しは立たなくなる．そうなると，より優れた成果，特に次世代の情報通信技術の提供は，どのように確実に実施できるのだろうか．この分野の革新的性格を前提にすると，政府の重要な役割として，特に不利な立場の者でもサービスを利用できるようにするという役割がある．その中には，よりオープンな競争と投資政策も含まれている．例えば，商法はeコマースを不必要に限定しているが，2010年までに全取引量の50％までに増やすという政府目標を達成するために，修正する必要がある（MOCIE2001b）．重要なのは他にもある．このダイナミックな分野での国際的な合意が急速に進展しており，それに合致した規制を展開することである．特に税制分野での規制がある．最後に，その取引上の枠組みがさらに展開され，電子署名や決済の分野まで拡大される必要がある．

3.2 教育改革による創造的人的資源の開発

韓国は過去30年にわたり，教育分野で驚異的な成果を達成してきており，基礎教育の質は国際的に賞賛されている．1970年以降，韓国は初等教育の完全実施を達成している（図13-1）．70年から97年まで，無就学者は10％から

図13-1 教育の諸指標：韓国

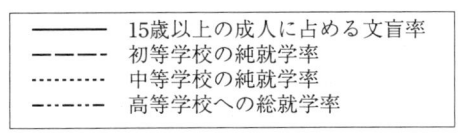

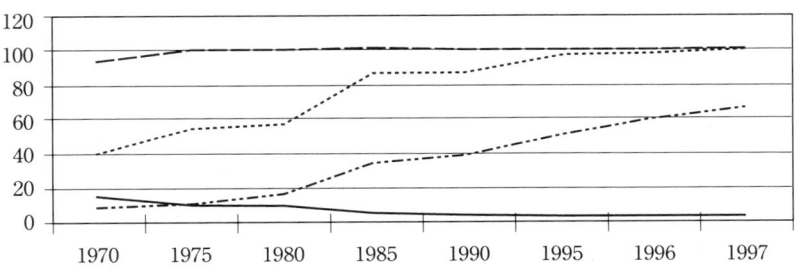

```
――― 15歳以上の成人に占める文盲率
――― 初等学校の純就学率
……… 中等学校の純就学率
―・―・ 高等学校への総就学率
```

出所：World Bank（1999a）．

表13-2 教育への公共支出のGDPに占める比率，1995年

オーストラリア	4.5
ギリシャ	3.7
フィンランド	6.6
韓　　国	3.6
ノルウエー	6.8
スウェーデン	6.6
ト ル コ	2.2
米　　国	5.0
OECD平均	4.9

出所：OECD (2000a): World Bank (1999a).

事実上の0になっている．中等教育全体の就学率は，40％からほぼ全員にまで上昇した（世界銀行 1999a）．高等教育レベルでは，韓国はOECD国内で3番手の教育達成国で，98年には高等学校卒業生の84％が総合大学もしくは単科大学へ進学している（MOE 1998）．

韓国は独自の教育制度を持っている．その特徴は私学教育の部門が大きく，公立の教育部門が比較的に小さい点である．教育支出の総額は，96年のGDP比8.8％から98年の13.3％へと増加している．この98年の水準は，ほぼ同レベルの発展している国の中では最も高くなっているが，公的支出は4.4％に過ぎない．これは95年のOECD平均の4.9％よりも低くなっている（表13-2）．

比較的，教育への公的支出が低いことが親への負担を増やし，韓国の公的教育制度を弱体化させてきている．98年に親世代は，GDPの2.3％を初等から高等教育までの正式な教育への授業料と，関係する納入金に費やしている．韓国では家計が高等教育費用の約84％を負担し，その他のOECD諸国よりもはるかに大きな負担になっている．公教育分野における選択の欠如と1クラスの規模が大きいことが，厳格な国立大学の入学制度と結びついて，個人，通常は親であるが，GDPのさらに3.2％を子供の学校外での教育に支出させている．残りの支出の3.4％は教育への一般支出であり，教材費，制服，交通費，宿舎，食事等の費用である（KEDI 1998）．

この教育への大きな投資は，理論上では国の十分な教育制度を生み出し，質

の高い教育を提供し，労働市場の要求に対応できるはずである．しかし実際には，学生達は学校で教えられているものにほとんど納得しておらず，親も子供が受けている教育に満足していない．そのことは，学校外で受けている教育への支出額が証明している．企業側もまた，新規採用者の専門性と技能の欠如に不満を持っている．国全体で，教育制度の可能性についての重大な関心が持たれているのである．それは，知識によって推進される世界経済の中で，教育効果を改善する可能性である．教育への大きな投資が，韓国社会の期待する結果をもたらさないのはなぜだろうか．なぜ韓国の親は，個人的な学校外での教育に多額の支出の必要を感じているのだろうか．答えは，多くの韓国国民には明らかである．つまり，韓国の親達が子供をソウルのエリート大学へ入学させたいという子供への強いプレッシャー，過剰な政府の介入，多様性の欠如，そして不十分な公的資金の提供が原因になっている．

　一方で，強力な政府の介入が基礎教育を普及し，国の工業化推進に熟練労働者を供給する上で大きな役割を果たしてきた．他方，政府の介入は教育サービスの提供へ，一定の規制を生み出してきている．中央政府の規制は学校の形態，入学許可，カリキュラム，教科書，教員の雇用にわたり，公立，私立を問わずすべての教育機関を対象としている．

　規制緩和を行わなければ，教育改革は困難であり，韓国のさらなる知識型経済への移行はできない．政府はこの問題を認識しており，90年代初頭以降多くの規制緩和に取り組んできた．改革の中には，以下のものがある．入学許可や学術における大学の自主性を認める．地域の一流大学を，地域産業の要求に合うようにする．教育と研究のネットワークを世界の一流大学と形成し，国内大学の研究を促進する．さらに，新たな「教育信託銀行制度」による開かれた教育制度というビジョンの実現がある．これらの努力は，健全な競争を伴う柔軟な教育市場の開拓に向けられる必要がある．教育の提供者，特に私学に大きな自立性を与えることは，労働市場の要求への対応に結びついている．またこれは，大学の教育サービスの多様化も促進するが，教育省で定められた共通の重点基準は守られる．しかし様々な理由，特にこのプロセスでの合意形成の欠如が原因で，この改革は当初の考えのようには十分には実施されていない．

様々な取組みはすでに始まっている．その中には，政府の第7次教育課程改革やブレインコリア21計画がある．後者は大きな公的投資で，高等教育の優れた拠点をいくつか作ることを目的にしている．しかし優れた拠点に投資をすることだけでは，適切な技能を持った人材への要求を充足できない．ある構造上の調整もまた必要である．例えば2年制の短期大学は，ミドルレベルの技術者を輩出しており，新たな経済の下ではその必要性は増えていても，その数は4年制大学・単科大学の約半分に過ぎない．また単科大学や学校レベルでも，才能のある者にとって魅力的なプログラムがほとんどない．そうした彼等の才能は，韓国の知識型経済の発展にとって重要な資産である．韓国で必要とされる教育と訓練の多様化は，特別の教育レベルや機関に限定されるものではない．むしろ体系的な取り組みを必要とするもので，教育制度全般に必要な変革を明確にし，実施する必要がある．

ここで特に重要なのは，生涯教育の機会を拡大することである．現時点では，国内では広くは行われていない状況である．「揺りかごから墓場まで」の考えの生涯学習は成人だけに限定されないが，強調される必要がある．その教訓は，経済的な先進国から得ることができる．これらの国は生涯教育に重点を置く機関やメカニズムが普及しており，新しい学習方法やメディアで実施されている．その中にはインターネット，テレビの積極的利用，ディスタンスラーニング，そしてバーチャル大学がある．

学習機会を一般に提供することの重要性を認識して，政府は高速インターネット回線を拡充している．目的はコンピュータへの自由なアクセスを可能にし，情報科学の訓練をして英語の習熟度を上げることである．そのための特別のプログラムも作られている．これはインターネットと基礎的なパソコン技能を貧困世帯出身の約50万の学生に教育し，現代社会のデジタルデバイド問題への対策としているものである（NEAC 2000）．

3.3 イノベーションシステムの改善

韓国のイノベーションシステム（KIS）は，未だにほとんどがキャッチアップモデルに基づいている．過去にこのモデルは効果的で，短期間で発展目標を達

成して，韓国人が広範な工業上・技術上の活動をすばやく習得することを可能にした．しかしこのモデルには限界がある．国全体の研究開発支出の一番多い私的分野の支出では，短期の技術開発が主な目的のままになっている．他方，公的な分野の研究開発支出の多くは，目的がきわめて明確であるが，その普及に弱点がある（STEPI 1998）．その結果，成文化された知識を生み出す能力（例えばパテントと出版物の形で）は，取引される商品に具体化される知識の場合よりも相対的に弱い（表13-3）．しかし，わが国全体の研究開発予算額は，現在の米国ドルで見ると98年に，OECDの中の7番目になっている．また国民に対する研究者の数はEUの平均に近く，1万人に対して50人である（OECD 2000b）．

その他のパテント関連の「アウトプット」指標は，表13-3に示されている．そこに技術の強さとその量が示されている．これによって韓国の研究開発が，成文化された知識の生産にそれほど貢献していないことが確認できる．科学の強力で基礎的な基盤の欠如は，未来に深刻な影響を生み出す可能性がある．さらに科学技術の開発戦略は，成熟化した高度な技術のすばやい利用を積極的に進めており，特定分野での市場拡大を行っている．そのために，KISは比較的弱いグローバルリンケージしか持たなくなっている．つまり外国からの直接投資（FDI），戦略的提携あるいは共同研究プログラムによる技術の取得という方法の効果的な利用は，ほとんど行われなかった．例えば金融危機までの時期，FDIはほとんどなく，また合弁企業も一般化していなかった．その結果，多くの国々の活動から流れ込む知識や技術を利用できなかったのである．数少ない例外の中には，外国の知識を取得するための正式なライセンス契約という手軽な方法はあった．今日，韓国はこの戦略の限界に直面している．貿易，投資，そして生産がますますグローバル化している世界では，知識を継続的に開発し取得し，普及させ商品化する能力には，国際的提携の補完的関係が求められている．

同様な相互作用の欠如は，国内レベルで過度に細分化されたイノベーションシステムにも明らかに存在している．民間部門は97年度で見ると研究開発支出の97％を自社の研究活動に使い，わずか3％を大学との契約に費やしている（STEPI 1998）．さらにこの民間の努力は主に大企業により行われており，中

表13-3 所得と技術

	OECD平均に対する1996年GDP1人当たりの所得水準	1998年のGDPに占めるR&Dの総支出の比率 a	1997年の労働人口千人に対する研究者人数 a	1998年GDPに占める政府のR&Dへの財政支出比率 a
米国	140	2.8	74	0.8
ノルウエー	128	1.7	76	0.7
スイス	126	2.7	55	0.7
日本	121	2.9	92	0.5
アイスランド	118	2	91	1.1
デンマーク	117	1	61	0.7
カナダ	114	1.6	54	0.5
ベルギー	112	1.6	53	0.4
オーストリア	111	1.6	34	0.7
オーストラリア	107	1.7	67	0.8
ドイツ	107	2.3	59	0.8
オランダ	106	2.1	50	0.8
フランス	103	2.2	60	0.9
イタリア	102	1	32	0.5
スウェーデン	100	3.9	86	1
英国	98	1	51	0.6
フインランド	96	2.9	83	0.9
アイルランド	92	1.4	51	0.3
ニュージーランド	88	1.1	45	0.6
スペイン	77	0.9	33	0.4
韓国	72	2.9	48	0.7
ポルトガル	70	0.7	27	0.4
ギリシャ	67	0.5	20	0.2
チェコ共和国	64	1.3	24	0.5
ハンガリー	47	0.7	28	0.4
メキシコ	36	0.3	6	0.2
ポーランド	35	0.8	32	0.5
トルコ	30	0.5	8	0.3

注：a．この年次かあるいは最新の資料入手可能年次になる．
　　b．10億米国ドル当たりの科学技術論文．National Science Foundation（1998）を参照．
　　c．技術上の強さは特許の数とそのインパクトの指標を掛け合わせることで示している．この指標が測定するのは，1国の近年の特許がその年次にすべての特許で引用される回数である．特許は米国特許商標局で認められた物とする．
　　d．技術上の密度は，国の技術力と米国ドルの購買力平価で表示され，GDPを比較するものである．詳細はOECD（1998a）を参照．
出所：OECD-World Bank Institute（2000）．

の実績，1998年

科学技術活動の諸指標				
1998年R&D総支出に占める政府財政支出 a	1998年GDPに占める企業のR&D支出比率	GDP単位当たりの科学技術論文数 b	R&Dの米ドル当たりの技術の強さ c	技術の密度 d
30.6	2.3	20	410	10.4
42.9	1.3	21	—	—
26.9	2.3	37	—	—
18.1	2.3	15	354	10.6
55.9	1.2	23	—	—
35.7	1.9	31	87	1.6
31.9	1.3	25	203	3.3
26.4	1.4	20	111	1.8
44.6	1.1	18	125	1.9
46	0.8	24	—	—
35.6	2	21	215	5
39.1	1.4	31	170	3.5
40.2	1.8	20	115	2.7
51.1	0.7	13	101	1
25.2	4.4	41	147	5.3
30.8	1.6	29	160	3.2
30.9	2.9	35	114	2.7
22.2	1.3	16	69	1
52.3	0.4	29	—	—
43.6	0.5	16	21	0.2
22.9	2.5	5	25	0.7
68.2	0.2	7	8	0
46.9	0.2	16	—	—
36.8	1	15	—	—
56.2	0.3	20	115	0.7
71.1	0.1	2	15	0
59	0.4	17	—	—
53.7	0.2	4	—	—

小企業（従業員5百人以下と定義）は韓国における全研究開発支出のわずか12％しか占めていない．これはOECD内で最低の比率である（OECD 2000b）．顕著なこの状況悪化は，大企業による研究，特にチェボルによる研究の効果性に以下の点で問題があったことが原因である．つまり脆弱な企業統治や投資決定がしばしば行われてきたということである．まだ明らかになってないのは，韓国での知識型経済の発展を十分に支援できる柔軟性を，大企業による大規模な研究開発が持っているのかどうかという点である．

　以上の基礎的な問題の一部は，政府に起因している．韓国の全イノベーションに対し，政府がかなり小さな役割しか果たしておらず，全研究開発支出の5分の1しか占めていないからである．これは中小企業の場合とともに，OECD国内で最低の比率である（しかし政府の研究開発支出額は絶対額で見ると大きく，GDPの0.7％に達し，OECDで7番目の高さである）．その結果，研究に関係する機関の相互作用を調整する政府の能力は弱い．しかし，これは変化することになるだろう．というのは，政府は研究開発支出を増額し，3.7％から2000年に4.1％，さらに2003年までに5％まで増やすことを目的にしているからである（NEAC 2000）．

　さらに状況を複雑にしているのは，現在の政府の支援が9の国の研究機関に集中しており，それを管轄する省庁の利害を追求する傾向がある点である．また注意しなければならないのは，政府が実施する政策は税の優遇や直接の資金支援だが，それは中小企業（SMEs）による民間分野の研究開発を促進するものである．この方法の効果を評価するのは困難であるが，国は現在中小企業の研究開発支出の約4分の1を負担している．それとは好対照に，国内の大学へはわずかしか資金提供していない．貧弱な支援と教員の研究奨励制度の欠如を反映して，大学の国の研究活動に占める比率は10％に過ぎない．韓国の博士号取得者の4分の3を大学が雇用していることを見ると，大学の学位は国の研究活動では有効に利用されていないように見える（STEPI 1998）．

　暗い状況ではあるが，変化の兆しが97年の金融危機の発生から生まれることになった．例えば，巨大研究施設の縮小，企業間情報ネットワークの設立，分社の促進，そして研究者への業績主義賃金の導入という変化が生まれている．

さらに，研究開発における中小企業の比率は大きく増加し，97年と99年の間に9％から15％になっている（OECD 2000b）．知的所有権の保護を強化することは，イノベーションの積極的展開に重要である．韓国はすでにこれに関連する法律の改訂を始めており，最近数年間でその実施を強力に進めている．例えば知的所有権法は98年に強化されたが，その実施はまだ不十分である．

　政府は，国の基礎的な科学技術をG7レベルまで引き上げるために，新たな手段をとる必要が出てくるだろう．第1に，漸次的に基礎研究を拡大することは，韓国の技術進歩の基盤を作るのに役立つことになる．大学や政府研究機関はその研究の当然の場であり，その活動は民間部門との重複がないものが対象になるであろう．第2に，政府はイノベーションの主役たちのさらなる連携を促進する必要がある．研究者の大学，政府研究機関，私的分野間の移動を促進することは縦割りの弊害を減らす1つの方法であろう．第3に，海外からの直接投資の急増，チェボルの再編成は現在進展しているが，これが韓国のイノベーションシステムの国際化と，グローバルなネットワークとの連携を強める機会を提供している．第4に，政府は中小企業の研究開発活動を促進するべきで，それは政府研究機関とのより密接な協力で可能である．最後に，知的所有権のさらなる保護は，知識創造の奨励に必要不可欠な条件である．

3.4　制度基盤の改革

　97年の金融危機は，韓国の制度自体の再検討の必要性を顕著に示すものであった．また韓国が直面する主要課題は，過去の介入政策から柔軟で市場主義的でネットワーク化した経済と社会を育成することであった．この状況での政府の役割変化の中心部分は，競争と起業家精神の促進であった．特に，市場の規制緩和による情報通信技術の利用と開発を行う「技術家精神」（technopreneurship）の促進である．

　そのためにはまた，失敗に対する文化的な態度の変更が必要である．米国の高い革新性とダイナミズムの1つの理由は，誠実な失敗は社会的に受容されるからである．韓国が精神構造を変え，より起業家的文化を育成するためには，政府，教育制度，メディア，そして社会全体での取組みが必要となるだろう

(世界銀行 1999a).

　その他の，政府の新しく重要な機能には，法律上の規則の確立と市場のプレイヤー達の説明責任を確立することがある．これは，知識型経済での知的所有権，見えざる資産，そして様々なインターネット関連の問題に対して，現代の法律上および制度上の基盤を構築することである．政府はまた，技術研究や基礎教育といった公共財を提供しなければならない．そのことによって，公正性と知識へのアクセスという問題に対応できるのである．さらに政府は見落とされているか，もしくは十分開発されていない市場を育成するべきである．そのためには，新たな技術とネットワーキング（例えば大学と企業の間）を促進する必要がある．他方では，市場主義のメカニズムを育成することに注力する必要がある[6]．

　一般化して言えば，韓国政府は自らを近代化し，再編成して効率性という利益を得る必要がある．アジア危機以降，この方向への華々しいスタートが切られた．公共経営の改善，支出と予算のプロセスと人的資源管理の一層の透明性確保，そして民間部門への外注化増加が行われた．将来注目される問題には公務員給与の適正化，さらにグローバル化した状況下での政策決定のあり方，そして政府の情報ネットワークと知識共有のよりよい方法の構築，そして知識ベース活動における政府の役割の明確化がある．効率的で低コストのサービスを，特に情報基盤分野で提供する国有企業の民営化をより詳細に分析する必要がある．

4. 結　　論

　韓国は知識型経済の展開で，急速な進歩を遂げている．さらに進歩するためには，政府には果たすべき重要な役割がある．それは，情報基盤の提供，教育制度の刷新，イノベーション制度の改善と制度改革の実施である．

　情報基盤によって，韓国は変化の速い領域での立ち上げと刷新で，驚異的な進歩を達成した．しかし，さらなる取り組みが必要である．この分野が世界的に急速に変化し拡大しているからである．政府目標には，新たな仕事と生産活

動の創造，共通サービスの範囲拡大，ベンチャー企業の育成，そしてインターネット利用者の拡大があった．これらは賞賛すべきことである．しかし，この分野の進展は扱いにくく，時代遅れの規制や法体系によって制約されており，それらは今後，簡素化される必要がある．改革がなければ政府の目標は達成不可能であるが，多大の犠牲によってしか達成できないだろう．自立的で規律ある競争に移行するには，より効率的な技術の体制とサービスの供給を考えることになるだろう．

同様の広範な改革は，知識ベース経済に適した国民教育制度を作るために必要である．速い答えを保証する即席の回答は存在しない．これらの改革には教育制度のすべての側面の変化が伴うことになる．つまりインプットやその内容と構成だけではなく，これらの変化を達成する制度上，統治上の基盤にも及ぶものである．最大の変化は，既存の教育制度の規制緩和と多様化を間違いなく引き起こすことである．つまり，これを行わなければ制度は硬直的で競争力のないものに留まることになるだろう．

国の教育制度と同様に，韓国の研究能力は表面的には他のOECD国と十分肩を並べるまでになっている．高い研究開発支出や相対的に優れた教育を受けた人的資源は，国の資産である．しかし韓国のイノベーションシステムは，イノベーションの主役たちの連携とインターフェイスの点では弱い．したがって，韓国の知識型経済への移行には，イノベーションシステムの再検討が必要である．

最後に，韓国はその制度自体を刷新する必要があるだろう．この動きは，韓国が新たな持続的経済成長軌道に乗るために重要である．つまり制度自体の改革が，知識型経済全体の機能と柔軟性には不可欠だからである．

韓国が21世紀を迎えたときには，経済はすでに知識ベースの経済成長計画に応じる準備は十分にできていた．組織的な変化が，改革を必要とする多くの機関ですでに進んでいる．政府，民間部門，そして市民はこの目標に向かって貢献しており，成功の可能性は大いにある．実際，すべての国民が，わが国の知識経済化推進の利害関係者なのである．

（訳・芦澤成光）

注

1) 本章はOECD-World Bank (2000), OECD (2001b) と APEC (2000) に大きく依拠している.
2) イノベーションと技術進歩は様々な知識の生産者, 普及者, 取得者, 利用者の複合的な集合の結果である. 国のイノベーションシステムの考えの前提になっているのは以下の点である. イノベーションに関係する人間の関係を理解することは, 国の技術上のパフォーマンスを改善する鍵となるという考えである. 関係は共同研究, 人事交流, パテントの相互利用, 技術のライセンシング, 設備の購入, その他の様々なチャネルという形態をとることができる (OECD 1997).
3) 2001年のOECDレポートでは, 効果的な制度上の基盤を「健全な土台」の集合体と記述している. その意味するのは情報通信技術, 人的資源, そしてイノベーション政策が成功するための経済的・社会的な安定も必要とされる (OECD 2001b).
4) 本節はまた, 韓国の新たな経済システムへの移行に関するOECD, 世界銀行, その他の機関による報告書に大きく依拠している. 進行している改革にはさらに対応する必要があるが, 以下を参照されたい. OECD-World Bank (2000), APEC (2000), そしてOECDの韓国に関する年次経済報告書がある.
5) 韓国政府は, 情報スーパーハイウエーを2005年度までに建設する計画を持っている (NEAC2000).
6) これらの分野における改革の必要性の詳細は, OECDの韓国についての年次経済報告書を参照. 金融分野の改革, 企業の再編成, そして労働市場については特に1998年, 1999年, 2000年の報告書を参照.

参考文献

APEC (2000), *Towards Knowledge-based Economies in APEC*, Singapore : APEC.
KEDI (Korea Education Development Institute)(1998), *Study on Education Expenditures in Korea* (in Korean), December, Seoul : KEDI.
Kim, Won-Kyu (1999), 'Total factor productivity and competitiveness in Korea', *APO Productivity Journal*, Summer.
Krugman, Paul (1994), 'The myth of Asia's miracle', *Foreign Affaris*, 73 (November / December), 62-78.
MIC (2002), *Performance of Information Promotion Policies* (in Korean), (http://www.mic.go.kr), Seoul: Ministry of Information and Communication.
MOCIE (Ministry of Commerce, Industry and Energy)(2002a), *E-Commerce in Korea* (in Korean), Seoul : Ministry of Commerce, Industry and Energy.
MOCIE (2002b), *Vision of Kroea's Industrial Development toward 2010* (in Korean), Seoul: Ministry of Commerce, Industry and Energy.
MOE (Ministry of Education)(1998), *Educational Yeabook of 1998* (in Korean), Seoul : Ministry of Education.
National Science Foundation (1998), *Science and Engineering Indicators*, Arlington : National Science Foundation.
NEAC (National Economic Advisory Council)(2000), *Three Year Plan for Korea's*

Transformation into a Knowledge-based Economy (in Korean), Seoul : National Economic Advisory Council.

OECD (1996), 'Special theme: The knowledge-based economy', in OECD (ed.), *Science, Technology and Industrial Outlook*, 1996, Paris : OECD.

OECD (1997), 'National innovation systems', free brochure, Paris : OECD.

OECD (1998a), *OECD Economic Survey : KOREA*, 1998, Paris: OECD.

OECD (1998b), *Technology, Productivity and Job Creation: Best Policy Practices*, Paris : OECD.

OECD (1999), *OECD Economic Survey : KOREA, 1999*, Paris : OECD.

OECD (2000a), *Investing in Education : Analysis of the 1999 World Education Indicators*, Paris : OECD.

OECD (2000b), *OECD Economic Survey : KOREA, 2000*, Paris : OECD.

OECD (2001a), *OECD Economic Survey : KOREA, 2001*, Paris : OECD.

OECD (2001b), *The New Economy : Beyond the Hype*, Paris : OECD.

OECD-World Bank Institute (2000), *Korea and the Knowledge-based Economy : Making the Transition*, Paris : OECD.

STEPI (Science and Technology Policy Institute) (1998), *National Innovation System in Korea*, Seoul : Science and Technology Policy Institute (in Korean), Seoul : STEPI.

Worl Bank (1998), *World Development Report : Knowldge for Development*, Washington, DC : World Bank and Oxford University Press.

World Bank (1999a), *Republic of Korea : Establishing a New Foundation for Sustained Growth*, Washington, DC : World Bank.

World Bank (1999b), *EdStats* (Education Statistics Database), Washington, DC : World Bank.

第14章 韓国の情報社会にとっての開発戦略

ユン・チャンボン（Chang-Bun Yoon）
ソン・サンヨン（Sang-Young Sonn）

1. はじめに

　韓国が国家的情報インフラ構築に成功したことに国際的注目を浴びている．さまざまな国の政策研究者が，労働の効率と生活の質の向上のために情報技術の使用を促進する情報化に対する韓国の諸政策の分析をしはじめた．これらの政策は，21世紀における韓国の情報社会の発展のための青写真として1999年に韓国政府によって提出されたサイバー・コリア21の一部である[1]．

　本章では，サイバー・コリア21の制定後に採用され，実施された，主要な情報化政策と戦略を検討する．また，現状に対する過去の政策の効果を評価し，今後も継続する情報化政策の進展の影響を検討する．

　本章の構成は，次のとおりである．第2節では，サイバー・コリア21のコンセプトの発展を説明する．第3節では，韓国の情報インフラを推進するための主要な政策を検討し，現存の情報インフラとインターネット利用に対する政策の効果を評価する．第4節では，国家の生産性向上のための情報化政策を検討し，その成功と失敗を分析する．第5節では，インターネットをベースにした産業とIT産業内や，それによる新たな仕事の機会の創出のための諸政策を概観し，これらの政策の成果を評価する．第6節は，IT産業のR＆D戦略を再検討する．第7節では，まとめとして，現状に対する過去の政策の効果を判断し，将来の情報化政策の方向性に対する影響を考える．

2．サイバー・コリア21のコンセプトの発展

　1996年，韓国政府は韓国における情報化社会の発展に備えるための国家政策として情報化促進基本計画を制定した．同計画のための実施計画制定の一年後，1997年末にアジア経済危機に見舞われた．直接の結果として，情報化の努力を維持する環境が大きく影響を受け大きな経済的再構築が差し迫った国家の関心事となった．グローバル化から生じる激変ばかりではなく機会に応える一方で，失業率の急上昇に対し改善のための早急な注目が必要になった．この対応には初期のベンチャー・ビジネス開発のための新たな方策を探ることが含まれており，電子的コミュニケーションの創造的発展性を考慮すれば，インターネットはこうしたベンチャー発展のために特に役立つ手段であると見られた．

　経済危機によってもたらされた変化によって，最初の情報化促進化計画への修正は不可避であった．それゆえ，1998年末に，情報コミュニケーション省は情報社会構築のための新たな国家戦略を制定した．翌年の3月には，同省は情報化促進基本計画に替えて，21世紀韓国の新たな情報化社会のための青写真としてサイバー・コリア21を提出した（MIC 1999b：28）．

　サイバー・コリア21の背景にある主要なコンセプトは韓国経済を知識型経済に転換していく必要性とそのような経済にとっての情報化の重要性を強調することであった．この計画は，金融危機克服と来るべきIT産業における成長の促進に役立つ経済再構築や仕事の創出といった韓国が直面している重要な問題解決のための国家的情報化戦略の重要性を述べたものであった．

　サイバー・コリア21には4つの主要な目的がある．

1．情報化社会創出のための情報インフラを促進させること，
2．高速テレコミュニケーション・ネットワークとその他の進んだ技術をできる限り有効に使うことによってすべての経済機関の生産性と透明性を向上させること，

3．情報インフラを利用することによって新規の事業を生み出すこと，IT産業の開発による新たな仕事を創出すること，

4．グローバル市場において競争優位をもちうる情報技術の項目を戦略的に選ぶことによって技術開発のための支援を集中させること．

3．国家的情報インフラの推進

韓国の情報インフラを推進させるために，政府の最初の仕事には国家のテレコミュニケーション・ネットワークを改善することが含まれていた．最初の仕事に対する政府の計画の主要な内容は情報コミュニケーション省により準備された1999年白書の中に述べられており，その白書で同省はサイバー・コリア21のコンセプトについて以下のように述べた．

光ファイバー・ケーブル，現存の銅線の加入者回線を利用したADSL（非対称デジタル加入者線方式），ケーブル・テレビ・ネットワーク，N-ISDN（ナローバンド統合デジタルサービス通信網），ワイアレスおよびサテライト・ネットワークなどのすべての国家資源をてこ入れすることによって加入者ネットワークを創設する．その結果として，一般大衆が2002年までに1.5から2Mbpsレベルの高速のサービスが手ごろなレートで享受できることになる（MIC 1999a：17）．

1999年の白書では，高速の加入者ネットワークを作るためにテレコミュニケーションのプロバイダーが求める投資に対し十分な支援をし，テレコミュニケーション市場において公正な競争が行われるようにその市場での競争を刺激するための必要な手段を政府が取ることが示されている．情報コミュニケーション省は，テレコミュニケーション・サービスのプロバイダーに競争環境を作り，新たな地元の電話サービスのプロバイダーを導入することによって早急に情報インフラを確立するよう民間投資を奨励する予定である（MIC 1999a：17）．

地元の電信サービスにおける競争構造に変化が見られた後，市場の競争が激

表14-1　2001年末における一世帯当たりの
　　　　ブロードバンド・インターネット浸透率の比較

国　名	韓　国	イギリス	アメリカ	日　本
浸透率（％）	54.3	0.8	13.1	6.3

出所：MIC（2002）.

しくなったのは，地元の電話サービス部門ではなく，インターネットのブロードバンド・サービス部門であった．市場の取り分を大きくするために，コリア・レコム，ハナ・テレコム，スルーネットなどのブロードバンドインターネット・アクセスのプロバイダーは投資を強化し，月およそ30ドルという手ごろなサービスレートを促進し，新しい加入者をひきつけるため，多様なマーケティング戦略を実施した．

　その結果，ADSLまたはケーブル・モデム技術を使用するブロードバンド・プロジェクトとLAN（ローカル・エリア・ネットワーク）技術を使う「サイバー・アパート」に急速な進歩が見られるにつれて，1999年の下半期から，高速の加入者ネットワークが早急に作られつつあった．テレコミュニケーション・ネットワークでの投資が強化されることによって，インターネット利用者の数が急激に伸び，マルチメディア関連の情報も広まった．2001年末の時点で，韓国のインターネット利用者の数は合計で24,380,000になり，7,810,000世帯がブロードバンド・サービスに高速アクセスをしていた．これは，その3年前の3,100,000人のインターネット利用者と14,000世帯がブロードバンド・サービスにアクセスしていたときから見ると劇的な伸びであった（MIC 2002：10）．韓国の一世帯当たりのブロードバンドの浸透率は，表14-1で見るように，2001年末までに世界でもっとも高いものになった．

　ここから政府の焦点は，韓国を世界一流のコンピュータが使える国として確立することへと移行した．このために，政府は，コンピュータの使用能力を証明する制度を有する全国規模の情報化教育のための計画を決定した．情報格差を埋めるために，情報化教育は，主婦や障害者や失業者にコンピュータ使用のトレーニングをすることによって広まることになるであろう．また，一人にパソコン一台という目標はコンピュータがいつでも比較的簡単にアクセスできる

表14-2　恵まれない層のインターネット利用者の増加率

（単位：％）

	1998	1999	2000	2001
50歳以上	1.2	1.0	4.9	20.7
高卒者	1.7	2.8	11.9	48.9
月収百万ウォン以下	5.0	8.3	24.5	36.0

出所：MIC（2002）．

環境づくりのために追求されることであろう．最後に，インターネットの利用を容易にするために，この計画にはインターネットに便利にアクセスできる環境を提供するような公共のインターネット広場の設置が含まれた（MIC 1999a：25）．

1999年の下半期に，情報コミュニケーション省は，市場価格の50％から70％の価格でパソコンを提供するという，いわゆる「インターネットPC」と呼ばれるプログラムに着手した．この努力の結果，パソコンの浸透率は2000年末には66％になり，3世帯に2世帯は少なくともコンピュータ一台を所有することになった（MIC 2000：36）．

情報格差を埋めるため，政府は韓国のすべての小学校，中学校，高等学校をブロードバンド・インターネット・サービスに接続し，一般大衆のためのインターネット・プログラムに経済的，または，身体的に恵まれない人々に必要な特別の取り計らいをした．その結果，恵まれないインターネットの利用者の数は，表14-2のように急速に伸びた．

また，政府は情報化社会への移行を促進するために，法律や規制を改善することに努力している．インターネット政府，電子ビジネス，遠隔学習などにかかわる約180の法律が2001年までに制定されるか，または，修正された．これらの方策の目的は，情報化社会にそなえて法体系の急速な変革を後押しすることであった．また，情報化社会の発展を妨げる法律や規制の改善が行われた．しかしながら，情報化社会を律する基本原則に対する深い法的な研究がまだ欠如しているように見える．したがって，政府は関連する全般的法律を改正する必要性を検討する必要があるが，その法律には，一般的な規制が情報化社会を律するために憲法，民法，商法，そして刑法が含まれる（MIC 2002：51）．

情報インフラを促進するためのもう1つの重要な仕事には，情報使用のための安全なシステム，そしてテレコミュニケーションに関連した健全な倫理づくりが含まれる．この仕事に対する政府の計画の主要な内容は1999年の白書に掲載されている（MIC 1999a）．

　国家の情報システムの安全性と信頼性を保証するためには，情報インフラの中に政府行政，経済，国家防衛，航空，輸送などの重要な領域に関する情報のあり方も検討する保護政策が打ち出されるだろう．情報の安全性を保証するための技術の開発は，インターネット上で流れる情報の安全性と信頼性が，暗号化システムの促進と開発に関する法律と規制を徹底的に見直し，適当な安全性の技術を開発することによって保証されるということが新たな焦点となるであろう．さらに，デジタルの署名保証システムがオンライン取引の安全と信頼性を確保するために実行されることになる．情報の安全性はまた，電子取引を促進する基盤づくりに必要であることが認められた．そして，インターネットによって入手される情報を規制しようとする中で，政府は卑猥で暴力的な資料を含むわいせつな情報が出回ることを，健全なテレコミュニケーション倫理を確立することによって防ごうとするだろう（MIC 1999a：28-9）．

　情報セキュリティの法的および制度的基盤が，デジタル署名法および情報インフラ保護法の制定と，情報とコミュニケーション・ネットワークの利用促進法の改正にあわせて整った．こうした立法上の準備にもかかわらず，政府がポルノと暴力に関するみだらな情報と認めるものがインターネット上で急速に広がった．詐欺，迷惑メール，ハッキングそしてコンピュータウィルスというオンライン上の行為もまた，より厳しい問題になっており，こうした行為を取締り，チェックすることを政府，インターネット企業および民間組織が行っているが，インターネット乱用と誤用を取り巻くこれらの蔓延する問題の発生を取り去ることができないでいる．

4．韓国全域にわたる生産性向上のための情報化

　サイバー・コリア21の2番目の主要な目的は，韓国全体の生産性向上のた

めに情報インフラを利用することであった．この戦略には2つの重要な仕事が含まれている．1つは，小さいが効率の良いデジタル政府を造ることであるが，これを達成するための数多くの手段が1999年版の白書に述べられている．

　情報技術が生み出す効率を極大化するためには，行政手続きを再工作し，そうすることによって知識型社会のニーズに応えなければならない．紙による書類システムから，デジタル権限を付与し，デジタル書類が配達される，紙を使わないデジタル文書化へと移行することによって，独自の知識管理システムを早急に確立することを政府は計画している．民間の行政サービスへのアクセスを調整し，改善するために，政府のすべての領域にわたるサービスが，1つのウェブサイトからのパスによって容易にアクセスできるように，すべての民間の機関と政府の省官庁のウェブサイトが，1つの多目的ポータル・サイト内に統合されることになるだろう．包括的な行政情報システムもまた，双方向性オンライン・サービスによって，一般大衆がどこにいようと証明書やその他のサービスの提供を可能にするために確立されることになるだろう（MIC 1999a：32-6）．

　政府におけるすべての行政上の手順が情報化されることにより，行政上の効率が向上するばかりでなく，電子政府のための強固な基盤もできあがることになった．たとえば，税関でのサービスの情報化は，輸出のための処理時間が1日以上かかっていたのを2分以内にまで短縮し，輸入については，2日以上かかっていたのを2時間半以内にまで短縮し，そして輸送コストを少なくとも年当たり5,000億ウォン削減することになった．オンライン・サービスの導入による調達の公的サービスの情報化は，書類を処理する時間を3日以上から30分以内に減少させることによって，生産性と透明性を高めた（MIC 2002：11）．

　しかしながら，公的部門の情報化は，政府の部，省，庁の情報の共有とシステム・ネットワーキングの欠如の結果，十分には実現していない．さらに，政府役人は，新しいオンライン行政システムについての情報を一般大衆に開示することに手間取っている．こうした欠点は，政府が情報技術を賢明に適用することによって，大衆への行政手続きやサービスの効率と効果を極大化するような動きをとるにつれ，改善のための注目を必要とする分野を浮かび上がらせて

いる.

　情報インフラによる国の生産性を向上させるための2番目の仕事は，知識管理システムを創出することによって，現存の製造およびサービス産業の生産性を改善することである．また，1999年版の白書では，この仕事の達成方法が詳しく述べられている．他の方策の中には，CALS（高速電子商取引）に基づくネットワークが調達と在庫費用削減をさせるため，2002年までに自動車，エレクトロニクス，そしてその他の6つの主要産業における，大手企業と中小の部品業者を結びつけることが入っている．産業界，大学，そして研究所のすべてが韓国ERP（企業資源計画）基準の開発と促進に参加することになり，これには政府が必要な資金，技術および専門家の指導をもって支援することになっている（MIC 1999a：40）．

　情報技術の適用は，費用削減や企業および国家の働きを向上させる動きが見られるにつれて，鉄鋼，エレクトロニクス，造船，自動車，および繊維などの主要な製造業にまで広がった．国内鉄鋼市場の70パーセントを占めるポスコ（Pohang Steel Company：POSCO）は，電子商取引システムの実施といった情報技術を適用することによって，年当たり2,300億ウォンも費用を削減した．金融機関は24時間にわたるバンキング・サービスを提供するため，情報およびコミュニケーション技術を活用した．現在，インターネット・ベースの銀行サービスに11,310,000人の加入者があり，金融のオンライン取引の人気は劇的に上昇した．株取引の全額の66.6パーセントが，2001年の12月の時点で，インターネット上で取引された（MIC 2002：11）．

　しかし，韓国の多くの企業は中小企業であり，情報技術の利用や適用は不十分である．これは，もっぱら，電子取引のための基盤が脆弱であるからだと思われるが，強化するには，標準化，ロジスティックの支援，法体系，そして調整と発展を可能にする特色を含める必要があるだろう．会計制度において，透明性が低いことや記録に残らない取引があることが，中小企業部門での情報およびコミュニケーション技術利用の広まりにさらなる障壁となっており，多くの小企業が電子取引を十分に利用できるように，このことが取り上げられる必要があるだろう[2]．

5．ビジネスと雇用の創造

　サイバー・コリア21の3番目の重要な目的は，情報インフラの利用とIT産業の発展によって，新たな仕事の機会を創出することである．1999年版の白書は，この目的達成のための政府プランの主要内容について述べている．インターネット・ベースの産業での成長が多くの新たな雇用機会を産むことになり，オンライン取引の利用を刺激することになることを認めるならば，個人情報保護のため，インターネットの安定性と信頼性が保証されなければならないだろう．政府は，業界レベルでのISP（インターネット・サービス・プロバイダー）事業の育成を計画しており，ISPの共同利用のためにインターネットの根幹をなすネットワークを拡張する方法として国際間の送信ネットワークの共同リースを促すつもりである．IP（情報プロバイダー）を促進するために，政府は，情報提供に対し発生したアクセス料金の一部を情報提供者に与えるつもりである．情報コミュニケーション省は，IP企業に，その立ち上げから製品の開発およびマーケティングに至るまでの支援をするシステムを構築することになるだろう．ITベンチャー企業を振興するためには，大学のベンチャー企業家に対し，政府のより大きな援助がなければならないし，ベンチャー企業設立にかかわる手順が簡素化されなければならない．文化産業育成には，政府は，ビデオやアニメの新事業に使えるベンチャー・キャピタル資金を増やすことになるだろう（MIC 1999a：44-9）．

　インターネットをビジネスに適用することを支援する企業とともに，インターネットを支援したり，または利用する製品群は急速に成長し続けるだろう．2001年には，252,865人がインターネット部門で雇用され，この部門で発生した総収入は，およそ600億ドルにのぼった．（Jo et al. 2002：40, 45）

　明らかに，IT産業は，他の産業の競争力の向上を可能にし，韓国経済の成長に多大な貢献をする．1997年以来，年平均18.8パーセントの成長率を維持しながら，IT産業は，1997年後半に韓国を襲った金融危機克服と国民経済の再活性化に重要な役割を果たしてきている．IT産業の生産は，金額にするとお

よそ1,200億ドルであり，2001年のGDPの12.9パーセントになる．IT部門の労働者の数は1997年に101万人から2001年の116万人にまで増えた．2001年12月の時点で，5,073社が韓国のすべてのベンチャーの44.5パーセントに当たるITベンチャーを追求していた（MIC 2002：12）．

6．技術開発と輸出

　サイバー・コリア21の4番目の目的は，戦略的情報技術品目を選ぶことによって，技術開発を支援することであった．この点で，1999年版の白書は，この目的のための政府の計画の主要な点を述べている．情報コミュニケーション省は，関連産業をWTOと合致したやり方で戦略的な輸出産業として育成するためデジタルTVの早期の放送を働きかけることになるだろう．このことはまた，主要先進国のテレコミュニケーションと放送との間の国際的収斂傾向に韓国が技術的に対応するのに役立つことになるだろう．韓国は，2000年にテスト放送を行い，2001年には完全なデジタル放送を行うために，VS基準，すなわちATSCを暫定的に採用することになるだろう（MIC 1999a：51）．

　2001年までにIT製品のシェアは全輸出の26.8パーセントまで増加した（MIC 2002：12）．主要な輸出品の中には，半導体，TFT-LCD（液晶ディスプレイ）と携帯電話が入っている．携帯電話の輸出は，1997年の4億4千600万ドルから2000年の55億ドルにまで増加した（KISDI 2002：59）．しかしながら，デジタルTVの国内の売上高は，デジタルTV関連産業に対する効果を評価するにはまだ早すぎる．

　2000年に韓国政府は，2000年の技術開発プロジェクトのために174の基本的な中核となる技術を指定し，次世代インターネット，光テレコミュニケーション，デジタル放送，ワイヤレス・コミュニケーション，そしてコンピュータのハードおよびソフトウェアの分野で，技術上の競争優位を獲得するため，およそ1億2千500万ドルを投資した．第四世代の移動コミュニケーション技術の標準化により，多くの国がこの分野での技術開発を行うことになっているだろう．これに応えて，韓国は，長期に焦点を合わせた最先端の技術を選ぶこと

によって，次世代の移動コミュニケーションのための技術開発計画を準備する必要がある．

7．おわりに

　韓国は，国民が国のいたるところでインターネットのブロードバンドにアクセスできるように，高速テレコミュニケーション・ネットワークを構築することに成功した．入念で広範囲にわたる政府主導の努力にもかかわらず，生産性の水準と透明性を高めるというような情報化の効果は，期待された水準まで到達していない．これは主として，社会システムと時代遅れの慣行の見直しが不完全なことと，ビジネスの手順の再構築が不十分であることに起因する．こうした仕事は確かに大掛かりな仕事であり，おそらく一夜にして十分に実施することはできない．たとえそうだとしても，将来の情報化政策は，情報化プログラムのプラスの効果を高めるために，政府，民間部門および個人を含め，社会のすべての部門において情報技術の利用を極大化する能力を高めることばかりでなく，法的および制度改革にも，よりいっそう重視する必要があるだろう．

　大きな社会的，政治的および経済的な機能が情報システムとテレコミュニケーション・ネットワークに大きく依存しているため，大規模な情報テレコミュニケーション施設がサイバーテロ行為によって攻撃される可能性は増す．より多くの人が，情報入手のためインターネットに頼るようになっているので，情報保障のための基盤が確立される必要がある．このように，サイバースペースの安全性と信頼性を保障するため，よりいっそうの努力をするべきである．

　サイバー・コリア21の戦略は，韓国における経済的，政治的，社会的生活の情報化にとっての国家的政策のガイドラインとして役立ってきた．本章で議論してきたように，この戦略が採用されてからの最初の4年間，情報技術のインフラを確立するために多くのことが達成されている．しかし，新しい技術が絶え間なく開発され，そして創造的可能性が情報技術の範囲を拡大していることを考えれば，まだやることはたくさんある．サイバー・コリア21で明確にしているように，ITはこの技術開発が大きく進歩している時代に，韓国という国家

にとって重大な発展と韓国経済の反映のための機会を提供している．

(訳・林田博光)

注
1) 2002年6月に韓国の最近の情報化政策を議論するため，第2回OECDのブロードバンド・ワークショップがソウルで開催された．
2) エコノミスト紙とプライスウォーターハウスクーパース（米国の大手会計事務所）によれば，韓国は2001年3月では，国家の透明性においては35ヶ国のうち最下位から5番目にあり，会計および管理においては最下位であった．

参考文献

Jo, Dong-Gi et al. (2002), *2001 survey on the Internet Industry in Korea (in Korean)*, Seoul, Korea : Korea Information Society Development Institute (KISDI).

Korea Information Society Development Institute (KISDI) (2002), *IT Industry Outlook of Korea 2002*, Seoul : KISDI.

Ministry of Information and Communication (MIC) (1999a), *The 1999 White Paper : CYBER KOREA 21*, Seoul : MIC.

Ministry of Information and Communication (MIC) (1999b), *Information and Communication : White Paper (in Korean)*, Seoul : MIC.

Ministry of Information and Communication (MIC) (2000), *Information and Communication : White Paper (in Korean)*, Seoul : MIC.

Ministry of Information and Communication (MIC) (2002), *e-Korea Vision* 2006, Seoul : MIC.

索　引

ア行

アメリカ
　二国間投資協定と—— ……………… 83
　コーポレート・ガバナンス ………… 155
　東北アジアにおける秩序の進展と——
　　………………………… 5, 7-9, 9-10
　　　地政的展望 …………… 10-11
　　金融システム ……………………… 155
　　　規制緩和 ……………………… 171
　　自由貿易協定と—— ……………… 77
　　——における革新（イノベーション）
　　……………………………………… 309
　　韓国の軍事政府 ………………… 266
　　サービス部門 …………………… 92
新しい国際秩序，韓国と—— …3, 4-9, 14
新しい町（セマウル）運動 ………… 202
アルゼンチン ……………………………… 78
アレン・F.（Allen, F.）……………… 166
安全問題，食品の安全性の強化… 198-199
アン・チュンヨン（Ahn, Choong Yong）
　………………………………………… 41, 60
アン・チョンボム（An, Chong-Bum）… 63
イ・インシル（Yi, Inshill）………… 41, 47
イ・ウンドク（Lee, Won-Dudck）…… 241
イ・K.-K.（Lee, K.-K.）……………… 57, 64
イ・チョルギ（Lee, Chul-Gi）………… 7
イ・ヨンヒョン（Lee, Young-Hyung）… 7-8
イ・ヨンソン（Lee, Young-Sun）……… 27
イギリス，——における金融システムの規
　制緩和 ………………………………… 171
イノベーション ………………………… 297
　——のシステムの改善 ……… 304-309
インターネット ……… 300, 318-320, 323

インドネシア ……………………… 13, 143
　対内投資
　　製造業部門 …………………… 137
　　サービス部門 ………………… 141
ウィリアムソン・ジョン（Williamson, John）
　……………………………………………… 58
ウェストファル・ラリー E.（Westphal,
　Larry E.）……………………………… 44
ウェルス・L.（Wells, L.）…………… 144
エネルギー部門 ………………… 211-232
　石炭 …………………… 213, 216-217, 229
　発電分野 ………………………… 222-223
　輸入 …………… 211, 220-221, 226-227
　——調達と配分 ………………… 217-220
　天然ガス ……… 215, 220-221, 226-227
　石油 …………………………… 214-215, 220
　調達のための戦略 …………… 223-230
　構造変化 ………………………… 217-223
援助プログラム
　韓国と北朝鮮 …………………… 19, 20
　国際的 ……………………………… 31
オーストラリア，——における対内投資
　認可政策 ……………………… 135-136
　サービス部門 ………………… 141
欧州連合（EU）
　自由貿易協定と—— ……………… 77
　単一通貨 …………………………… 79
卸売部門 ……………………… 102-106, 107

カ行

海外投資（対内投資）… 56-57, 133-153
　認可政策 ……………………… 134-136
　——の誘致 ……………………… 61
　——の管理 …………… 43, 143-144, 146

328

自由化 ･････････････････････････ 90, 133
東アジア諸国は韓国のお手本に倣う
　　　････････････････････････143-149
　　──に対する反対 ･･････････････ 148
　　制約を乗り越える ･･･････ 149-151
　　部門と資本の制限 ･･････････ 136-142
解雇 ･･････････････････････････････ 253
科学 ･･････････････････････････････ 61
核兵器 ････････････････････････････ 35
ガス産業 ･･･････ 215, 220-221, 226-227
課税 ･･････････････････････････････ 107
　　エネルギー部門と── ････････ 219
　　福祉制度と── ････ 276-277, 285-286
　　カナダ，──との農業貿易 ･･･････････ 198
ガバナンス，コーポレート ･･････････ 155
　　韓国のチェボル（企業）── ･････ 59-60,
　　　　124-125
カベス・リチャード E.（Caves, Richard E.）
　　････････････････････････････････ 95
環境問題 ････････････････････ 84, 226
韓国開発銀行 ････････････････････ 173
韓国経営者連盟（KEF）････････ 242, 247
韓国銀行 ････････････････････････ 51
韓国公正取引委員会 ･･････････････ 119
韓国第一銀行 ･･････････････････ 51, 52
韓国と北朝鮮の関係 ･･･････ 3, 6-7, 11, 14
　　経済的展望 ･････････････ 11, 19-37
　　　　援助･･････････････････ 20, 22
　　　　歴史 ･････････････････････ 20
　　　　投資 ･･････････ 20-22, 29-31, 34
　　　　見通し ･････････････････ 31-36
　　　　貿易 ･･････････････ 19, 20-29, 35
韓国投資オンブズマン ･･････････････ 137
韓国の憲法 ･･････････････ 252, 267, 270
韓国民主労働組合総連盟(KCTU) ･･････ 243,
　　　　244, 245, 247, 248
韓国労働組合総連盟（FKTU）････ 241, 242,
　　　　247, 248
カン・チャンヨン（Kang, Chang Yong）
　　･･････････････････････････････196
企業部門

ガバナンス ･････････････････････ 155
　　韓国の，チェボルを参照
規制緩和と自由化 ･････････････････ 85
　　農業 ････････････････････････ 197
　　東アジア諸国は韓国のお手本に倣う
　　　････････････････････････143-149
　　教育 ･･･････････････････････ 303
　　エネルギー部門･･･････････ 222, 223-225
　　金融部門 ･･･････････････ 171, 172-174
　　海外からの投資（対外投資）･････ 90, 133
　　──に対する反対 ･･････････ 147-148
　　制約を乗り越える ･･･････ 149-151
　　サービス部門取引 ････････････ 89-108
　　　流通サービス ･･･････ 102-106, 107
　　　進化 ･･････････････････ 90-92
　　　生産性への影響 ･･･････ 95-102, 106
　　　サービス取引の最近の傾向 ････ 92-94
技術 ････････････････････････ 61, 84
　　情報と通信技術（ICTs）･･･････294-296,
　　　　298-301
技術開発と輸出 ･･････････････ 324-325
北朝鮮
　　地政的展望 ･･････････････ 10-11
　　核能力 ････････････････････ 10
　　貧困の落とし穴 ･･･････ 27, 31-32
　　韓国と北朝鮮の関係も参照
基準，農業 ････････････････ 197-198
技能 ･･････････････ 296-297, 301-304
キム・ギファン（Kim Kihwan）･･････ 41
キム・ギファン（Kim Gi-Hwan）･･････ 13
キム・グァンスク（Kim Kwang-Suk）･･･ 97
キム・グァンホ（Kim Kwan-Ho）････ 78
キム・J.（KI m, J.）･･････････ 278, 279
キム・ジュフン（Kim Joo Hoon）･･･41, 55
キム・ジュンドン（Kim June-Dong）･･･ 107
金正日（Kim Jong-il）･････････････ 6
金大中（Kim Dae-jung）･･･ 6, 60, 119, 244,
　　　　264, 281
金泳三（Kim Young Sam）･･････42, 150, 151,
　　　　243
休日･･････････････････････ 257, 258

索　引　329

競争
　　銀行部門 ……………………… 160-161
　　エネルギー部門……………………… 223
競争力, 農業 ……………………… 195-197
キョンイ鉄道……………………………… 22, 28
教育 ……………………………… 62, 65, 74
　　生涯学習 ……………………… 296, 304
　　改革 ……………………………… 301-304
銀行部門……………………… 51, 157, 160-161
　　チェボル（企業）と—— ……… 116-117
　　——における競争 ……………… 172-174
　　企業構造と—— ………………… 162-165
　　規制緩和 ………………………… 172-174
　　総合銀行主義モデル …………… 169-172
　　健全性規制 ……………………… 174-175
金融危機（1997年）……………… 64, 89, 119
　　——の原因としての国家介入 … 46-50, 159
金融部門 …………………………………… 51
　　チェボル（企業）と—— ……… 116-117
　　規制緩和と自由化 ……… 171, 172-174
　　——の進化 ……………………… 162-165
　　——における対内投資 ……………… 142
　　——における政府介入 …………… 42-43
　　改革 ……………………… 155-158, 165-168
　　　　規制緩和と競争促進 ……… 172-174
　　　　制度的背景の改善 ………… 168-169
　　　　健全性規制 ………………… 174-175
　　　　総合銀行主義 ……………… 169-172
　　——における弱点 ……………… 158-161
　　金融部門；証券市場も参照
クォン・オユル（Kwon, O. Yul） … 41, 43, 44, 47, 49, 196
クムカン山 ………………………………… 32
組合, 労働組合を参照
クラウス・ローレンス B.
　　（Krause, Lawrence B.） …………… 41
クリスタル・J.（Crystal, J.） ………… 147
クルグマン・ポール（Krugman, Paul）
　　………………………………………… 293
グロバーマン・スティーヴ
　　（Globerman, Steve） ………………… 95
グローバル化, ——への韓国の対応 …… v
　　経済政策枠組み ………………… 54-64
クロッティ・J.（Crotty, J.） ……… 57, 64
経済企画院 ………………………………… 45
経済協力開発機構（OECD）…… 48, 59, 89, 116, 151, 158
経済成長と発展 ……………… 71, 116, 263, 267-268, 293
　　エネルギーおよび—— …………… 213
　　金融システムと—— ……………… 167
　　貿易と—— ……………………… 72-76
　　知識型経済も参照
経済政策枠組み ……………………… 41-66
　　グローバル化と—— …………… 54-64
　　1997年金融危機以前の—— …… 42-45
　　経済政策パラダイムにおける転換
　　……………………………………… 50-54
　　危機の原因としての国家介入 … 46-50
経済的安定と安全保障 …… 11-14, 14-15
携帯電話 ……………………………… 299-300
ゲソンコンビナード …………………… 22, 28
研究と開発 ……………………………… 305
　　農業 ……………………………… 199-200
健康医療 ……………………………… 269, 271
小売部門 ……………………… 102-106, 107
高齢化社会 ……………………………… 274-275
国家, 政府と国家を参照
国際決済銀行（BIS）…………………… 175
国際通貨基金（IMF）…… 51,53,54,121,159
国際貿易, 貿易を参照
コンクリン・D.（Conklin, D.）……… 148

サ行

財政赤字と負債 ………………………… 275
サイバー・コリア21のコンセプト
　　……………………………………… 315-326
　　ビジネスと雇用の創造 ………… 323-324
　　全域にわたる生産性向上 …… 321-323
　　国家的情報インフラと—— …… 317-320
サービス部門

対内投資 ……………… 140, 141-142
貿易の自由化 ……………… 89-108
　流通サービス ………… 102-106, 107
　進化 ……………………… 90-92
　生産性への影響 ……… 95-102, 106
　サービス取引の最近の傾向 … 92-94
知識型経済も参照
サマーズ・ローレンス H.
　（Summers, Lawrence H.）………… 58
三者協議主義 ……………… 242-247
市場参入，農業 …………… 204-205
持続可能な発展 ……………… 57-64
資本 ……………………………… 164
　健全性規制 ……………… 174-175
社会インフラ（基盤）
　ダイナミックな情報インフラ（基盤）の
　　開発 ……… 295-296, 298-301, 315
　制度上の
　　金融部門改革 ………… 168-169
　　知識型経済と── ……… 297-298,
　　　　　　　　　309-310, 317-320
　社会的 ………………………… 61
社会的インフラ（基盤）……………… 61
社会的間接資本（SOC）………… 29-30
社会的発展計画 ……………… 62-64
社会福祉，福祉制度を参照
ジャ・スンヒ（Jwa, Sung-Hee）
　……………………… 41, 47, 159
自由化，規制緩和と自由化を参照
自由貿易協定（FTAs）………… 77-78, 82
　農業と── ……………… 200-201
収入
　農業と── ……………………… 185
　──の配分 ……………………… 63
　福祉政策と── ………… 278-279
失業 ……………… 61, 62, 272, 273
　保険制度 ……………… 271, 280-281
出入国管理 ……………………… 61
生涯学習 ……………………… 296, 304
情報と通信技術（ICTs）……… 294-296,
　　　　　　　　　　　　298-301

情報社会，知識型経済を参照
食品の安全 ……………………… 201
食品の安全性 ……………… 198-199
江沢民（Jiang Zemin）………………… 8
ジョ・スンウク（Joh, Sung Wook）… 47
ジョン・グヒョン（Jung, Ku-hyun）… 41, 60
ジョン・チャンゴン（Jeon, Chang-Gon）
　……………………………… 198
シンガポール ……………………… 13
　対内投資 ……………………… 145
　認可政策 ……………………… 134
　自由貿易協定と── ……………… 77
　──のサービス部門 ……………… 92
人口，人口統計の変化を参照
新制度派経済学（NIE）………… 124, 162
スターン・ジョセフ D.（Stern, Joseph D.）
　………………………………… 44
スティグリッツ・ジョセフ
　（Stiglitz, Joseph）………………… 58
スーパーマーケット ………………… 103
スミス・ヘザー（Smith, Heather）…… 44
就労時間 ………………………… 56
証券市場 ……… 161, 162, 165, 169-170
　規制 171
人口統計学的変化 ………… 56, 61, 65
　高齢化社会 ……………… 274-275
信用 ……………………………… 161
生産性
　知識型経済と── ……… 321-322
　サービス部門取引の自由化と──
　　……………………… 95-102, 106
　製造業部門 ………………… 89-90
　対内投資 ……………… 137-140
　サービス部門の自由化と── ……… 102
制度
　金融部門改革 ……………… 168-169
　知識型経済と── … 297-298, 309-310,
　　　　　　　　　　　　317-320
　新制度派経済学（NIE）………… 124, 162
政府と国
　財政赤字と負債 ……………… 275

チェボル（企業）と—— ……… 46-51,
　　　　　　　　　　　　56, 64, 116-124,
　　　　　　　　　　　　156, 158-159
　　独占禁止法 ………………………… 120
　　関係分析のための一般的枠組み
　　　　　　　　　　　　　　　124-127
　　産業政策サイクル ………… 117-118
　　貸付管理システム ………………… 119
　　改革……… 53, 54, 120-122, 127-129
　　——による経済的介入 ……… 42-43
　　1997年の金融危機の原因としての——
　　　　…………………… 46-50, 159
　　1997年以前の政策の成功 …… 44-45
　　教育と—— ……………………… 302-304
　　エネルギー政策 ………………… 217-223
　　グローバル化時代と—— …………… 59
　　イノベーションと—— ……… 304, 309
　　知識型経済と—— ……………… 318-319
　　労働市場と—— ………………… 241-242
　　　　労使関係 ……………………… 247
　　　　三者間 ………………… 242-247
　　社会福祉，福祉制度を参照
世界銀行 ………………………………… 44, 58
世界貿易機関（WTO）……… 3, 55, 59, 89
　　農業と…… 181-182, 195, 203-207
　　中国の——への加盟 …………… 79-80
　　交渉 ………………… 76-77, 80-81, 107
石炭 ………………… 213, 216-217, 229
石油 ………………… 214-215, 220
セマウル（新しい町）運動 ……… 202
全国経済人連合会（FKI）………… 29, 247
総合銀行主義モデル ………… 169-172
　　健全性規制 ……………………… 174-175
ソビエト連邦，ロシアを参照
ソン・チャンヒョン（Song, Chan-Hyun）
　　……………………………………… 74

タ行

タイ ………………………………………… 143
　　対内投資

——に関する統制 ………… 147-148
　　製造業部門 ……………………… 140
　　サービス部門 …………………… 142
　　対内投資認可政策 ……………… 136
ダイヤモンド・D.（Diamond, D.）…… 166
太陽政策 ………………………… 29, 32-34
台湾，——における対内投資 ………… 145
　　認可政策 ………………………… 136
　　製造業部門 ……………………… 137
　　サービス部門 …………………… 141
ダヌエル・J.（Daneels, J.）………… 147
団体交渉 ……………………… 248-250
地域主義 ……………………… 12-14
　　エネルギー部門と—— ……… 225-226
　　自由貿易協定（FTAs）…… 77-78, 82-83
チェ・カンシク（Choi, Kang-Shik）… 241
チェ・ナッギュン（Choi, Nakgyoon）… 80
チェコ共和国 …………………………… 78
チェボル（企業）…………………… 115
　　企業統制システム ………… 125-126
　　コーポレート・ガバナンス …… 59, 124
　　金融部門の進化と—— ……… 162-165
　　財政構造 …… 46-48, 60, 119, 120-121
　　——の形成 ……………………… 116
　　政府介入と——……… 46-50, 58, 64,
　　　　　　　　116-124, 156, 158-159
　　独占禁止法 ……………………… 120
　　——分析のための一般的枠組み
　　　　………………………… 124-127
　　貸付管理システム ……………… 119
　　改革……… 53, 54, 120-122, 127-129
　　——におけるイノベーション　304-305
　　北朝鮮への投資 ………………… 29
　　——の台頭 ……………………… 117
　　構造的問題 ……………… 118-119
チェボル（企業）の財政構造
　　………………… 47-48, 60, 120-122
知識型経済 ……………………… 293-311
　　——への韓国の移行評価 …… 298-310,
　　　　　　　　　　　　　　298-301
　　サイバーコリア21コンセプト… 315-326

事業と雇用の創出 ………… 323-324
　　生産性全般の向上 ………… 321-323
　　国家の情報インフラと―― … 317-320
　　技術開発と輸出 …………… 324-325
　ダイナミックな情報インフラ
　　……………………………… 295-296
　枠組み ……………………… 294-298
　人的資源 …………… 296, 301-304
　イノベーションシステムと――
　　……………………… 297, 304-309
　制度的基盤（インフラ）……… 297-298,
　　　　　　　　 309-310, 317-320
チャ・ドンセ（Cha, Dong-Se）… 41, 44, 46
チャン・ハジュン（Chang, Ha Joon）… 44
中国 …………………………………… 143
　WTOへの加盟 …………… 79-80, 181
　――農業への ………………………… 181
　――の経済 …………………………… 55
　北東アジアにおける秩序の進展と――
　　………………………………… 5, 7, 8, 9
　　地政的展望 ………………………… 10
　製造業部門における対内投資 ……… 137
　自由貿易協定と―― ………………… 77
仲裁と調停 …………………………… 250
朝鮮戦争 ……………………………… 266
朝鮮半島エネルギー開発機構（KEDO）
　………………………………………22, 30
朝鮮半島の地政学 ………… 3-4, 10, 14
貯蓄 …………………………………… 56
チョン・インギョ（Cheong,Inkyo）…… 82
賃金 ………………………… 253-255, 270
チリ，自由貿易協定と―― ……… 82, 201
デジタル・デバイド …………………… 57
デーウ（Daewoo）…………………… 52
テレコミュニケーション，――における対
　内投資 ……………………… 141-142
天然ガス …… 215-216, 220-221, 226-229
ドイツ ………………………………… 28
　金融部門 …………………………… 158
倒産 …………………………………… 121
投資 …………………………………… 56

二国間投資協定（BITs）… 77-78, 82-83
海外の，海外投資（対内投資）を参照
韓国と北朝鮮の関係 …… 19-20, 20-22,
　　　　　　　　　　　　　29-30, 35
　問題と改善のための提案 …… 29-30
　北朝鮮のなすべき課題 ……… 30-31
証券市場 ……………………………… 161
独占禁止法 …………………………… 120
特許 …………………………………… 305
ドーハ開発アジェンダ（DDA）… 76-77, 81
ドラジェン・アラン（Drazen, Allan）… 63
トムセン・S.（Thomsen, S.）…… 140, 144

ナ行

二国間投資協定（BITs）… 77-78, 82-83
ニッケル・スティーブン J.
　（Nikell, Stephen J.）………………… 95
日本 …………………………………… 266
　二国間投資協定と―― ……………… 83
　東北アジアにおける秩序の進展
　　………………………… 5, 7-9, 9-10
　金融部門 …………………………… 158
　対内投資 …………………………… 145
　　認可政策 ………………………… 135
　　製造業部門 ……………………… 137
　　サービス部門 …………………… 141
　自由貿易協定と―― …………… 77, 82
　――のサービス部門 ………………… 92
農業 ……………………………… 181-208
　挑戦と戦略 ………………… 195-201
　　規制緩和と自由化 ……………… 197
　　基準の実施 ……………………… 197
　　食品の安全性の強化 ……… 198-199
　　競争力の増進 …………… 195-197
　　輸出の増加 ……………… 200-201
　　研究開発投資の増加 ……… 199-200
　　活力のある農村の整備 …… 202-203
　――における対内投資 …… 142-143
　市場参入 …………………… 204-205
　貿易 ………………………… 193, 197, 201
　過渡期（1990-2000年）における――

　　　　　　　　　　………………………… 182
　　WTO交渉 …………… 181, 182, 203-207
　農村地域，農業と活力ある農村の整備
　　　　　　　　　　………………… 202-203
　年金 ………………………268-269, 270-271,
　　　　　　　　　　　274, 280, 286-287
　盧泰愚（Roh Tae-woo）………………… 20

　　　　　　　　ハ行

　バイオ技術 ………………………………… 200
　配分問題 …………………………………… 63
　　　福祉政策と―― ……………… 278-279
　朴正煕（Park Chung Hee）…………… 158
　パク・ハワード（Pack, Howard）…… 44
　パク・ジュンギョン（Park, Joon-Kyung）
　　　　　　　　　　……………………………97
　パク・ジンド（Park, Jin Do）………… 207
　発電分野 …………………………… 222-223
　東アジア戦略報告書（EASR）………… 7
　ビショップ・B.（Bishop, B.）…… 144, 150
　ヒュンダイ・グループ（Hyundai Group）
　　　　　　　　　　………………………32, 60
　ピョンヤン首脳会談（2000年）………… 6
　品質問題，農業 ………………… 196, 198
　貧困 ……………………………… 63, 267, 273
　　　公的支援 …………………… 279-280
　ファン・ウイソ（Hwang, Eui-Suh）… 5
　フィッシャー・B. S.（Fisher, B. S.）…195
　フィリピン ……………………………… 143
　　　対内投資 ………………………… 147
　　　　サービス部門 ………………… 142
　　　対内投資認可政策 ………… 134-135
　フォン・P.（Fong, P.）………………… 145
　福祉制度 ………………… 63-64, 263-288
　　　予算配分 ………………………… 278
　　　予算と計画 ………………… 276-281
　　　社会福祉への需要の変化 …… 263-264,
　　　　　　　　　　　271-275, 282-283
　　　資金調達の原則 …………… 283-285
　　　福祉政策の歴史的発展 …… 265-271
　　　所得分布と―― ……………… 278-279

索　引　333

　福祉予算の国際比較 ………… 276-277
　新福祉の枠組み ………………… 281-285
　生産的な福祉政策 ……………… 281-282
　制度の改革 ……………………… 285-287
　課税と―― …………… 276-277, 285-286
文化 ……………………………………… 57, 61
ベール・A.（Bell, A.）………………… 147
貿易 ………………………………………… 71-86
　農業… 185, 192-193, 195, 197, 200-201
　21世紀における挑戦と機会 …… 76-80
　　　中国のWTOへの加盟 ……… 79-80
　　　自由貿易協定と二国間投資協定
　　　　　　　　　　…………………… 77-78
　　　ユーロの導入 ……………………… 79
　　　WTOのドーハ宣言 ………… 76-77
　エネルギー部門の輸入 … 211, 212-217
　　　　　　　　　　　　226-230, 231
　自由貿易協定（FTAs）…… 77-78, 82
　　　農業と―― ……………………… 201
　将来アジェンダ ………………… 80-85
　韓国と北朝鮮…… 19-20, 20-29, 34-35
　　　特徴 …………………………… 23-26
　　　将来の見通し ……………… 28-29
　　　停滞の理由 ………………… 26-27
　　　増大させる方法 …………… 27-28
　保護主義 ……………… 42, 48-49, 53
　サービス部門の自由化 ………… 89-108
　　　流通サービス …………… 102-106
　　　進化 ……………………………… 90-92
　　　生産性への影響 ………… 95-102
　　　サービス部門での最近の傾向… 92-94
　発展過程における貿易のパフォーマンス
　　　　　　　　　　………………… 72-76
保護主義 ……………… 42, 48-49, 53
補償 ……………………………… 253-255
ボリス・エリツィン（Yeltsin, Boris）…… 8
ボールドウィン・R.（Baldwin, R.）…… 13
ボレンツテイン・E.（Borensztein, E.）
　　　　　　　　　　…………………………… 95
ホンコン ………………………………… 299
ホン・ドンピョ（Hong, Dong-pyo）… 55

マ行

マクドナルド・C.（Macdonal, C.）...... 147
マレーシア 143
　　——の金融部門 147
　対内投資
　　認可政策 136
　　サービス部門 142
　民営化 141
　　エネルギー分野 222, 223
民間サービス 259, 321
メディアと放送，——における対内投資
　.................................... 141
モラン・T.（Moran, T.）...... 140, 144, 149
文盲率 301

ヤ行

友人びいき 161
輸送 28
　　——における対内投資 141
ユ・チョルホ（Yoo, Chul Ho）...... 192, 203
ユン・ドクリョン（Yoon, DeokRyong）... 27
余暇 56

ラ行

リヴェラーバティズ・フランシスコ L. ならびにルイス A.（Rivera-Batiz, Franciso L. and Luis A.）.................... 95
リム・B.（Lim, B.）............ 278, 279
リム・L.（Lim, L.）................ 145
流通サービス 102-106, 107
両国の統一 9, 14, 15
臨時労働者 258
ルクロウ・D.（Lecraw, D.）.......... 148
労使関係 237, 238-250, 257
　概観 247-250
　最近の展開 238-247
　労働組合 238-241
労働組合 238-241, 246, 247, 258-259
　団体交渉 247-250
労働時間 255-257, 258
労働市場 43, 49, 54, 60
団体交渉 247-250
経済再編（1998年から今日）... 244-247
　　——における政府の介入 241-242
労使関係 237, 238-250, 257
　概観 247-250
　最近の展開 238-247
　労働組合 238-241
産業化と—— 74
非融通性 108
知識型経済と—— 296
労働基準 ... 237, 238, 250-257, 257-259
　補償 253-255
　解雇 253
　従業員の基本的な権利 252
　枠組み 252-257
　歴史的展開 250
　労働時間 255-257, 258
非正規の労働力 258
改革 61
労働組合 246, 247, 258-259
　団体交渉 247-250
三者協議主義 242-247
労働市場における女性 61
労働争議 239, 243
仲裁と調停 250
ロシア
　ソ連の崩壊 6
　エネルギー分野 226
　東北アジアにおける秩序の進展と——
　　.......................... 5, 7-9
　地政的展望 10-11
　——への投資 78
ローゼン・D.（Rosen, D.）............ 148

ワ行

ワシントン・コンセンサス（Washington Consensus）........................ 58

編者紹介

クォン・オユル教授は1996年からグリフィス大学で韓国研究の韓国国際交流財団講座を開いている．またグリフィス大学のオーストラリア韓国研究センターの理事である．グリフィス大学就任前，クォン博士はカナダ，レジーナ大学の教授，および同大学の北東アジア研究所理事を務めた．クォン教授は著書ならびに査読付きジャーナルやビジネス誌での論文，書籍，新聞誌上でのスペシャルコラムを数多く発表している．最近の研究テーマは韓国経済，国際経済関係ならびに国際ビジネスに向けられている．

ジャ・スンヒ博士は韓国，ソウルに本拠地を置く一流の民間シンクタンクである韓国経済研究院（KERI）の院長である．また韓国開発研究院（KDI）と長年活動を共にしてきており，種々の大統領委員会のアドバイザリーメンバーを務めている．ジャ博士は数多くの著書，書籍，ジャーナル論文，新聞誌上でのスペシャルコラムを含め，韓国経済に関する発表を広く行っている．UCLAから経済学博士号を授与されている．

イ・ギョンテ博士は2001年からフランス，パリに本部を置くOECDの韓国大使を務めている．大使としての現職就任前，イ博士は韓国対外経済政策研究院院長ならびに韓国産業研究院副院長を務めた．また韓国政府の財政経済部に勤め，種々の大統領ならびに閣僚委員会のアドバイザリーメンバーを務めた．イ博士は韓国経済に関する著書，書籍，ジャーナル論文を数多く発表している．ジョージワシントン大学から経済学博士号を授与されている．

執筆者紹介

アン・チョンボム
　韓国成均館大学校，経済学教授

バン・キヨル
　韓国エネルギー経済研究所，上級研究員

バーニー・ビショップ
　オーストラリアグリフィス大学，上級講師

チャン・スクイン
　韓国産業研究院，研究員

チェ・クァン
　韓国外国語大学校，経済学教授

チェ・ナッギュン
　韓国対外経済政策研究院，上級研究員

チョン・ウジン
　韓国エネルギー経済研究所，研究員

ハン・グァンスク
　韓国経済研究所，研究員

カン・ジュング
　韓国対外経済政策研究院，研究員

キム・ゾンイル
　韓国東国大学校，経済学教授

キム・ジュンドン
　韓国対外経済政策研究院，研究員

イ・ビョンフン
　韓国中央大学校，社会学教授

イ・ウォンドク
　韓国労働研究院，所長

イ・ヨンソン
　韓国延世大学校経済学，教授

イム・ゾンチョル
　韓国ソウル国立大学，名誉教授

ベ・クァンソン
　韓国産業研究院，所長

パク・ホン
　韓国産業研究院，上級研究員

ノ・ジェボン
　韓国対外経済政策研究院，上級研究員

ソン・サンヨン
　韓国情報社会開発研究所，事務長

ユ・チョルホ
　韓国農村経済研究院，上級研究員

ユン・チャンボン
　韓国情報社会開発研究所，所長

ユン・ドックリョン
　韓国対外経済政策研究院，研究員

訳者紹介

奥本　勝彦　　中央大学企業研究所研究員
　　　　　　　中央大学商学部教授

林田　博光　　中央大学企業研究所研究員
　　　　　　　中央大学商学部教授

山本　慎悟　　中央大学企業研究所研究員
　　　　　　　中央大学商学部准教授

芦澤　成光　　中央大学企業研究所元客員研究員
　　　　　　　玉川大学経営学部教授

所　　伸之　　中央大学企業研究所元客員研究員
　　　　　　　日本大学商学部准教授

金　　貞明　　中央大学企業研究所元準研究員
　　　　　　　光州大学校言論広報大学院講師

金　　貞姫　　中央大学企業研究所準研究員
　　　　　　　中央大学大学院商学研究科博士課程後期課程

姜　　京守　　中央大学企業研究所準研究員
　　　　　　　中央大学商学部兼任講師

グローバル時代の韓国新経済戦略

中央大学企業研究所翻訳叢書　11

2008年3月30日　初版第1刷発行

監訳者　　奥本　勝彦
　　　　　林田　博光

発行者　　中央大学出版部

代表者　　福田　孝志

発行所　　〒192-0393 東京都八王子市東中野742-1
　　　　　電話 042(674)2351 FAX 042(674)2354
　　　　　http://www2.chuo-u.ac.jp/up/
　　　　　　　　　　　　　　　　　　　中央大学出版部

© 2008　　　　　　　　　　　　ニシキ印刷／三栄社製本

ISBN978-4-8057-3310-3